教職教養講座 第4巻
教育課程

京都大学大学院教育学研究科教授
西岡 加名恵 編著

高見 茂・田中 耕治・矢野 智司・稲垣 恭子 監修

協同出版

刊行の趣旨

『新・教職教養シリーズ』が、和田修二先生、柴野昌山先生、高木英明先生の監修で刊行されて以来、早や4半世紀が経とうとしています。まだ駆け出しの研究者であった私達は、先生方のご指導の下、シリーズ刊行のお手伝いをさせて頂いたことを昨日の如く鮮明に記憶しています。

この間わが国の教育は、国際環境の変化、国内の経済・産業構造や人口動態の変化、児童・生徒の興味・関心や父母の教育要求の多様化等、従来には見られなかったダイナミックな変化に晒され、同時多面的な対応を迫られて参りました。こうした実情に対応すべく、教育行政、学校教育、教育課程、教員養成等の改革・改善を志向する教育政策が矢継ぎ早に打ち出されました。

何れの時代においても、教育界の基幹的任務は人間の育成であります。取り分け変化が激しく先行きの見通しが不透明な今日、変化を的確に捉え時代の要請に柔軟に応答できる人間の育成が求められています。そのためには、現職の教員もまた生涯学び続ける能力の獲得が重要となると考えられます。同じ基準の下、国民全般にわたって広く人間の育成を担うのは、学校教育現場の教員であり、教員自身の資質・能力の向上が今ほど求められている時代はありません。最先端の知見を吸収し、日常の教育指導実践に活かせることが大切です。

今回刊行される『教職教養講座』全15巻は、『新・教職教養シリーズ』の継嗣に当たるもので、京都大学大学院教育学研究科・教育学部の現職スタッフが中心となり、教職課程の教科書として編まれたものです。編集方針としては、京都帝国大学文科大学の「教育学教授法講座」以来の伝統を受け継ぎ、人間・心・社会と教育の関係を軸に、教職に関わる最先端の研究成果と教職の在り方を全国に発信・提案することをねらいとしています。本講座が読者の知的好奇心を満たし、今後の糧となり道標になることを祈って止みません。

京都大学特任教授　髙見　茂
京都大学名誉教授　田中耕治
京都大学大学院教育学研究科教授　矢野智司
京都大学大学院教育学研究科長・教授　稲垣恭子

まえがき

　学校において子どもたちは、教科の学習、「総合的な学習の時間」での探究活動、学級や学校における自治的・協同的な活動など、様々なことを経験し、学んでいる。子どもたちの成長・発達を促すために学校が組織している学習経験を、教育課程と言う。

　教育課程には、子どもたちが必要な知識・スキルや理解を身につけさせ、より良く生きられる人として育てたい、という教師たちの願いが込められている。学校という限られた時間・空間の中で、すべての文化を伝えることは不可能であるから、教育課程の編成にあたっては、教師たちの価値判断に基づく取捨選択、そして創造性の発揮が求められる。

　本書は、教師を目指す学生、実際に教育課程編成に取り組んでいる教師、さらには教師を指導する立場にあるスクールリーダーのために、教育課程に関する基礎的な知識を提供するために作成したものである。編集にあたっては、最新の理論的・実践的・政策的な動向を紹介するとともに、それらを歴史的な視野に位置づけることを心掛けた。

　第1章では、教育課程（カリキュラム）とは何かについて説明している。学校現場では教育課程とは時間割だという誤解に出合うこともあるが、教育課程は、子どもたちの学びに関わるより広く、深い概念だということがわかるだろう。

　第2章から第4章は、戦後日本における教育課程の歴史を扱っている。日本において、各学校の教育課程は、学習指導要領に示された方針のもとで編成されることとなる。そこで、第2章では、学習指導要領の変遷を中心に、教育課程の歴史を振り返っている。第3章・第4章は、教育課程に関する研究と実践の歴史を紹介している。教育課程の編成原理は、子どもの生活に即することをめざす経験主義と、科学的な系統性を重視する系統主義に大別される。第3

章・第4章では、それぞれの立場で蓄積されてきた知見に焦点を合わせている。

　第5章から第8章では、具体的な教育課程編成の進め方について説明している。第5章では、教育課程編成の根幹とも言える目標設定について検討している。学力研究の蓄積を踏まえるとともに、2017年改訂の学習指導要領において重視されている「資質・能力」論の到達点を示している。さらに第6・7・8章において、それぞれ教科教育、探究的な学習、価値観の形成や自立・協同を実現する教育課程について検討している。

　第9章では、学校種間の接続と入試について扱っている。教育課程は各学校において編成されるものだが、近年、学校間の連携や一貫教育が広がりを見せている。2017年現在、大学入試についても改革が進められている。学校種間の接続を考えることは、学校教育をよりダイナミックに構想することにもつながるだろう。

　第10章では、学校におけるカリキュラム・マネジメントについて、基本的な考え方と進め方を紹介している。カリキュラムをつくり、動かし、改善していくというカリキュラム・マネジメントは、決して管理職だけのしごとではない。一人ひとりの読者に、学校のカリキュラム・マネジメントに参画するという意識をもって、学んでいただきたい。

　教育課程をめぐっては、国内外に豊かな知見が蓄積されている。各章の末尾には、さらに学びたい読者のために、「推薦図書」を掲載しているので、あわせて参照いただきたい。

　本書には、読者が自らの展望をもって教育課程編成に取り組む一助としたいという願いを込めた。しかしながら、不十分な点については率直なご批正をいただければ幸いである。

　最後に、本書の刊行にあたっては、協同出版、ならびに担当編集者である諏訪内敬司氏に多大なご支援をいただいた。ここに記して、心より感謝申し上げる。

　　2017年1月

　　　　　　　　　　　　　　　　　　　　　　　編者　西岡加名恵

教職教養講座　第4巻　教育課程
目　次

まえがき・1

第1章　教育課程（カリキュラム）とは何か……………………………7
はじめに・7
第1節　教育課程の定義・8
第2節　カリキュラム概念の問い直し・13
第3節　教育課程編成をめぐる論点・19
おわりに・27

第2章　戦後日本における教育課程の変遷……………………………31
はじめに・31
第1節　戦後新教育期・32
第2節　系統学習期・37
第3節　ゆとり教育期・44
第4節　脱ゆとり教育期・48
第5節　2015年以降の教育課程改革の現状と課題・51
おわりに・55

第3章　経験主義──教育課程の編成原理1──………………59
はじめに・59
第1節　世界の新教育運動・61
第2節　デューイの理論と実践・63
第3節　戦後の新教育とカリキュラム運動・67
第4節　経験主義教育の再評価・72
おわりに・76

第4章　系統主義——教育課程の編成原理2—— ……………… 81
　　はじめに・81
　　第1節　戦後「新教育」批判と系統性重視の時代・83
　　第2節　高度経済成長と「教科内容の現代化」・87
　　第3節　科学への信頼の揺らぎと人間性の強調・92
　　第4節　「学び」論の展開と学習論の転換・98
　　おわりに・101

第5章　教育目標の設定と教育課程 ……………………………… 105
　　はじめに・105
　　第1節　教育目標の設定における二つの立場・106
　　第2節　「資質・能力」の育成をめざす教育目標の設定・113
　　おわりに・127

第6章　教科における教育課程 …………………………………… 131
　　はじめに・131
　　第1節　教育目標の設定・133
　　第2節　総括的評価の計画・136
　　第3節　指導と学習を構想する・142
　　第4節　長期的な指導計画・149
　　おわりに・150

第7章　探究力を育てる教育課程 ………………………………… 153
　　はじめに・153
　　第1節　探究力の内容とその育成をめぐる教育政策の動向・154
　　第2節　「総合的な学習の時間」をめぐる議論と実践・160
　　第3節　探究力の習得状況の評価方法と教育課程編成への生かし方・167
　　おわりに・173

第8章　価値観の形成と自立・協同のための教育課程 ………… 177
　　はじめに・177
　　第1節　カリキュラムの新しい枠組み・178

第2節　道徳教育の目標・内容・方法・182
　　第3節　教科外分野（特別活動）の可能性・188
　　おわりに・196

第9章　学校種間の教育接続と入試……………………………201
　　はじめに・201
　　第1節　学校種間の接続に関する基本概念と研究動向・201
　　第2節　幼小連携・206
　　第3節　小中連携・一貫教育・208
　　第4節　中高一貫教育と高校入試・211
　　第5節　高大接続と大学入試・215
　　おわりに・219

第10章　学校におけるカリキュラム・マネジメント………225
　　はじめに・225
　　第1節　カリキュラム・マネジメントの提唱・226
　　第2節　カリキュラム・マネジメントの全体像・230
　　第3節　カリキュラム・マネジメントの実効化・240
　　おわりに・248

索引・251

第1章
教育課程（カリキュラム）とは何か

はじめに

　各学校は、子どもたちの成長・発達を促すために、教育目的や教育目標を設定し、教育課程を編成する。各学校の創意工夫やカリキュラム・マネジメントが強調される昨今、教育課程をつくる教師たちの力量がますます重要になっている。それでは、教育課程とは何であり、どのように編成されるものなのだろうか。

　本章の第1節では、教育課程の定義を確認するとともに、教育課程編成に関わる基本的な用語について説明する。教育課程という用語は、戦後の日本においてcurriculumの翻訳語として成立した。同時に、研究的な用語として、カリキュラムの語も用いられた。しかし、1970年代以降、批判的教育学の立場から改めてカリキュラムの概念が問い直されることとなった。そこで第2節では、批判的教育学の知見を整理する。その知見を踏まえ、第3節ではカリキュラムの三つの次元を位置づけるとともに、教育課程編成の構成要件と、教育課程をめぐる主要な論点を紹介する。

第1節　教育課程の定義

第1項　「教育課程」という用語の成立

　教育とは、子どもや青年の成長・発達を促進するために、意図的に働きかける営みである。学校において教育に携わる者は、社会に存在する文化のうち、次世代にとって有意義だと思われるものを伝えようと試みる。しかし、社会に存在する文化の全てを伝えることはできないため、そこでは何らかの選択が行われる。教師たちが、子どもたちや青年たちの成長と発達に必要な文化を選択して組織した全体的な学習経験の計画と実践を教育課程と言う。

　日本において教育課程の用語が成立したのは、第二次世界大戦後のことであった。戦前は教科課程という用語が用いられていたのに対し、戦後は教科外教育を含むcurriculumの訳語として教育課程が用いられるようになった。そこでは教育課程は、「児童や生徒がどの学年でどのような教科の学習や教科以外の活動に従事するのが適当であるかを定め、その教科や教科以外の活動の内容や種類を学年的に配当づけたもの」であり、「現在の社会目的に照らして、児童や生徒をその可能の最大限にまで発達させるために、児童や生徒に提供せられる環境であり、また手段である」とされた[1]。

第2項　学習指導要領と指導要録

　日本においては、教育課程の基準として学習指導要領が定められている。学習指導要領では、「総則」において教育課程編成の一般方針が提示されているほか、各教科や「総合的な学習の時間」、特別活動の目標・内容などが示されている。第二次世界大戦後に作成された学習指導要領は当初は「試案」すなわち参考資料であったが、1958（昭和33）年改訂以降は「告示」され、法的な拘束力を持つこととなった。学習指導要領は、教科書検定の基準としても用いられている。なお、学習指導要領については、文部科学省のウェブページ上で見ることができる（http://www.mext.go.jp/a_menu/01_c.htm、2017年1月21日確認）。また過去の学習指導要領については、国立教育政策研究所がデータベー

スを公開している（https://www.nier.go.jp/guideline/、2017年1月21日確認）。

　学習指導要領はおよそ10年ごとに改訂されており、そこには、その時代ごとの教育課程政策の意図を読み取ることができる。学習指導要領改訂の際には、中央教育審議会で議論が重ねられる。その議事録や答申なども、文部科学省のウェブページで公開されている（http://www.mext.go.jp/ b_menu/shingi/chukyo/chukyo0/index.htm、2017年1月21日確認）。それぞれの時代に、どのような社会的な背景のもとで、どのような教育課程がめざされたかに関わる政策的な変遷については、本書の第2章で紹介する。

　なお、学習指導要領の法的拘束力が強調された時代には意識されにくかったものの、日本において教育課程は一貫して各学校によって編成されるものとされてきた。2008（平成20）年改訂学習指導要領でも、「各学校においては，教育基本法及び学校教育法その他の法令並びにこの章以下に示すところに従い，児童／生徒の人間として調和のとれた育成を目指し，地域や学校の実態及び児童／生徒の心身の発達の段階や特性等を十分考慮して，適切な教育課程を編成するものとし，これらに掲げる目標を達成するよう教育を行うものとする」とされている[2]。特に、1998年改訂以降は、学校の創意工夫や特色ある教育活動が強調されるようになっていることに注目しておきたい。

　一方、「児童又は生徒の学籍並びに指導の過程及び結果の要約を記録し、指導及び外部に対する証明等のために役立たせるための原簿」[3]として、指導要録が作成されている。たとえば「中学校生徒指導要録（参考書式）」では、表1-1に示した欄のほか、「行動の記録」、「総合所見及び指導上参考となる諸事項」、「出欠の記録」などが記録されるものとなっている。指導要録は、児童・生徒の状況を記録して指導に役立てられること（指導機能）に加えて、進学時の調査書（内申書）や就職時の証明書の原簿としても用いられる（証明機能）。なお、指導要録は校長に作成と保存が義務づけられているのに対し、通知表は学校と家庭との連絡文書として作成することが慣行となっているものである。

　なお、指導要録に関する教育政策においては、学力評価を何に準拠して行うのかについての方針が示されてきた。その変遷に注目すると、現在までに、次

表1-1 中学校生徒指導要録（参考様式）

様式2（指導に関する記録）						
生徒氏名		学校名		区分\学年	1	2	3
				学級			
				整理番号			

各教科の学習の記録

I 観点別学習状況

教科	観点	学年	1	2	3
国語	国語への関心・意欲・態度				
	話す・聞く能力				
	書く能力				
	読む能力				
	言語についての知識・理解・技能				
社会	社会的事象への関心・意欲・態度				
	社会的な思考・判断・表現				
	資料活用の技能				
	社会的事象についての知識・理解				
数学	数学への関心・意欲・態度				
	数学的な見方や考え方				
	数学的な技能				
	数量や図形などについての知識・理解				
理科	自然事象への関心・意欲・態度				
	科学的な思考・表現				
	観察・実験の技能				
	自然事象についての知識・理解				
音楽	音楽への関心・意欲・態度				
	音楽表現の創意工夫				
	音楽表現の技能				
	鑑賞の能力				
美術	美術への関心・意欲・態度				
	発想や構想の能力				
	創造的な技能				
	鑑賞の能力				
保健体育	運動や健康・安全への関心・意欲・態度				
	運動や健康・安全についての思考・判断				
	運動の技能				
	運動や健康・安全についての知識・理解				
技術・家庭	生活や技術への関心・意欲・態度				
	生活を工夫し創造する能力				
	生活の技能				
	生活や技術についての知識・理解				
外国語	コミュニケーションへの関心・意欲・態度				
	外国語表現の能力				
	外国語理解の能力				
	言語や文化についての知識・理解				

II 評定

学年\教科	国語	社会	数学	理科	音楽	美術
1						
2						
3						

学年\教科	保健体育	技術・家庭	外国語
1			
2			
3			

総合的な学習の時間の記録

学年	学習活動	観点	評価
1			
2			
3			

特別活動の記録

内容	観点	学年	1	2	3
学級活動					
生徒会活動					
学校行事					

出典：文部科学省初等中等教育局長「学習指導要領の一部改正に伴う小学校、中学校及び特別支援学校小学部・中学部における児童生徒の学習評価及び指導要録の改善等について（通知）」2016年7月29日（http://www.mext.go.jp/b_menu/hakusho/nc/1376204.htm、2017年1月31日確認）

の四つの立場が登場していることがわかる[4]。

① 「認定評価」（戦前の「絶対評価」）：教師の主観的な判断による評価。指導要録の前身である「学籍簿」において採用されていた。主観的・恣意的な評価となるとして、戦後、批判されることとなった。

② 「相対評価」（「集団に準拠した評価」）：集団の中における相対的な位置によって個人の成績をつけるもの。教育目標を問い直す回路を持たない点、子どもの成績の相対的な位置は明らかになっても必ずしも学力実態を明らかにはしない点、予め一定割合のできない子どもがいることを前提とし、排他的な競争を生み出してしまう点で、非教育的な評価である。

③ 「個人内評価」：個々の子どもを規準として評価するもの。一人の子どもの複数の側面や特性を比較して、その子どもの長所・短所、得意・不得意などを評価したり、その子どもの過去と現在を比較して評価をしたりする。

④ 「目標に準拠した評価」：教育目標に照らして、達成状況を評価するもの。実践開始前に実態を把握する「診断的評価」、実践の改善に役立てるために実践途中で実施する「形成的評価」、実践終了時に達成状況を確認する「総括的評価」が行われることとなる。

指導要録は教育評価の側面から教育課程を規定するものである。指導要録の「観点別学習状況」欄には、その時々の学力像も反映される。教育課程の歴史を検討する際には、指導要録においてどのような立場や観点が採用されているのかという点にも注目してほしい（詳細は第2章参照）。

第3項　教育課程編成とは何か

さて、教育課程を計画・実施・評価・改善するという一連の過程を、教育課程編成と呼ぶ[5]。教育政策においては、「教育課程の編成、実施、評価、改善」という記述も見られる。この場合は、計画に該当する言葉として編成という用語が用いられていることがわかる[6]。しかし、教育課程は、計画・実施・評価・改善のプロセスが複雑に絡まり合いながら形作られるものである。そこで本書では、教育課程の計画・実施・評価・改善のプロセス全体を指して、教育課程編成という用語を用いる。

―――一般的手続―――

　　　　　工学的接近　　　　　　　　　　　羅生門的接近
　　　　（technological approach）　　　　（rashomon approach）
------------------------------------　　------------------------------------
一般的目標（general objectives）　　　　一般的目標（general objectives）
　↓　　　　　　　　　　　　　　　　　　　↓
特殊目標（specific objectives）　　　　　創造的教授・学習活動（creative
　↓　　　　　　　　　　　　　　　　　　　↓　　teaching-learning activities）
「行動的目標」（behavioral objectives）　記述（description）
　↓　　　　　　　　　　　　　　　　　　　↓
教材（teaching materials）　　　　　　　一般的目標に照らした判断評価
　↓　　　　　　　　　　　　　　　　　　　　（judgement against general objectives）
教授・学習過程（teaching-learning
　↓　　processes）
行動的目標に照らした評価
　（evaluation based upon behavioral
　　objectives）

―――評価と研究―――

　　　　　工学的接近　　　　　　　　　　　羅生門的接近
------------------------------------　　------------------------------------
目標に準拠した評価　　　　　　　　　　　目標にとらわれない評価
　（goal-reference evaluation）　　　　　（goal-free evaluation）
一般的な評価枠組　　　　　　　　　　　　様々な視点
　（general schema）　　　　　　　　　　　（various perspectives）
心理測定的テスト　　　　　　　　　　　　常識的記述
　（psychometric tests）　　　　　　　　　（common sense description）
標本抽出法（sampling method）　　　　　事例法（case method）

―――目標、教材、教授・学習過程―――

　　　　　工学的接近　　　　　　　　　　　羅生門的接近
------------------------------------　　------------------------------------
目標　「行動的目標を」（behavioral objectives）　「非行動的目標を」
　　　「特殊的であれ」（be specific）　　　　　　（non-behavioral objectives）
　　　　　　　　　　　　　　　　　　　　　　　「一般的であれ」（be general）

教材　教材のプールからサンプルし、　　　教授学習過程の中で教材の価値を
　　　計画的に配置せよ　　　　　　　　　発見せよ
　　　（sampling from material pool　　　（discovering the value of materials
　　　　and "planned allocation"）　　　　 in teaching-learning processes）

教授学習　規定のコースをたどる　　　　　即興を重視する（impromptu）
過程　　　（predecided）

強調点　教材の精選、配列　　　　　　　　教員養成
　　　　（design of teaching materials）　（teacher training, in service training）

図1-1　「工学的接近(アプローチ)」と「羅生門的接近(アプローチ)」の対比

出典：文部省『カリキュラム開発の課題』大蔵省印刷局、1975年、50・52・54頁
※本講座第5巻第2章図2-1参照。

教育課程編成を最初に定式化して捉えたのは、米国の教育学者タイラー（Ralph W. Tyler）である。タイラーは、教育課程編成を、①「学習者についての研究」、「現代生活の研究」、「教科専門家から得られる示唆」に基づいて目標を設定する、②目標を達成するために必要な教育的経験を明確にする、③これらの教育的経験を効果的に組織する、④目標が達成されているかどうかを評価する、という4段階で捉えた[7]（「タイラー原理」）。

　ただし、タイラー原理を妥当なものと認めるかどうかは、その後のカリキュラム研究史において、論争の的となっている。たとえば、文部省が経済協力開発機構（Organisation for Economic Co-operation and Development: OECD）教育研究革新センターと協力して開催した国際セミナーでは、「工学的接近（アプローチ）」と「羅生門的接近（アプローチ）」が対比された（図1-1）。そこでは、明確に設定された教育目標を実現するものとして教育課程を捉える「工学的接近」は、教育における創造性や即興を阻害するものとして批判された。かわって、設定する目標を一般的なものにとどめ、「創造的教授・学習活動」を行うことが主張された[8]。

　このような提案がなされた背景には、合理主義・実証主義的に教育課程を捉える発想への懐疑がある。むしろカリキュラムは社会的な文脈において様々な主体が関わり合いながら生み出されている「実践」の営みだ、とする捉え直しがそこには見られる。そこで次に、カリキュラム概念を問い直す批判的教育学の研究成果に注目してみよう。

第2節　カリキュラム概念の問い直し

第1項　近代学校に対する批判

　近代学校の前提には、社会的分業体制のなかで個人の占める地位は家柄ではなく、学校教育において個人が達成した成果によって決まるという理念があった[9]。しかし1960年代、人権運動が高まる中で、教育機会の均等や結果の平等が追求されたにもかかわらず、学校が社会的な格差を解消するものとはなっていないことが明らかになっていく[10]。こうして1960年代末ごろからは、近

代学校のあり方そのものに疑問を投げかける批判的教育学の論調が登場することとなった。批判的教育学とは、「権力と社会的・文化的・経済的不平等との多様な形態で複雑に絡み合った諸関係が、……フォーマルおよびインフォーマルな教育の場においてどのように現れ、それに対してどのような異議申し立てがなされるかを明らかにしようとするもの」[11]である。

ブラジルで貧農に対する成人識字教育を行ったフレイレ（Paulo R. N. Freire）は、『被抑圧者の教育』において、現状の教育を「銀行型教育」として批判した。そこでは、「教師が知っている者で、生徒は何も知らない者だ」と捉えられ、「知識は、知っている者から知らない者へ与えられ、運ばれ、伝えられるもの、となる。すべての経験がただ語られ、伝えられるだけのものとなり、自らの経験ではなくなっていく」[12]。生徒たちができることはただ、与えられた知識を「預金」するかのように貯めこむことだけとなる。

そのような状況に対し、フレイレが提唱するのが、「問題提起教育（problem-posing education）」である。そこでは、双方向のコミュニケーション（対話）をとおして、教師と生徒が「同じ認識対象をめぐって認識を広げていくことが可能」[13]になる。参加者の暮らしに密着した、また参加者たちの議論を誘発しやすいような語やテーマを「生成語」「生成テーマ」として選び、それらに関する探究を深める中で、現実についての把握や理解を変革することが提案されている。

一方、オーストリアのウィーンに生まれ、後にメキシコを活動拠点として社会改革を追求したイリッチ（Ivan D. Illich）は、『脱学校の社会』において「義務的な学校の存在そのものが、すべての社会を二つの領域に区別する」[14]と学校化された社会のあり方を批判した。すなわち、学校が存在することによって「教育的」なものが明確になる半面、学校以外のものが教育的ではないものとされ、人々が知的に無気力になってしまうと捉えたのである。かくしてイリッチは、学校を廃止し、かわって人々が自発的に参加できるような学習のためのネットワークを構築すべきだと主張した。

第2項 「隠れたカリキュラム」論と社会的再生産論

　教育課程は、意図的に組織された学習経験である。しかしながら実際の学校には、教師たちが無意識のうちに前提としている文化が伝わる側面もある。あるいは、教師たちの意図を越えた、または意図に反した学習が行われることもある。学校における学習のそのような側面に光をあてたのが、「隠れたカリキュラム（hidden curriculum）」という概念である。

　最初に「隠れたカリキュラム」という言葉を用いたのは、米国の教育学者ジャクソン（Philip W. Jackson）であった。ジャクソンは、教師と子どもたちとの相互交渉を通して授業が行われる様相に注目した。教室で子どもたちが「群れ」として存在し、教師やお互いからの賞賛を受けたり、教師によって統制されたりする状況に適応・対処することによって子どもたちが受けている影響を、「隠れたカリキュラム」と名付けた[15]。ジャクソンにとって、「隠れたカリキュラム」は授業を円滑に進め、社会への適応を可能にするためにコントロールする対象であった。しかし、「隠れたカリキュラム」論は、その後、近代学校批判の論調と交差する中で、その意味を拡大・変質させていくこととなる。

　学校において暗黙のうちに共有されている規範が、社会における階級の再生産を生み出していると批判したのが、米国のボウルズ（Samuel Bowles）とギンタス（Herbert Gintis）であった。彼らは、労働者が労働現場で上司から評価される性格特性と、学校での成功に役立つ高校生の性格特性との間には共通性があるとする「対応原理（correspondence principle）」を提起した。具体的には、労働現場と学校において、我慢強さ、信頼できる、堅実、帰属意識、秩序の尊重、几帳面さは高い評価や成績との相関が認められ、また創造的、独立といった特性は低い評価や成績との相関が認められると言う。民主化と平等を実現するという近代学校の理念に反して、「教育制度は、経済の社会的関係との対応を通じて、経済的不平等を再生産し、人格的発達を歪めるという役割を果たしている」[16]と批判したのである。

　しかし、ボウルズとギンタスの対応原理は、経済関係が学校を規定する仕組

みを過度に単純化しているとして批判もされた。たとえば、フランスの社会学者ブルデュー（Pierre Bourdieu）は、親から子どもへと引き継がれる「資本」を三つに分類した。子どもの進学に有利に働く「資本」には、経済的な資本だけでなく「文化資本」（親の学歴など）や「社会関係資本」（人間関係など）もあることを解明したのであった[17]。

また、英国の教育社会学者バーンスティン（Basil Bernstein）は、中産階級の家庭では状況に依存せずに正確な意味を伝える言葉遣い（「精密コード」）が用いられるのに対し、労働者階級の家庭では文というよりも単語を用いるような言葉遣い（「限定コード」）が用いられることに注目した。このことによって、労働者階級の子どもたちは学校において不利な立場に置かれることとなると指摘した[18]。

第3項　カリキュラムのポリティックス

再生産論は、社会的・経済的な背景が学校での子どもたちの学びを規定する様相に焦点を合わせるものであった。それに対し、学校内部の諸要因を分析することにより、教育の相対的な自律性に光を当てる研究が登場する。

英国のウィリス（Paul Willis）は、白人労働者階級の男子生徒たちが「権威」に対する反抗的な態度をとることによって優越感を保つ姿を、エスノグラフィー（民族誌的な参与観察）によって描き出した[19]。学校へ反抗的な態度をとる労働者階級の文化が、いみじくも既存の社会体制を再生産してしまう仕組みを解明したのである。

ウィリスの研究、ならびに女子や黒人の子どもたちのエスノグラフィー研究に影響を受けつつ、学校を正統と見なされる知識の選別をめぐるポリティックスの場として捉えたのが、米国のアップル（Michael W. Apple）である。私たちは、「日常生活のディスコースや実践と作りあげている家庭や学校、職業の中で」、「階級や人種、ジェンダーによる搾取と支配の構造」において生きている[20]。アップルは、そこに「新しく別の意味や実践を構築」する可能性を見出した。

アップルは、「共通の文化」を基盤としてカリキュラムを構築することは、

社会における支配的な集団の文化を正統化するものだとして批判する⁽²¹⁾。む
しろ、「すべての人々が意味及び価値の創造・再創造に参加するのに必要な状況
を創り出す」⁽²²⁾ことこそが求められていると主張した。こうして、アップル
は、学校教育に関わるあらゆる人々が「学習コミュニティー」への参加者とし
て、学校の運営や方針決定に意見を表明することによって、「共通の善」を追
求するような学校を、「民主的な学校」として構想するに至った⁽²³⁾。

　このようなアップルの主張は、米国で活躍したジルー（Henry A. Giroux）の
「批判的リテラシー」論とも重なるものである。リテラシーはもともと識字能
力や読み書き能力を表す語であったが、後には、社会的に機能するために必要
な文化的な知識を表す言葉としてその意味を拡張する。たとえば、ハーシュ
（Eric D.Hirsh）は、1980年代後半、米国民が共有すべき文化的な知識を「文
化的リテラシー」を呼び、その具体的な内容を提案した⁽²⁴⁾。ハーシュの研究は、
国民の共通教養を明示しようとした点では意義が認められる。しかし、ハー
シュの「文化的リテラシー」論は、プロテスタントの白人文化を前提としてい
る点で批判されることとなる。それに対し、フレイレから示唆を得たジルー
は、「人々に彼らの個人的な世界や社会的な世界の批判的な読解を可能にし」、
「彼らの知覚と経験を構成する神話や信条に異議申し立てをする能力を促進す
る」⁽²⁵⁾ものとして「批判的リテラシー」を提唱した。

　アップルらの研究は、学校において子どもたちが実際に何を経験しているの
かに焦点を合わせることを促すものである。このことは、カリキュラムを「再
概念化（reconceptualization）」するという主張にもつながった。たとえば、米
国の教育研究者パイナー（William Pinar）は、カリキュラムの語源であるラテ
ン語 currere（個人の経験）に注目し、「教育的な文脈における経験」をカリ
キュラム研究の中核に据えることを提案した⁽²⁶⁾。

第4項　日本における理論的展開

　以上のような研究動向に学びつつ、日本においても、批判的教育学の立場か
らのカリキュラム研究が活性化した。たとえば長尾彰夫は、英米同様、日本に
おいても「ナショナル・カリキュラム（＝学習指導要領）は、……教育におけ

る市場化、私営化（＝商品としての受験学力の「自由市場」原理にもとづく獲得競争）を可能にしていくひとつの機械装置となっていた」[27]と喝破した。さらに、1980年代の臨時教育審議会以降の日本で進められている「個性尊重」の教育改革は結果的には受験競争を一層激化させると批判した上で、階級・性・民族など生きた現実の中で捉えられる多様性に注目すべきだと主張した。

田中統治は、中等教育における「教科による専門分化」が、教師や生徒といった学校成員に及ぼす社会的統制過程を実証的に検討した。これは、従来の社会学においては分離して論じられてきたカリキュラムの巨視的分析と微視的分析を統合し、カリキュラムによる統制が学校成員間で行われる相互作用を通して、多様な形態をとることを解明するものであった[28]。

またパイナーから示唆を得た佐藤学は、カリキュラムを「学びの経験の履歴」として定義する[29]。さらに産業主義を背景とした「社会的効率主義」を追求する「工場モデル」の学校改革を批判し、学校改革の淵源をデューイの規定した「萌芽的社会」としての学校概念に求めた。そして、「学校での教師と子どもの生活それ自体が『学び』、『憩い』、『交わる』場、つまり、日常に深く根ざした文化の教授と創造と改造の場となるべきだ」[30]と主張した。佐藤は、「学習の共同体」（後の「学びの共同体」）として学校を改革することを提言したのである。レイヴとウェンガーの正統的周辺参加論[31]を紹介した佐伯胖が「学びの場としての学校」[32]を提言したことも、「学び」論を後押しした。

一方、生活指導研究を主導してきた竹内常一は、1989（平成元）年改訂学習指導要領において「新しい学力観」の名のもとに推進された「主体的な学習の仕方の育成」について、学習の内容とは無関係に「権力が公定した制度知のコード」を取り込ませるものにすぎないと批判した[33]。代わりに、1989年に国連総会で採択された「子どもの権利条約」に依拠しつつ、「批判的な学習と参加のスキルをとおして、既存の知識を問いなおし、人類的な課題の解決に開かれた新しい知を創造することをよびかけるもの」[34]として、「批判的学び方学習」を提唱した。

第3節　教育課程編成をめぐる論点

第1項　カリキュラムの三つの次元

　前節で紹介したような批判的教育学の知見を踏まえるならば、カリキュラムについては、計画されたもの、実施されたもの、実際に子どもたちが学んだもの、という三つを区別しつつ、検討を進めることが求められる。
　ちなみに、IEA（国際教育到達度評価学会）が数学と理科の学力に関する国際調査を行う際には、次の三つの次元を位置づけている[35]。
①意図したカリキュラム（Intended Curriculum）：社会が生徒に学ばせようと意図している数学と理科。ならびに、学習を促進するために、どのように教育制度が組織されているか。
②実施したカリキュラム（Implemented Curriculum）：実際に教室で教えられていること。誰によって、どのように教えられているか。
③達成したカリキュラム（Attended Curriculum）：生徒が何を学んだか。ならびに、生徒がこれらの教科についてどう思っているか。
　教育課程は学校によって意図的に編成されるものだと捉えた場合、IEAが示した三つの次元については、少し解釈し直して位置づけることが有効だと考えられる。すなわち、ⓐ学校として意図的に計画された教育課程、ⓑ教師たちが実際に行う実践、その結果、ⓒ実際の子どもたちに達成された学習、である。
　学校において実際には教師たちの意図を超える、あるいは意図に反する学習が行われるにせよ、教育課程の改善を図るためには、その実態も踏まえて改めて意図的な計画や実践の修正・改善を図っていくよりほかはない。そのためには、教育課程編成にあたっては、子どもたちの学習（ⓒ）を明確に捉える（カリキュラムの実態を評価する）ことにより、教育課程の計画（ⓐ）や実践（ⓑ）の改善に役立てることが求められる。特に、社会的・経済的な背景、発達や学力、性別といった点で多様性のある子どもたちにとって、教育課程の実践がどのように受け止められるものになっているのか、という視点は、カリキュラム評価に欠かせないものと言えよう。

表1-2 教育課程編成の構成要件

構成要件		主な構成要素や論点
基本要件	教育目的・教育目標	ミッション（使命）・価値・理念・校風（エートス）。目的。目標（教材、指導過程と学習形態、学力評価）。
	編成原理、構造	経験主義か系統主義か。スコープ（領域・範囲）やシーケンス（配列・系統性）の設定。単元の配置。
	履修原理	履修主義か修得主義か。年数主義か課程主義か。必修か選択か。
教育条件	時間配分	1単位時間。教科等への配当日時数。年間の流れ。
	子ども・青年の集団編制	集団の規模。異質化原理か等質化原理か。固定的か、柔軟に変化するか。
	教職員の配置、力量形成	教科担任制か学級担任制か。TTやゲスト・ティーチャーの有無。研修によって、どのような力量を形成するのか。
	教具、施設・設備	教具の種類と数。教室の種類と配置。オープン・スペースの有無。
	学校間の接続	接続校との関係（連携、一貫など）。入試のあり方。
前提条件	入学する子ども・青年	発達段階、学力、性格特性、ニーズなど。
	保護者や地域社会	学校への期待、協力体制、地域文化など。
	学校の特色	伝統、各種教育資源など。
	上級校・下級校、近隣校との関係	連携の有無。学校間競争の有無。
カリキュラム編成の制度		中央集権による統制か、「学校を基礎にしたカリキュラム編成」か、学校間ネットワークの形成か。学校におけるカリキュラム・マネジメント（教育課程経営）のあり方、学校のビジョン（将来構想）とストラテジー（方略）。カリキュラム評価の主体と進め方。

出典：西岡加名恵「教育課程をどう編成するか」田中耕治・水原克敏・三石初雄・西岡加名恵『新しい時代の教育課程（第3版）』有斐閣、2011年、171頁。ただし、一部に加筆・修正を加えた。

第2項　教育課程編成の構成要件

さて、教育課程編成に関わっては、様々な構成要件が絡まりあって存在している。表1-2には、教育課程編成に関わる構成要件と主な論点を整理している。

第1章　教育課程（カリキュラム）とは何か

「基本要件」は教育課程の本質的な構成要素である。「教育条件」は、教育課程を実施するに当たって、意図的な操作の対象となる諸条件である。「前提条件」は、教育課程を編成する教師たちにとって、必ずしも操作の対象となりえない、しかしながら考慮せざるをえない諸条件である。ただし、「教育条件」と「前提条件」の区別は、時代によっても変化しうるものである。たとえば、学校段階に注目すると、従来は6・3・3制であることが「前提条件」であった。しかし、現在では6・3・3制とは異なる区分の仕方も導入されており、学校段階の区分が「教育条件」へと移行したことがうかがわれる。

ここでは「基本要件」について概観しておこう。教育課程編成においてまず問われるのは、教育の理念や目的である。教育目的に応じて、学習者に対して提供する文化内容として何を取り入れ、何を排除するかが決定される。さらに、選ばれた文化内容を個別具体的な教育目標へと分析し、それに対応する教材、指導過程と学習形態、評価方法が選ばれて、授業が組み立てられることとなる。目標は、授業における教材・教具、指導過程と学習形態、学力評価に具現化されて初めて、目標としての意味を持つと言える。

この時、個々の授業づくりと同時に、教育課程全体としてどのような価値や理念が実現されているのかについても注意を払う必要がある。子どもの学習に大きな影響力を持つ校風（エートス）は、年間指導計画によってのみならず、学校がどのような共同体として存在しているかによっても形成される。

子どもに必要な文化をいかにして判断するのかに関わるのが、編成原理である。編成原理は、子どもの生活から出発することを重視する経験主義と、学問の論理を重視する系統主義とに大別される。

文化から選び取られた教育内容については、教育目標として分析され、スコープとシーケンスによって構造化される。スコープとは、教育課程全体においては領域を、ある領域や教科内においては範囲を指す用語である。シーケンスは、子ども・青年の発達段階に即した内容の配列、学習の順序・系統性を意味する。スコープとシーケンスの交差点に位置づくのが単元である。単元とは、学習内容の有機的な一まとまりであり、1時間から数十時間程度の一連の授業から構成される。通常、年間指導計画は、単元を配置する形で設定される。

なお、教育課程全体において領域が成立する条件としては、次の3点が指摘されている[36]。
① 他領域に解消されることのない、その領域に特徴的な指導と学習の質を抽出することができること。
② その領域に固有な指導計画（教育目標・内容、教材、指導過程と学習形態、教育評価）を立てることができること。
③ 学校の全体的な教育計画において、一連のまとまった学習時間数を要求することができること。

さらに、教育課程の共通性をどの程度確保し、またどの年齢でどのような形態の教育課程の分化を認めるかについても考える必要がある。まず、教育課程の基本的な履修原理として、履修主義をとるか修得主義をとるかが問われる[37]。履修主義とは、所定の教育課程を一定年限の間、履修すればよいのであり、一定の水準以上に修得することは求められない。それに対し、修得主義とは、所定の課程を履修するとともに、目標に関して一定の成果をあげることを求めるものである。さらに、これらの原理が卒業や進級の要件の場面に適用されると、年数主義と課程主義となる。卒業要件として、年数主義では一定年限の在学が要求されるのに対し、課程主義では一定の課程の修了が要求される[38]。集団の中での人間形成を図りつつ学力を保障するには、年数主義を維持しつつ、子どもたちに共通の課程の修得を求める（修得主義を実現する）ことが重要だと考えられる[39]。

また、子どもたちの多様性にどう対応するかも重要な論点である。たとえば、子どもたちの様々なニーズ、習熟度、興味・関心や進路などに応じて、教育課程を分化させるかどうか、させるとすればどの時点でどのような形態をとるかが問われる。

第3項　教育課程をめぐる論点

表1-3が示す通り、教育課程をめぐっては多様な論点が存在している。しかしながら本書では、特に重要な論点として下記の4点に注目しておきたい。

（1）何に依拠して教育課程を編成するか――編成原理――

　第一の論点は、「何に依拠して教育課程を編成するか」である。歴史的に見て教育課程編成をめぐっては、経験主義と系統主義という二つの立場（編成原理）が登場してきた。経験主義においては、子どもの生活から出発し、その生活の改善をめざして組織された経験として教育課程が構想される。そこでは、「教育と生活の結合」が重視される。一方、系統主義においては、教科を構成している基礎学問の論理によって教育課程を組織することが目指される。そこでは、「教育と科学の結合」が強調される。

　教育課程の研究と実践の歴史に注目すると、経験主義・系統主義それぞれの立場で豊かな遺産が蓄積されている。本書の第3章・第4章では、それらの遺産について紹介する。

（2）どのような教育課程を編成するか

　第二に、「どのような教育課程を編成するか」について、具体的に提案したい。第5章ではまず、教育課程編成にあたって、どのように目標を設定できるのかについて検討する。教育目標をめぐっては、戦後ながらく「学力とは何か」をめぐって議論がなされてきた。しかし、2017年改訂学習指導要領については、「資質・能力」の育成をめざすという方針が示されている。第5章では、学力論の蓄積を確認するとともに、「資質・能力」を育成するために、教育課程全体、ならびに各領域の目標設定をどう構想できるのかを提案する。

　教育課程の領域をどう設定するのかについては諸説があり、現在までに大きくは次の三つの説が登場している。①教育課程全体を子どもの経験の再構成として捉える説、②学問的な体系的知識を教授する教科と、学校生活において子どもたちが行動することを通して生き方を学ぶ教科外活動の2領域を位置づける説、③系統的な指導を行う教科、子どもたちが探究的な学習を進める総合学習、子どもたちが自治的に取り組む特別活動という3領域を設定する説、である。第一の説は経験主義、第二・第三の説は系統主義の立場から主張された。

　本書は第三の立場を踏まえ、第6章で教科における教育課程、第7章で探究力を育てる教育課程（「総合的な学習の時間」など）、第8章で価値観の形成と

自立・協同のための教育課程(「特別の教科　道徳」と「特別活動」)について、詳細を検討する。

(3) どのように価値観を形成するか

　教育課程において、子どもたちの価値観の形成をどう位置づけるかは、とりわけ論争的である。第二次世界大戦中の日本においては、皇国民の錬成を目指し、特に修身・地理・国史などの教科において、「教育勅語」(1890(明治23)年)に示された人間像を実現することが求められていた。図1-2に示したのは、当時用いられていた修身科の国定教科書の冒頭部分である。ここには、臣民(明治憲法下における皇族以外の国民)が守るべき徳目が列記されるとともに、戦時下においては命を捧げることが臣民の務めであると述べられている。

　1945(昭和20)年に終戦を迎えると、修身・地理・国史は廃止され、民主主義の実現をめざした教育改革が進められた。図1-3(26頁)に示したのは、文部省が作成した新制中学校1年生用の社会科の教科書『あたらしい憲法のはなし』(1947年)の一節である。子どもたちに伝えようとする価値観そのものが、大きく転換していることがうかがえよう。

　子どもたちに価値観を形成する道徳教育のあり方をめぐっては、①徳目を教えるべきだとする立場、②意見が対立するような論点について議論させることにより行われるべきだとする立場、③教科において科学的な知識を十分に身につけることにより、自らの価値観を形成させるべきだとする立場、④探究的な学習を通して価値観を検討させるべきだとする立場、⑤自治的な活動において行動することを通して身につけさせるべきだとする立場、⑥学校での生活経験全体の中で体得させていくべきだとする立場など、様々な考え方がある。

　このうち①の徳目主義については、国家の価値観に闇雲に従うことを求めた戦前の修身科の反省にもとづき、批判の対象となってきた。2015(平成27)年3月に学習指導要領が一部改正されて設置された「特別の教科　道徳」においては、「項目」(徳目)の指導と「議論する道徳」が強調されている。主権者としての市民をどのように育成するのかが、改めて問われていると言えよう(詳細は第8章参照)。

一 大御心の奉體

明治二十三年十月三十日明治天皇は、皇國臣民の守らなければならない道の大本をおしめしになるため、教育に關する勅語をたまはりました。

勅語のはじめには、

朕惟フニ我カ皇祖皇宗國ヲ肇ムルコト宏遠ニ德ヲ樹ツルコト深厚ナリ我カ臣民克ク忠ニ克ク孝ニ億兆心ヲ一ニシテ世々厥ノ美ヲ濟セルハ此レ我カ國體ノ精華ニシテ教育ノ淵源亦實ニ此ニ存ス

と仰せられてあります。

ここには、わが皇室の御祖先のかたがたが國をおはじめになるにあたつて、皇祖の神勅を奉體され、規模まことに廣大でいつまでも動かないやうになされたこと、更に御德をお積みになり、臣民をおいつくしみになつたこと、をおのべになつてゐます。また、皇國の臣民も忠と孝との大道を守り、すべてのものが心を一つにあはせて、御代御代の天皇におつかへ申しあげて來たことをおしめしになつてゐます。

かうして、まづわが國がらのうるはしいところを明らかにし、教育のもとづかなければならない點をおさとしあそばされたのであります。

勅語には次に、

爾臣民父母ニ孝ニ兄弟ニ友ニ夫婦相和シ朋友相信シ恭儉己レヲ持シ博愛衆ニ及ホシ學ヲ修メ業ヲ習ヒ以テ智能ヲ啓發シ德器ヲ成就シ進テ公益ヲ廣メ世務ヲ開キ常ニ國憲ヲ重シ國法ニ遵ヒ一旦緩急アレハ義勇公ニ奉シ以テ天壤無窮ノ皇運ヲ扶翼スヘシ是ノ如キハ獨リ朕カ忠良ノ臣民タルノミナラス又以テ爾祖先ノ遺風ヲ顯彰スルニ足ラン

とのたまはせられました。

私たち臣民は、父母に孝行をつくし、兄弟姉妹仲よく暮し、夫婦たがひにむつまじくしなければなりません。友だちには信義を以てまじはり、つねに自分をひきしめて氣ままでなくしかもひろく世間の人になさけをかけることが大切であります。また、學問ををさめ業務を習つて、知識才能を進めとくつぱな人となり、進んで公共のためをはかり、世間に役だつ仕事をしなければなりません。つねに國の定めを重んじて、法令をよく守ることが大切であります。いつたん國にことある場合には勇氣をふるひおこして、命をささげ、君國のためにつくさなければなりません。このやうにして、あまつひつぎの大みわざをお助け申しあげるのが、私たち臣民のつとめであるとの仰せであります。

図1-2 初等科修身の国定教科書（1943年〜）の冒頭部分

二　民主主義とは

こんどの憲法の根本となっている考えの第一は民主主義です。ところで民主主義とは、いったいどういうことでしょう。みなさんはこのことばを、ほう〳〵できいたでしょう。これがあたらしい憲法の根本になっているものとすれば、みなさんは、はっきりとこれを知っておかなければなりません。しかも正しく知っておかなければなりません。

みなさんがおゝぜいあつまって、いっしょに何かするときのことを考えてごらんなさい。だれの意見で物事をきめますか。もしもみんなの意見が同じなら、もんだいはありません。もし意見が分かれたときは、どうしますか。ひとりの意見できめますか。二人の意見できめますか。それともおゝぜいの意見できめますか。どれがよいでしょう。ひとりの意見が、正しくすぐれていて、おゝぜいの意見が、まちがっておとっていることもあります。しかし、そのはんたいのことがもっと多いでしょう。そこで、まずみんなが十分にじぶんの考えをはなしあったあとで、おゝぜいの意見で物事をきめてゆくのが、いちばんまちがいがないということになります。そうして、あとの人は、このおゝぜいの人の意見に、すなおにしたがってゆくのがよいのです。このなるべくおゝぜいの人の意見で、物事をきめてゆくことが、民主主義のやりかたです。

國を治めてゆくのもこれと同じです。わずかの人の意見で國を治めてゆくのは、よくないのです。國民ぜんたいの意見で、國を治めてゆくのがいちばんよいのです。つまり國民ぜんたいが、國を治めてゆく――これが民主主義の治めかたです。

しかし國は、みなさんの学級とはちがいます。國民ぜんたいが、ひとところにあつまって、そうだんすることはできません。ひとり〳〵の意見を、きいてまわることもできません。そこで、みんなの代わりになって、國の仕事のやりかたをきめるものがなければなりません。それが國会です。國民が、國会の議員を選挙するのは、じぶんの代わりになって、國を治めてゆく者をえらぶのです。だから國会では、なんでも、國民の代わりである議員のおゝぜいの意見で物事をきめます。そうしてほかの議員は、これにしたがいます。これが國民ぜんたいの意見で物事をきめたことになるのです。これが民主主義です。ですから、民主主義とは、國民ぜんたいで、國を治めてゆくことです。みんなの意見で物事をきめてゆくのが、いちばんまちがいがすくないのです。だから民主主義で國を治めてゆけば、みなさんは幸福になり、また國もさかえてゆくでしょう。

図1-3　文部省『あたらしい憲法のはなし』（1947年）の一節

（4）学校種間の接続をどう実現するか

第四に、「学校種間の接続をどう実現するか」について考えたい。教育課程は各学校が編成するが、子どもたちの成長･発達を促進する観点からは、幼稚園･小学校･中学校･高等学校･大学へと続く教育の過程を適切に接続することが求められる。

日本においては、長らく6・3・3制が採られてきた。しかし、1999（平成元）年には中等教育学校の設置が開始され、2015年には義務教育学校が創設されるなど、学校種をどう設定するのかも一つの論点である。また、学校種間の接続をめぐっては、入試のあり方が大きく影響する。大学全入時代を迎え、現在はとりわけ大学入試改革が議論の的となっている。幼小、小中、中高、高大の接続をめぐる歴史的な政策の変遷、現状と課題については、第9章で検討

第1章　教育課程（カリキュラム）とは何か

しよう。

おわりに

　教育課程編成の主体は各学校である。学校現場では、校長のリーダーシップのもと、教師たちが議論をし合いながら、教育課程を編成していく。教育課程は、教師たちが実践することによってこそ、子どもたちに学ばれるものとなる。さらに、そこでの達成点や課題を確認し、教育課程を改善する取り組みが進められる。「各学校が学校の教育目標をよりよく達成するために、組織としてカリキュラムを創り、動かし、変えていく、継続的かつ発展的な、課題解決の営み」[40]を、カリキュラム・マネジメントと言う（詳細は、第10章を参照）。

　教育課程編成は、校長や教務主任だけでなく、一人ひとりの教師が参画する営みである。子どもたちをどのような人間に育てるべきなのかについて一人ひとりの教師が見識を持ち、その目標を達成するような教育課程を構想・実践する力量が求められると言えよう。

〈注〉

(1) 文部省「学習指導要領（試案）」1951年。
(2) 文部科学省「学習指導要領」2008年。
(3) 文部科学省初等中等教育局長「小学校，中学校，高等学校及び特別支援学校等における児童生徒の学習評価及び指導要録の改善等について（通知）」2010年。
(4) 田中耕治「教育評価を考える」田中耕治・西岡加名恵『総合学習とポートフォリオ評価法・入門編――総合学習でポートフォリオを使ってみよう！――』日本標準、1999年、30-36頁。ならびに、田中耕治『教育評価』岩波書店、2008年、41-52頁。
(5) 天野正輝『カリキュラムと教育評価の探究』文化書房博文社、2001年、4-5頁。
(6) たとえば、文部科学大臣による中央教育審議会への諮問「初等中等教育における教育課程の基準等の在り方について」（2014年11月20日）。
(7) タイラー，R. W.（金子孫市監訳）『現代カリキュラム研究の基礎――教育課程編成のための――』日本教育経営協会、1978年（原著は1949年）、iv頁。
(8) 文部省『カリキュラム開発の課題――カリキュラム開発に関する国際セミナー報告書

──』大蔵省印刷局、1975年。
(9) ボウルズ，S.・ギンタス，H.（宇沢弘文訳）『アメリカ資本主義と学校教育──教育改革と経済制度の矛盾──』（第1巻）岩波書店、1986年（原著は1976年）、3-29頁。黒崎勲『教育と不平等──現代アメリカ教育制度研究──』新曜社、1989年も参照。
(10) Coleman, J.S., et al., *Equality of Educational Opportunity*, U.S. Government Printing Office, Washington, 1966. および、ジェンクス，C.（橋爪貞雄ほか訳）『不平等』黎明書房、1978年（原著は1972年）。
(11) アップル，M. W.・ウエイン・アウ（高山敬太訳）「批判的教育学の政治、理論、現実」アップル，M. W.・ウィッテイ，G.・長尾彰夫編著『批判的教育学と公教育の再生──格差を広げる新自由主義改革を問い直す──』明石書店、2009年、10頁。
(12) フレイレ，P.（三砂ちづる訳）『新訳・被抑圧者の教育学』亜紀書房、2011年、83頁（原著は1970年。小沢有作ほかによる初の日本語訳は1979年）。
(13) 同上書、100頁。
(14) イリッチ，I.（東洋・小澤周三訳）『脱学校の社会』東京創元社、1977年、52頁（原著は1970年）。
(15) Jackson, P. W., *Life in Classrooms*, Holt, Rinehart and Winston, 1968.
(16) ボウルズ・ギンタス、前掲『アメリカ資本主義と学校教育』86頁。
(17) ブルデュー，P.・パスロン，J. C.（宮島喬訳）『再生産──教育・社会・文化──』藤原書店、1991年（原著は1970年）。
(18) バーンスティン，B.（萩原元昭編訳）『言語社会化論』明治図書、1981年、155-171頁（原著は1971年）。
(19) ウィリス，P.（熊沢誠・山田潤訳）『ハマータウンの野郎ども』筑摩書房、1985年（原著は1977年）。
(20) アップル，M. W.（浅沼誠・松下晴彦訳）『教育と権力』日本エディタースクール出版部、1992年、266頁（原著は1982年）。
(21) アップル，M. W.（野崎与志子ほか訳）『オフィシャル・ノレッジ批判──保守復権の時代における民主主義教育──』東信堂、2007年、92頁（原著は2000年）。
(22) アップル，M. W.（水谷勇・野崎与志子訳）「公的知識をめぐるポリティックス──ナショナル・カリキュラムの意味を問う──」アップル，M. W.・ウィッテイ，J.・長尾彰夫編著『カリキュラム・ポリティックス──現代の教育改革とナショナル・カリキュラム──』東信堂、1994年、45頁。傍点は原典による。
(23) アップル，M. W.・ビーン，J. A. 編（澤田稔訳）『デモクラティック・スクール──力のある学校教育とは何か──（第2版）』上智大学出版、2013年（原著の初版は1995年、

第2版は2007年）。

(24) ハーシュ, E. D.（中村保男訳）『教養が、国をつくる——アメリカ建て直し教育論——』TBSブリタニカ、1989年（原著は1988年）。

(25) ジルー, H. A.（渡部竜也訳）『変革的知識人としての教師——批判的教授法の学びに向けて——』春風社、2014年、174-175頁（原著は1988年）。

(26) Pinar, W., "*Currere:* Toward Reconceptualization" in Pinar, W. ed., *Curriculum Theorizing: The Reconpectualists,* McCutchan Publishing Corporation, 1975, pp.396-414.

(27) 長尾彰夫「日本型ナショナル・カリキュラムの批判と分析」アップル・ウィッティ・長尾編著、前掲『カリキュラム・ポリティックス』141頁。

(28) 田中統治『カリキュラムの社会学的研究——教科による学校成員の統制過程——』東洋館出版社、1996年。

(29) 佐藤学『教育方法学』岩波書店、1996年、108頁。

(30) 佐藤学「提言 学校を問うパースペクティブ——学習の共同体へ——」佐伯胖・汐見稔幸・佐藤学編『学校の再生をめざして 第1巻——学校を問う——』東京大学出版会、1992年、223頁。

(31) レイヴ, J.・ウェンガー, E.（佐伯胖訳）『状況に埋め込まれた学習』産業図書、1993年。

(32) 佐伯胖「提言 学びの場としての学校」佐伯胖・汐見稔幸・佐藤学編『学校の再生をめざして 第2巻——教室の改革——』東京大学出版会、1992年、113-227頁。

(33) 竹内常一『日本の学校のゆくえ——偏差値教育はどうなるか——』太郎次郎社、1993年、182-184頁。

(34) 同上書、203頁。

(35) Mullis, I. V. S., et al., *TIMSS 2007 Assessment Frameworks*, TIMSS & PIRLS International Study Center, Lynch School of Education, Boston College, 2005, pp.4-5.

(36) 田中耕治「今、なぜ総合学習なのか」田中・西岡、前掲『総合学習とポートフォリオ評価法 入門編』15-16頁。

(37) 続有恒『教育心理学の探求』金子書房、1973年、227-228頁。

(38) 梅根悟『教育史学の探究』講談社、1966年、331-335頁。

(39) 田中、前掲『教育評価』88頁。

(40) 田村知子「カリキュラムマネジメントのエッセンス」田村知子編著『実践・カリキュラムマネジメント』ぎょうせい、2011年、2頁。

〈推薦図書〉

アップル，M. W.・ビーン，J. A. 編（澤田稔訳）『デモクラティック・スクール――力のある学校教育とは何か――（第2版）』上智大学出版、2013年（原著の初版は1995年、第2版は2007年）。

佐藤学『教育方法学』岩波書店、1996年。

タイラー，R. W.（金子孫市監訳）『現代カリキュラム研究の基礎――教育課程編成のための――』日本教育経営協会、1978年（Tyler, R. W., *Basic Principles of Curriculum and Instruction*, Reprint Edition, University of Chicago Press, 2013; 原著の初版は1949年）

田中耕治編著『よくわかる教育課程』ミネルヴァ書房、2009年。

中内敏夫『「教室」をひらく――新・教育原論――（中内敏夫著作集第1巻）』藤原書店、1999年。

第2章
戦後日本における教育課程の変遷

はじめに

　日本における教育課程は、これまで何をめざしてどのようにして今の姿になったのか。また、これから、どのような人づくりの実現に向かって編成されるのか。この章では、戦後日本における教育課程およびその編成論の変遷をたどりながら、これらの問いに答える。その際、教育政策の転換だけではなく、大きな時代の流れや社会変化の中で、何が課題となり何が成果として生まれていたのか、それに対して国が具体的にどのような教育政策をもって対応したのかについて検討する。また、それらの流れと関連した民間研究団体の動きや学校現場の教師たちの試みにも言及する。

　戦後日本における教育課程の大きな流れをつかむために、まず、日本の学校の教育課程の基準として定められている学習指導要領の変遷に注目する。教育課程の性格はその時代の教育方針の転換によって大きく影響されることから、学習指導要領の変遷は大きく下記の四つの時期に分けられる。

1．戦後新教育期（1947年、1951年改訂学習指導要領）
2．系統学習期（1958年、1968年改訂学習指導要領）

3．ゆとり教育期（1977年、1989年、1998年、2002年改訂学習指導要領）
4．脱ゆとり教育期（2008年改訂学習指導要領）

　また、学習指導要領の変化に伴い、その時々の指導と評価の関係を反映する指導要録（第1章参照）の歴史についても触れる。なお、学習指導要領についてのより詳細な資料として、各学校段階における教科・領域の種類、各教科の目標・単元構成、各指導内容の基本的事項および指導上の留意点などを記載した「学習指導要領解説」も文部科学省によって発行されている。「学習指導要領解説」は学習指導要領とは異なり、法的拘束力を持たないとされている。ただ、日本の教員養成カリキュラムにおいては、多くの場合、各教科の「学習指導要領解説」が参考資料として起用されていることから、「学習指導要領解説」を共通理解することは教員になるための一般教養として求められていると言えよう。
　以下、第1節から第4節まで、1947（昭和22）年に日本で初めて作成された学習指導要領から、2008（平成20）年改訂学習指導要領に至るまでの変遷を詳しく検討していく。第5節では、2017年改訂学習指導要領に向けた主な論点を整理し、それに関わる教育改革の最新の動向を分析する。

第1節　戦後新教育期

第1項　最初の学習指導要領（1947年・試案）

　第二次世界大戦後、日本は超国家主義にもとづく画一的な教育課程編成についての反省から出発した。民主主義・平和的な文化国家の建設を目指し、1946（昭和21）年に「新教育指針」[1]を打ち出した。「新教育指針」には、アメリカの進歩主義的な教育思想[2]が強く影響していた。その内容としては、教育の再建において民主主義をいかに実現するのかという理念・方策・手順が記された。「第一次米国教育使節団報告書」（1946年）の勧告を基に、1947年、「試案」つまり参考資料として「学習指導要領 一般編」[3]が文部省（当時）によって公布され、同年内に体育科以外の各教科編[4]も相次いで刊行された。

当時の「学習指導要領一般編（試案）」に見出される特徴としては、次の5点を挙げることができる。第一に、学習指導要領はあくまでも教師の主体的な教育・研究を補佐する手引書であるという性格を示した点である。第二に、教育の一般目標を、生活・経験を重視し、国民として生活していく上で必要とされる一般教養から設定している点である。第三に、カリキュラムが教育計画としての内容を持つようになった点である。新たに統合的な教科として社会科と自由研究の時間が設けられ、弾力性のある授業時数が示された。

第四に、教師中心の考え方から児童・生徒の主体的な学びに着目するように、学習指導法の転換を促した点である。従来の知識注入型の教授法とは対照的に、児童・生徒が自主的に探究していけるような学習指導法を採用する必然性が強調された。

第五に、「考査」[5]が指導過程の教育評価であるとされ、評価の結果を目標の設定や指導の改善に生かすことが推奨された点である。つまり、教師と児童・生徒がぞれぞれの目標を設定し、目標を達成するための教材・学習内容を組織し実践し、その結果を評価することによって、さらなる指導・学習の向上につながるという教育理念が埋め込まれている。これは、現代のカリキュラム・マネジメントにおけるPDCAサイクル（計画・実施・評価・改善のサイクル；第10章参照）にも通ずる観点であると言えるだろう。

ただし、1948年に作成された学籍簿（翌年、指導要録と改名）においては、相対評価が採用された。相対評価とは集団における順位づけにより成績をつけるものであり、必ずしも学力実態は示されない。予め「できない子ども」がいることが前提となり、排他的な競争が生まれてしまう。つまり、学力評価を教育改善につなげるという回路は、実質的には確保されていなかったと言えよう。

第2項　1951年改訂学習指導要領（試案）

1951（昭和26）年、「学習指導要領（試案）」の第一次改訂が行われ、経験主義にもとづくカリキュラム編成の色彩がさらに色濃くなっていった。それまで「教科課程」と称されていたものが「教育課程」と改称された。そこでは、「児童生徒がどの学年どのような教科の学習や教科以外の活動に従事するのが

適当であるかを定め、その教科や教科以外の活動の内容や種類を学年的に配当づけたもの」を指す用語として教育課程が定義された。徹底した「教育の生活化」をめざした51年改訂で見られた小・中学校の教育課程における主な特徴としては、以下の3点が挙げられる。

第一に、それまで「教科」領域のみによって構成されていたカリキュラムに、「教科」以外の領域が入りこんでくることによって、より包括的な教育課程の構造となった。学校の教育課程は、小学校では教科と「教科以外の活動の時間」、中学校では教科と「特別教育活動」の2領域に分けられた。1947年から実施されてきた「自由研究の時間」は、「教科以外の活動の時間」・「特別教育活動」によって発展的に解消された。また、児童会、クラブ活動、学級委員などの教育的価値が認められ、教育の中に明確な位置を持つようになった。

第二に、教科の特性と教科間の連携が強調されることにより、教育課程における再編・統合が行われた。小学校ではもとの9教科が、学習の技能を発達させる教科（国語、算数）、社会や自然についての問題解決の経験を発達させる教科（社会科、理科）、創造的要素を発達させる教科（音楽、図工、家庭科）、健康の保持増進を助ける教科（体育）の4領域へと分類され、領域ごとの授業時間数の配当比率が示された。また、中学校では「日本史」が「社会」に含まれ、「体育」が「保健体育」、「職業科」が「職業・家庭科」に改名された。

第三に、道徳教育の重要性を強調した点である。1951（昭和26）年の教育課程審議会「道徳教育振興に関する答申」にもとづいて、「道徳教育のための手引書要綱」が作成されるとともに、「学習指導要領 一般編」において、道徳教育は学校教育のあらゆる機会に指導すべきであるとされ、社会科をはじめ各教科の道徳教育に関わる役割を明確にした上で、全体計画を作成することが強調された。このようなことから、当時、道徳教育は独立した教科ではなく、教育課程全体を貫く「機能」として捉えられていたことがわかる。

さらに、高等学校については、1947（昭和22）年4月7日付の文部省学校教育局長から各県宛の通牒「新制高等学校の教科課程に関する件」において、高等学校の教育課程は「普通教育を主とする普通科」と「専門教育を主とする学科」とに大別された。1951年に改訂された学習指導要領においては、前者

が「普通課程」、後者が「職業に関する課程」と呼ばれた。その時の教育課程の特徴を概括すれば、以下の4点を挙げることができる。

第一に、高等学校の卒業時において、一般青年は日本国民としての共通教養を身につけている状態にあるべきと明示した点である。具体的には、「青年に共通に必要とされる最低限度の教養」として、国語、一般社会、体育、社会（一般社会を除く）、数学、理科の教科群から各1教科を、すべての生徒が履修しなければならないと規定された。

第二に、日本史が社会科に位置づけられるようになった点である。戦後初期の高校社会科において、科目としての日本史は含まれていなかった。51年版学習指導要領においてようやく内容が構成され、理論づけられるようになった。

第三に、選択の単位数の幅が広げられるように設定された点である。具体的には高等学校を卒業するためには、必修38単位のほかに、自己の必要や能力や興味に応じて47単位の科目を選択し、3年間に合計85単位以上を履修することが義務づけられた。

第四に、特別教育活動の時間を明確化した点である。1951年改訂学習指導要領によると、「特別教育活動の時間としては、週あたり少なくとも、ホームルーム1単位時間、生徒集会1単位時間、クラブ活動1単位時間をとることが望ましい」という目安が示された。

以上のように、51年改訂学習指導要領はあくまでも47年版学習指導要領を踏まえ、それを調整・補完するものとしてつくられ、「試案」という性格は変わらなかった。また、今日の教育課程に近い内容が多く存在しており、この時に学習指導要領の原型が整えられたと言っても過言ではない。

第3項　カリキュラム開発の動向

1947年版学習指導要領（試案）の公表により、学校や教師が自主的に教育課程を研究し、編成することが求められるようになった。とりわけ、新設された社会科や自由研究においてカリキュラム改造運動が活発に行われた。その中心となったのが、コア・カリキュラム連盟（第3章参照）であった。

表2-1 桜田プランの各教科におけるコア学習の割合（1948年第2学期）

学年	作業単元　%	国語	算数	理科	体育	音楽	図工	家庭
1	おうちと近所	35	41	97	44	75	97	
2	学校の近所	30	25	95	16	5	80	
3	のりもの	49	40	71	14	11	74	
4	武蔵野	44	9	63	14	2	51	
5	産業の発達	47	32	21	7	4	58	37
6	新聞とラジオ	40	30	60	5	15	70	40
	平　均	41	30	68	17	19	72	38

出典：馬場四郎『コア・カリキュラムの運営』誠文堂新光社、1949年、33-34頁。

　コア・カリキュラム型に教育課程を編成するという発想自体は、すでに一部の研究者によって戦前から研究されていた。特に、戦後初期には社会科発足の動きと相まって、GHQ（General Headquarters：連合国総司令部）の指導による教育改革が進められ、バージニア・プランなど教科の生活化・統合化を意図した実践が盛んに紹介されるようになった。

　関東では「桜田プラン」（東京都港区桜田小学校）、「川口プラン」（埼玉県川口市内の24の小・中・高校）など、関西では「明石プラン」（兵庫師範学校女子部附属小学校）「奈良プラン」（奈良女子高等師範学校附属小学校）がその代表的実践である。たとえば、桜田小学校では、「郵便ごっこ」のような作業単元（表2-1）を開発し、経験主義的なカリキュラム作りの先駆として全国的に知れ渡った。また、1951（昭和26）年、「川口プラン」を指導した教育学者・梅根悟は、コア・カリキュラム連盟の集大成ともいえる三層四領域論を編み出した（第3章参照）。

　戦後初期のカリキュラム運動は、日本の近代教育制度発足以降、国家の教育政策において、教師ないし学校が初めて教育内容編成の主体として位置づけられた点、また地域の生活現実や子どもの興味・関心が初めて教育内容編成の基軸的要素となったという点において、大きな意義があったと言える。

第2章　戦後日本における教育課程の変遷

第2節　系統学習期

第1項　経験主義への批判

　経験主義にもとづく日本の戦後新教育は、戦後の教育改革において重要な役割を果たした。1951年には山形県山村中学校教師・無着成恭の『山びこ学校』(青銅社)が出版され、生活綴方をはじめとする日本の教育遺産への関心も復活することになる。ところが、朝鮮戦争が勃発した1950(昭和25)年頃からは、経験主義に対して様々な立場から批判が投げかけられるようになる。

　まず、中間層の親たちからは、「基礎学力の低下」を懸念する声があがった。いわゆる「学力の基礎の基礎」とも言うべき「読・書・算の力の低下」(漢字が読めない、文章が綴れない、計算ができない)や、「歴史・地理の基本的知識の欠落」(他府県の川を知らない、豊臣秀吉を知らないなど)という事実に直面して、新教育への疑念を投げかけたのである。また、数学教育協議会、歴史教育者協議会などの系統主義の立場に立つ民間教育研究団体からも、経験主義の教育実践に対して批判がなされた。そこでは、戦後新教育で行われてきた「作業単元」や「生活単元学習」が、数学教育の論理を無視して計算力を崩壊させるもの、あるいは歴史認識の客観性と系統性を否定するものとして糾弾された(第4章参照)。さらに、経験主義の立場に立つ論者の中にも、戦後新教育が想定している「生活」は、敗戦直後の日本の現実から見て、あまりに「牧歌的」であるという批判が登場した[6]。

　こうした経験主義批判を、小学校教師を経て教育評論家となった国分一太郎は「基礎教育の防衛」と評した。「読・書・算」の基礎学力は「人類文化の宝庫をひらくカギ」であり、さらに「一般的な科学の常識や文化知識」を発達に応じて系統的に養っていくことによって「自然および社会の事物」に対する認識を高めていくための土台としなければならない、と国分は述べた。そのような基礎学力を形成するために、戦後新教育に存在しうる問題点である①科学・学問の体系を軽視する生活経験主義、②読み書き算の基本能力を十分につけるような時間と機会を持たせない学習法、③記憶や練習を一方的に排斥するような

「ある種の心理学的迷蒙」、④学習対象がもつ体系よりも児童の興味を説きすぎる心理学主義、⑤教師の指導性を尊重しない無方向な児童中心主義などは清算されなければならないと指摘した[7]。このような指摘のもとで、戦後初期に基礎学力をめぐって論争が引き起こされたのである（第5章参照）。

第2項　教育課程政策の転換——1958年学習指導要領改訂——

1958（昭和33）年には、GHQ撤退後、日本が初めて独自に実施した全面的な学習指導要領改訂が行われた。前述した民間教育研究団体などからの経験主義への批判を受けて、教科の系統的な知識の習得を重視する系統学習への軌道修正が行われた。そこには、高度経済成長政策と連動して科学技術を担う人材の育成という喫緊の課題に対応するという意図もあった。

1958年改訂では、「最近における文化・科学・産業などの急速な進展に相応」し、「国民生活の向上を図り」、「独立国家として国際社会に新しい地歩を確保するために」、①道徳教育の徹底、②基礎学力の充実、③科学技術教育の向上を図ることが主眼とされた。小・中学校について主に以下の変更点があった。

小学校では、第一に、教育課程が各教科、道徳、特別教育活動と学校行事に細分化された。とりわけ、領域として「道徳の時間」を新たに特設することが一番のポイントとなった。この道徳特設の背景には、戦後復興期の社会的荒廃、ならびにアメリカ合衆国とソビエト連邦の冷戦構造という時代状況があった。

第二に、従来の単元学習に見られるような、経験主義に行き過ぎた学習指導を改め、系統性重視の原則が強調されるようになった。「学習指導要領　総則編」では、「教育課程の編成」[8]において、「発展的、系統的な指導を行うことができるようにしなければならない」と述べられ、「『各事項』のまとめ方や順序をくふうして指導する」という形で、順序性・系統性を重視する系統主義の教育課程への転換を意図していることが見受けられる。

中学校についても、小学校と同じように「道徳の時間」を特設し、系統性を重視する教育課程を編成することが志向されている。これに加え、次の二つの特色を見出すことができる。

第一に、義務教育の最終段階としての位置を明確にし、職業的陶冶が強化された。これに向けて、たとえば「生徒の進路、特性に応じた教育」が推進された。特に中学生3年生からの選択制が大幅に導入され、選択教科が9教科に及んだ。第二に、日本人としてのアイデンティティを確立する観点から、教科学習において伝統や文化が重視された。たとえば、国語では、「古典などを用いること」や「わが国のことばや文学について考えさせる文章に触れさせること」が強調された。一方、社会の指導上の留意事項として、「日本史の学習に重点をおき、世界史のあらましに触れるが、日本史と世界史との内容の比率は、およそ7：3くらいにするのが適当」(9)であると説明された。

　さらに、1958（昭和33）年、高等学校学習指導要領は一般編のみが改訂され、そこで初めて「高等学校の教育は、この段階における完成教育であるという立場を基本とすること」を言及し、「特に普通課程においては、教育課程の類型を設け、これにより生徒の個性や進路に応じ、上学年に進むにつれて分化した学習を行うようにすること」(10)が強調された。1960年に改訂された教科編では、主に次の2点の特色がみられた。第一に、教育課程については、領域・コースの基本的類型および卒業の最低単位数を明記した上で、各高等学校の裁量を尊重する方針が取られた。第二に、高等学校では、小学校や中学校のように特設「道徳の時間」が設置されなかったものの、社会科の中で「倫理・社会」が新設された。この他、小・中学校と同様に、科学技術教育の充実策として、普通科において、理科の単位が2倍に増やされたり、外国語必修化という方策が立てられたりした。職業科では、専門科目の必修単位を30単位から35単位に引き上げられるなど、「中間産業人」の養成が目指された。

　以上のような改訂に対して、当時の世論がどのように反応したのか。『毎日新聞』の社説「拙速に過ぎた新教育方針」では、基礎学力を重視する方針を肯定しつつも、道徳の復活に対する異論が出された(11)。また、日本教職員組合からも、次の2点を中心に批判がなされた。第一に、文部省の提唱する系統学習は、教科の真理に根差した系統性を追求していないという疑念が投げかけられた。第二に、社会科の改訂内容は、民主主義教育の根底をなす社会科学の認識を薄弱にさせるものであると批判された。そこでは、地理・歴史、政経社の

相互の関連を生かし、各学年でその内容を深めるような従来の社会科教師の創意工夫が擁護された(12)。

総じて、58年改訂の学習指導要領では、柔軟性をもった51年改訂版とは異なり、各教科の最低授業時数を示す形に修正され、学校の特色を出しにくくなった。加えて、学習指導要領が「試案」ではなくなり、「告示」されるようになったことから、地域・学校の教育課程編成に対する国の統制が強まり、教育の中央集権化が進行したと言える。

第3項　能力主義と教育内容の現代化

（1）全国一斉学力テストの実施

1960（昭和35）年に「国民所得倍増計画」（1961‐1970年）とそれを支える長期教育計画が打ち出され、早期に有能な人材を発掘し、適切な教育訓練を実施する必要性が強調された。翌年、中学3生を対象にした全国一斉学力テスト（悉皆調査）が行われた。その目的は主に、教育課程に関する諸政策を遂行・改善するための科学的資料を収集すること、各学校の教員が生徒の学習指導に役立てる資料とすることとされた。しかしながら、テスト問題を文部省が作成し、生徒個人のテスト結果（得点）を指導要録への記載を義務づけるなど、現場の教育に文部省がさらに直接介入するという形となった。

それに対して、日本教職員組合はすぐさま「教師の専門性を生かした自主・創造の教育も、地域の実態に即した教育も否定され、再び戦前のような、文部省による教育内容の統制に逆戻りすることは明らかである」(13)と批判した。以降、学力テストが実施されるたびに、現職の教職員による「学テ反対闘争」が引き起こされた。1966年に、僅か5年間の実施で全国一斉学力テストが廃止されることとなった。

それと同時に、教育課程に関しては、「学力」とは何かという問題が議論されるようになった。たとえば、教育学者の大田堯は、国の要求する「ものさし」的な学力観と批判し、「学力というものは、……つまり教育、学習を通じて、個体のなかに結晶される創造的、活動的能力を学力」(14)と捉えるべきと説いた。このほか、教育学者・勝田守一の能力モデル（1962年）、教育学者・広

岡亮蔵の学力モデル（1964年）など、能力や学力を捉えるための様々な仮説が提案された（第5章参照）。

（2）1968年－1970年学習指導要領改訂

1957（昭和32）年、ソ連が人工衛星スプートニクの打ち上げに成功したことにショックを受けたアメリカでは、数学・自然科学教育を重視するカリキュラム改造運動が急速に広まった（第4章参照）。1961年、日本では、第一次ベビーブーマーが高校に進学することで、公立の学校でも補習が日常的に行われるなど、受験競争が激化していった。そうした中、文部省（当時）は1965（昭和40）年、教育課程審議会に「小学校、中学校の教育課程の改善」について諮問し、1968年に「学校教育法施行規則」の一部を改正するとともに小学校学習指導要領を全面的に改訂した。

諮問では、まず、「人間形成のうえから統一と調和のある教育課程を編成することが、最も重要なことである」と述べ、今回の改訂のテーマが「統一と調和のある教育課程」であると強調した。このような諮問を受け、1968年に改訂された小学校学習指導要領と翌年改訂された中学校学習指導要領は、共通して次の三つの特色を持つものであった。

一つ目は、教育課程の基本構成を、従来の4領域から、各教科・道徳・特別活動の3領域へと変更したことである。特に新設された特別活動を通して、「心身の調和的な発達を図るとともに、個性を伸長し、協力してよりよい生活を築こうとする実践的態度を育てる」[15]ことが目指された。そこでは、諮問に見られた「調和と統一」の教育理念が、教育課程において具現化されている。

二つ目は、内容の精選についてである。国語、社会、音楽においては、各教科内容の領域にもとづいて基礎・基本を精選し、「発展的・系統的な学習」ができるように配列することが求められた。たとえば、音楽では鑑賞と表現に共通する基礎内容が「基礎」という領域にまとめられ、国語では読み書き能力の充実が図られ、社会科では観察力・資料活用の能力・思考力を伸ばすことに重点が置かれた。

三つ目は「教育内容の現代化」であり、それは主に算数・数学と理科に反映

されている。たとえば、算数・数学では諸外国で取り扱っている集合などの新しい概念が導入され、低学年から指導を開始するなど水準向上策がとられた。理科ではエネルギー、分子・原子の概念が取り入れられ、自然の対象の区分が、A.生物とその環境、B.物質エネルギー、C.地球と宇宙の３領域に再編された。つまり、従来の経験主義にもとづく教育課程は姿を消し、学問中心の系統主義的な教育課程が志向された。

さらに、中学校学習指導要領の改訂版では、能力別指導の具体策が示された。総則では、「学習が困難な生徒について、……各教科の目標の趣旨をそこなわない範囲内で、各教科の各学年または各分野の目標および内容に関する事項の一部を欠くことができる」(16)とされた。特に数学・理科・外国語においては、能力差に応じた指導や配慮という項目が記載され、個性・能力・特性などによって振り分ける教育政策が具現化された。

1970（昭和45）年に、高等学校の学習指導要領が告示され、従来の３領域から「各教科・科目」と「各教科以外の教育活動」の２領域に改訂された。その基本方針・特色は、次の３点である。第一に、公民的資質の形成がめざされた。社会科の政治・経済では「良識ある公民」、日本史では「国民としての自覚」、世界史では「国際社会に生きる日本人」が新たに目標として入れられる(17)など、国家社会の有為な形成者を養成するという方針が映し出された。

第二は、教育課程の多様化である。生徒の能力・適性、男女の特性、地域や学校の実態などに応じて教育課程を編成するために、職業科のみならず、普通科も弾力性のある科目編成と履修方法へと変更された。つまり、各教科の中ですべての生徒に履修させる科目（共通性）を規定するとともに、他の多種多様な科目については地域・学校・生徒の実態に合わせて選択させること（多様性）が推奨されるようになった。

第三は、科学教育の強化である。小・中学校と同じく、高校における「教育内容の現代化」も数学・理科を中心に推進された。そこでは、現代科学の進歩に見合った教育内容の再編が図られ、探究に必要な科学的な方法の習得や自然科学における基本的な概念についての理解の深まりを促すという考え方が示された（第４章参照）。

以上の改訂に対して、日本教職員組合は、「中等教育段階からの『能力別の教育』やコースの『多様化』は、個人の特性に応じる教育という、一見はなはだ教育的配慮の形をとりながら、実質的には今の『能力主義』的選別を強化する結果を避けえない」と警鐘を鳴らした。また、「現実の社会要求により人間的に対応していく能力の形成」、すなわち、思いやりを含め実社会における人間力を育む重要性を説いた[18]。

(3)「相対評価」に対する批判の高まり

1960年代初期には、「相対評価」の非教育的な性質が指摘され、教師の努力と反省にもとづいた「絶対評価」が擁護される風潮が強くなった。また、児童・生徒の内面の成長・発達に注目し、それらを記述する方法を原理とした「個人内評価」が提唱されるようになった。これらの動向を受けて、1961年改訂の指導要録では、「評定」欄で「相対評価」、「所見」欄で横断的な「個人内評価」、「進歩の状況」欄では縦断的な「個人内評価」というように配置されていると説明された。特に「評定」欄において「絶対評価を加味した相対評価」が導入されることで、5段階による機械的な人数配分を行わず、努力点などを考慮してその境界領域にいる児童・生徒を調整することも許容されることとなった。

しかし、この時は、基本的な方針が「相対評価」であることには変わりがない。「相対評価」のもとでは、すべての児童・生徒が努力して合格ラインに達していたとしても一定の配分率に即して振り分けなくてはならないという根本的な矛盾が生じる。そこで、「所見」欄などにおいて評定が上がらない児童・生徒に対して努力度を記述すること（「個人内評価」）で救済措置がとられている。つまり、選抜社会における「加熱と冷却の構造」が学習評価において形成された[19]。この構造は1971年改訂指導要録においても明示され、さらに強化されることとなった。

第3節　ゆとり教育期

第1項　人間性重視の教育への転換——1977年学習指導要領改訂——

　1970年代には、高度経済成長を背景に高校進学率が90％を超えるようになり、学校教育が大きく普及・進展した。しかしその反面、授業についていけない、いわゆる「落ちこぼれ」の問題が顕在化した。また、校内暴力、登校拒否などの問題が社会現象になった。そうした中、学習指導要領がリードする教育課程編成は大きな転換を迎えることとなった。すなわち、人間性の育成を重視する方向へと舵が切られたのである。

　特に1974（昭和49）年、文部省とOECD（経済協力開発機構）が協力して開催した国際セミナーでは、目標が固定された従来のカリキュラム開発が工場で大量生産するような「工学的アプローチ」にたとえられ、それとは対照的なカリキュラム開発のアプローチとして、子どもたちの学びの多面的な展開を活性化できるような、目標にとらわれない「羅生門的アプローチ」が提唱された（第1章参照）。また、全米教育協会（National Education Association：NEA）では、現代化の反省にもとづき、カリキュラムのレリバンス（適切性）が問われることとなった。すなわち、学問自体が社会や児童・生徒に対して適切か、役立つのかという観点に立ち返ってカリキュラムを捉え直すべきという主張が強まった。その影響を受け、1976年の教育課程審議会答申「小学校、中学校及び高等学校の教育課程の基準の改善について」では、これからの学校教育においては人間性豊かな児童・生徒の育成ということが一層強調されなければならないということが掲げられた。

　実際のところ、学校教育が知識の伝達に偏る傾向があることへの反省から、1977（昭和52）年改訂学習指導要領は小・中学校ともに、次の三つの特徴を持つこととなった。

　第一に、教育課程の基準の大綱化である。それまでよりも指導内容を簡明にし、学校現場の判断や創意工夫に委ねる部分が多くなった。第二に、時間数が削減された。小学校では第4学年以上は週当たり2～4時間の削減となり、中

学校第1・2学年では週当たり4時間減、第3学年では3時間減となった。その代わりに授業の1単位時間が児童生徒の実態に合わせて設定されることができるようになり、指導の順序などに関して学校の創意を生かした指導計画の作成が要請されることとなった。第三に、知育偏重を是正するために、道徳教育と特別活動が重視された。たとえば中学校の「ゆとり」の時間では、体力増進活動、自然・文化の体験的な活動、教育相談活動やクラブ活動などが期待された。また小学校・中学校ともに、特別活動の儀式において「国旗を掲揚し、国歌を斉唱させることが望ましい」と強調された。

　さらに、1978（昭和53）年に高等学校学習指導要領が改訂された。そこには、①国民共通の教育期間が高校を含めて12年間とする、②成績に応じて、教育内容および単位数を増減できるようにする、③職業教育と勤労体験学習を重視する、④習熟度別学級編成を認める、⑤教科外活動において「国旗」掲揚と「国家」斉唱の儀式を要求する、という五つの特色があった。

　当時の改訂に対して、世間からは賛否両論の声が上がった。朝日新聞の社説では、教育課程の弾力化や体験学習については評価されたものの、習熟度別学級編成について「失敗すれば、差別を固定化する」との懸念も示された[20]。また日本教職員組合は、「国旗」掲揚と「国家」斉唱について、「主権在民・平和と民主主義・人権の確立を基本とする日本国憲法の理想の実現をめざす全国民の一致した総意にもとづいてなされるべき」であって、「政府の一方的判断にもとづいて」決定してはならないと批判した[21]。

　また1980年改訂指導要録では、「観点別学習状況」欄が設けられ、「絶対評価」の考え方が採用された。日常の学習評価を改善のするための契機として、「観点別学習状況」欄では、学力の要素となる「観点」それぞれについて3段階の到達度が示された。しかし、「評定」欄では依然として「絶対評価を加味した相対評価」が採用さていたため、実質的にはそれまでの加熱と冷却の構造と変わらなかった。また、これまで主観的だとして評価項目に載らなかった「関心・態度」が、この時期から一番後の「観点」として位置づけられた。しかし、当時、何を「関心・態度」とするのかは不明瞭であったため、この「観点」が評価対象として重視されたとは言い難い状況であった。

第2項　「新しい学力観」の登場——1989年学習指導要領改訂——

　「ゆとり」志向の学習指導要領の改訂が1977年に行われたものの、1980年代に入っても、公立学校の生徒の塾通いが急増し、非行・校内暴力・いじめ・体罰など、「教育荒廃」が一層深刻化した(22)。また、国際化・情報化・成熟化・高齢化社会が進む日本の現状に応じて、学校教育中心の教育体制から生涯学習体系へと移行する必要性が出てきた。

　そこで、1989（平成元）年改訂で文部省は、「自ら学ぶ意欲と社会の変化に主体的に対応できる能力の育成」を重視し、生涯学習社会の到来を前提にした「新しい学力観」を打ち出した。「新しい学力観」とは、自ら学ぶ意欲の育成や思考力、判断力などの能力育成を基本とする学力観を指す。1991年改訂指導要録では、この「新しい学力観」が全面的に打ち出された。それまでの知識の習得を中心とした学習のあり方からの転換を図るために、「関心・意欲・態度」が第一の「観点」として位置づけられた。

　教育課程改善のねらいは、具体的には次の四つの方針に表れている。第一は、「心豊かな人間の育成」である。89年改訂では、社会科・理科が廃止され、自立への基礎を養うことをねらいとした「生活科」が新設された。

　第二は、89年改訂の目玉として、「自己教育力の育成」が主張されたことである。各教科等において、論理的思考力・創造力・情報活用力などの育成を充実させることで、変化の激しい社会において生涯を通して学習し、逞しく生き抜いていくことができる「自己教育力」が身につくとされた。

　第三は、「基礎・基本の重視と個性教育の推進」である。89年改訂では、小・中・高等学校における各教科等の内容の精選と一貫性の確保を挙げつつ、中学校における選択履修の幅の拡大と、高等学校における多様な科目の設置によって、個性化を求める社会的な要請に対応した。

　第四は、「文化と伝統の尊重と国際理解の推進」である。「学習指導要領解説」では、グローバル化が進む中で、「諸外国の生活と文化を理解すると同時に、わが国の文化と伝統を大切にする態度の育成を重視すべき」ことが強調された。その具体的な項目として、①中・高等学校での古典学習、②小・中・高等

学校の学校行事における国旗・国歌の取扱いの明確化、③英語の授業における会話の重視、および④高等学校における世界史の必修化などが挙げられる。

以上のように、89年改訂学習指導要領は、基本的に77年改訂学習指導要領の人間性重視の方針を受け継ぐものであるが、生涯学習・個性化・国際化への対応といった時代の流れに応じて教育課程を再編した内容となった。

第3項 「生きる力」の提起──1998年改訂学習指導要領──

1990年代、国際化・情報化のさらなる進展、少子高齢化社会の到来、新自由主義政策の推進などといった社会の変化が進む中で、豊かな人間性を育むと同時に、一人ひとりの個性を生かしてその能力を十分に伸ばす新しい時代の教育のあり方が問われるようになった。

1998（平成10）年改訂学習指導要領では「総合的な学習の時間」が新設され、「各学校において教育課程上必置とし、全ての生徒がこの活動を行うものとする」と位置づけられた。この「総合的な学習の時間」の新設は、1998年改訂における改革を象徴するものとなった。この他、①「ゆとり」を実現するため（学校内外での学びを促進するために）、学校完全週5日制を実施し、教育内容を厳選すること、②「個性を生かす教育」を推進するため、多様化と選択制を拡大することが特徴であった。また高等学校では、「情報社会に主体的に対応する能力」を形成するために、普通教育としての教科「情報科」が新設され、必修となった。しかしながら、この改訂について、日教組は、「『生きる力』『ゆとり』を生み出すための方向性を垣間見せるものの、その具体化が不十分」であるとの意見を呈した。また、「いじめ、不登校、様々な差別などの人権に関わる問題やジェンダー、インクルージョン、平和、環境、国際化など地球的な課題や社会構造からくる要請に応えるための領域や教科構造の見直し、および内容の厳選」が十分図られなかったと批判した[23]。

一方、2001年改訂指導要録において、「観点別学習状況」欄だけではなく、「評定」欄でも「目標に準拠した評価（いわゆる絶対評価）」が採用されたことは、特筆すべき点であろう。小学校第3学年以上において、学習指導要領に示す各教科の目標に照らして、その実現状況を、「3：十分満足、2：おおむね満

足、1：努力を要する」という3段階により記入する。ここには、「目標の共有化」[24]によって、すべての子どもの学力保障をめざす契機が認められる。

第4節　脱ゆとり教育期

第1項　「確かな学力」向上の方針
——2003年一部改正学習指導要領——

　1998（平成20）年の学習指導要領改訂に伴って導入された「総合的な学習の時間」と学校の裁量権の拡大によって、各学校の自前の教育課程づくりが本格的な課題となった。しかし、それは容易なことではなかった。

　その原因は学習の実態にあった。文部省（当時）が1993（平成5）年から95年にかけて全国の小・中学生に対して行った学力の標本調査では、「考える力や応用力、表現力を問う問題の正答率の低さが目立った」[25]という結果になっていた。また、1999年に『分数のできない大学生』（西村和雄ほか、東洋経済新報社）という本が世に出されることにより、大学生の学力低下が危機的な状況になっているという印象を世間に与えた。こうした背景のもと、2003年には98年学習指導要領のねらいを一層実現するとともに、「確かな学力」（図2-1参照）の向上をめざして、学習指導要領の一部改正が行われた。

　2003年の一部改正では、第一に「学習指導要領の基準性を踏まえた指導の一層の充実」が打ち出され、児童・生徒の実態によっては「学習指導要領」に示していない内容を加えて指導することが認められるようになった。第二に、「総合的な学習の時間の一層の充実」のための方策として、「総合的な学習の時間」の役割（目標・内容・全体計画）を明確化するとともに、各教科等と一体になって子どもたちの力を伸ばすこと、体験的な学習に配慮しつつ、教科等の枠を超えた横断的・総合的な学習、探究的な活動の充実を図ることが求められた。第三に、「個に応じた指導の一層の充実」のため、児童・生徒の興味・関心に応じた課題学習、補充的な学習や発展的な学習などの指導方法が例示された。

　また、上記の関連事項として、年間の行事予定や各教科の年間指導計画等に

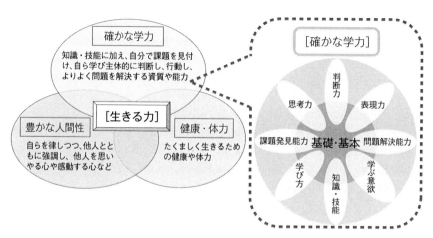

図2-1 「生きる力」と「確かな学力」の関係図

出典：中央教育審議会「初等中等教育における当面の教育課程及び指導の充実・改善方策について（答申）」2003年。

ついて保護者や地域住民等に対して積極的に情報提供すること、必要に応じて各教科等の年間授業時数の標準を上回る適切な指導時間を確保することなどが明示された。

　一部改正のいずれの側面においても、「生きる力」を育むという基本方針に変更はない。しかしながら、「確かな学力」の形成がより一層、強調される中で、2003（平成15）年の学校現場では、「百ます計算」ブームが起こったり、1時間目の授業が始める前の10分程度の時間を「朝の読書時間」に使ったりするなど、読み書き計算という基礎学力への回帰が見られた。また、目標に照らしてその実現状況を見る評価、いわゆる「目標に準拠した評価」を一層重視する傾向も強まった。

第2項　「思考力・判断力・表現力」重視の方針
──2008年改訂学習指導要領──

　2000年代に入ると、知識が社会のあらゆる領域での活動の基盤として飛躍

的に重要性を増す「知識基盤型社会」が到来した。2004年にOECDによる国際比較調査である2003年PISA（Programme for International Student Assessment: 生徒の学習到達度調査）の結果が公表され、日本の生徒の「読解力」や学習意欲の低下が顕著になった。PISAにおける「読解力」は、旧来の読み書き能力とは異なり、情報を解釈したり熟考・評価したりする力を重視するものである。こうしたことから、知識・技能を活用する力や思考力・判断力・表現力が強調される動向が生まれた。

　2007（平成19）年に改正された学校教育法においては、生きる力と関連づけて、①「基礎的な知識及び技能」の習得、②「基礎的な知識・技能を活用して課題を解決するために必要な思考力、判断力、表現力」等、③「主体的に学習に取り組む態度」が学力の3要素として規定された。そこでは、「ゆとり教育」のさらなる是正に向けて、「生きる力」の中核である「確かな学力」を育むために、活用する学習活動を通して、基礎・基本的な知識・技能の育成（習得型の教育）と自ら学び自ら考える力の育成（探究型の教育）を総合的に実現することがめざされた。

　2008（平成20）年の中央教育審議会答申「幼稚園、小学校、中学校、高等学校及び特別支援学校の学習指導要領等の改善について」では、持続可能な発展を実現できる21世紀型の日本社会を構築するために、生きる力を育むことが一層強調された。この答申では、「生きる力」はOECDが提案した「キー・コンピテンシー」という考え方を「先取りしていた」との見解が示された。「キー・コンピテンシー」は、OECDが1997年に組織したDeSeCo（Definition and Selection of Competencies: Theoretical and Conceptual Foundations）という研究プロジェクトの中で定義付けられた、社会をより良く生きるための能力である[26]（第5章参照）。

　この生きる力を育む具体的な手立てについて、2008年改訂学習指導要領では、教育課程の基本的な枠組みの変更と教育内容の改善という二つの側面から捉えている。まず、教育課程の基本的な枠組みについて、①小・中学校では国語・社会・算数などの教科を中心に授業時数が増加したこと、②「総合的な学習の時間」に関しては、小・中学校においては週1コマ程度縮減し、高等学校に

おいては弾力的な扱いが求められていること、③学校週5日制を維持しつつ、探究活動や体験活動等を行う場合での土曜日の活用すること、という三つの点が特徴的である。

　教育内容に関する改善のポイントは、次の六つにまとめられる。①国語のみならず教科横断的に記録・説明・論述といった言語活動を充実させること、②科学技術の土台である理数教育を充実させること、③音楽科での唱歌・和楽器、保健体育科での武道などにより伝統や文化に関する教育を充実させること、④国際化への対応として小学校高学年から外国語活動を導入すること、⑤豊かな心や健やかな体をはぐくむに道徳教育・体験活動・体育を充実させること、⑥現代社会の課題に対応するために教科等を横断して、情報モラル教育、環境教育、キャリア教育、食育や部活動に対する理解を深めることなどがある。

第5節　2015年以降の教育課程改革の現状と課題

第1項　2017年の学習指導要領改訂

　2016（平成28）年12月、2020年からの全面実施をめざし、2017年の学習指導要領改訂について、中央教育審議会では「幼稚園、小学校、中学校、高等学校及び特別支援学校の学習指導要領等の改善及び必要な方策等について（答申）」（以下、「答申」）が出された。そこでは、2030年の社会と子供たちの未来を見すえ、持続可能な開発のための教育（ESD、第7章参照）、新しい時代に必要となる「資質・能力」や学習評価などをキーワードとして、これまでの教育課程における課題と改善策が示された[27]。

　その背景としては、近年、人工知能（AI）などのテクノロジーが飛躍的に進化する中、学校で教えていることは、時代が変化したら通用しなくなるのではないかという問いがあった。これからの時代に求められる知識と力とは何を明確にし、学校教育の目標に盛り込み、授業の改善を行わなければならないということである。

　また、グローバル化の進展とともに、国境を越えた連携がさらに緊密になっ

ている。たとえば、OECDが推進する事業「Education2030」に、2015年から日本が主要メンバーとして加わったことで、複雑で予測の難しい2030年の世界を生きる子どもたちのために育成すべきコンピテンシーの再定義とその育成の課題が共有されている。「グローバル・コンピテンス」の育成と評価の仕方など、その成果は、早くも2018年のPISAにおける新しい枠組みに反映される予定である。

「答申」で、「資質・能力」の育成を目指すために特に重要視されているのは、①「何ができるようになるか」、②「何を学ぶか」、③「どのように学ぶか」の3点である（図2-2参照）。これまでの学習指導要領では、「何を学ぶか」を中心に組み立てられてきた。しかしながら、2017年改訂の学習指導要領では「何ができるようになるか」が強調されている。ここには、先が見通せない時代にあって、コンピテンシー・ベースの教育への転換がめざされていることがうかがえる。特に、2017年改訂の学習指導要領では、育成すべき資質・能力として、(1)「生きて働く知識・技能」、(2)「未知の状況にも対応できる思考力・判断力・表現力等」、(3)「学びに向かう力、人間性等」という三つの柱が提案されている（第5章参照）。

「何を学ぶか」では、各教科等を学ぶ意義と教科等間・学校段階間のつながりを踏まえて教育課程を編成し、小・中・高等学校を通じて一貫した目標設定を行うことが求められている。特に、小学校の外国語教育の教科化をはじめとするグローバル化に対応した英語教育の改革、自立的な社会参画をめざす高校の新教科「公共」の設置、第4次産業革命に対応する小・中学校でのプログラミング教育の充実などが挙げられている。また「ゆとり教育」への反省から、「学習内容の削減は行わない」ことが強調された。

「どのように学ぶか」では、「主体的・対話的で深い学び（アクティブ・ラーニング）」が推進されている。「アクティブ・ラーニング」は元来、学習者自身が他者や環境との相互作用を通じて知識を社会的に構築・構成していく過程に参加することで学ぶという社会構成主義的な学習観にもとづき、高等教育の授業改善のために導入された活動の手法であった。しかしながら、「アクティブ・ラーニング」では、活動主義の授業になるのではないかという危惧もあり、単

第 2 章　戦後日本における教育課程の変遷

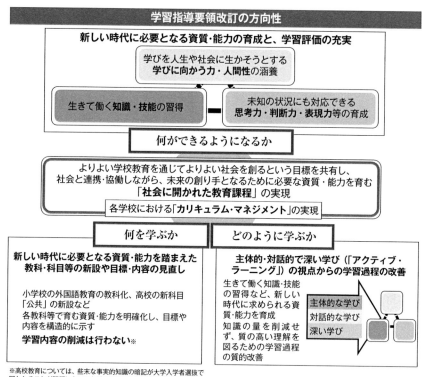

図2-2　学習指導要領改訂の方向性

出典：中央教育審議会「幼稚園、小学校、中学校、高等学校及び特別支援学校の学習指導要領等の改善及び必要な方策等について（答申）」2016 年 12 月 21 日。

に活動を取り入れるだけではなく、活動を通して思考を促すような深い学びを意識する必要がある。それを踏まえ、「答申」では、「主体的・対話的で深い学び」をキーワードとして位置づけ直し、それを実現することの意義を明確にすることとした。

　つまり、2017年の学習指導要領の改訂では、教科・学問の固有の知識・理解の定着と2030年の社会に求められる新しいコンピテンシーの育成を相互に関

連させながら伸ばしていこうと意図されている。今後、教育現場では、育成すべき資質・能力を意識したうえで、学習内容の本質に対する深い理解（各教科の特質に応じた「見方・考え方」）を追求する必要があるだろう。

第2項　学習評価の充実について

　学習指導要領改訂に向けて、「何が身に付いたか」という学習評価の視点が重要な論点となっている[28]。「答申」では、指導要録の様式例を見直しつつ、従来の「目標に準拠した評価」を維持する方針が示された。

　まず、学習状況を分析的に捉える「観点別学習状況の評価」については、2010年改訂指導要録の4観点の枠組みを踏まえつつ、学校教育法で定められた「知識・技能」「思考力・判断力・表現力等」「主体的に学習に取り組む態度」という学力の3要素に沿った再整理が試みられている。2010年改訂指導要録では、「知識・理解」「技能」「思考・判断・表現」「関心・意欲・態度」の4観点が設定されていた。今後、「知識・理解」「技能」の観点が「知識・技能」に組み替えられるが、ここには従来「理解」として整理されてきた内容も含まれるとされている。さらに、「関心・意欲・態度」を改め「主体的に学習に取り組む態度」とすることで、挙手の回数など表面的な評価をなくし、認知的な側面と関連して学びに向かう態度を評価しやすくすることが期待できよう。一方、感性や思いやりなどが含まれる「学びに向かう力・人間性」については、観点別学習状況の評価の対象外とすべきと強調された。

　「資質・能力」のバランスのとれた学習評価を行っていくために、どのような評価方法が有効なのか。そこで、「指導と評価の一体化」を図る中、「多面的・多角的な評価」の方法として、「論述やレポートの作成、発表、グループでの話合い、作品の制作等といった多様な活動に取り組ませるパフォーマンス評価を取り入れる」ことが強調された。また、「総括的な評価のみならず、……形成的な評価を行い」、「子供たちの資質・能力がどのように伸びているか」を「日々の記録やポートフォリオなどを通じて、子供たち自身が把握できるようにしていくこと」など、子どもの自己評価が推奨された。

　さらに、学習評価については、子どもの学びの評価にとどまらず、「カリ

キュラム・マネジメント」（第10章参照）の中で、学習・指導方法や教育課程の評価と結び付け、子どもたちの学びに関わる学習評価の改善を、教育課程や学習・指導方法の改善に発展・展開させ、授業改善及び組織運営の改善に向けた学校教育全体のサイクルに位置づけていくことが必要であると指摘された。

なお、「答申」では、高等学校における偏った評価の実態を踏まえた上で、特に高等学校における多面的・多角的な評価の推進と、多様な学習成果を測定するツールの充実が検討された。たとえば、高大接続改革実行プランにおける「高等学校基礎学力テスト（仮称）」や「大学入学希望者学力評価テスト（仮称）の導入等（第9章参照）が挙げられている。

おわりに

国が主導する学習指導要領改訂は、その時代の要求や社会の変化に応じて約10年ごとに行われてきた。しかしながら、公教育が担う教育の機会と結果の平等、または子どもの権利を保障する義務については、不変のものとして位置づけるべきであろう。そのためには、教師の自主的な教育課程編成の力量が、各学校現場で求められている。そこでは、学校、家庭、地域・自治体、国やグローバル社会の実情と要請に応じつつも、子どもたちの発達段階を踏まえた上で、子どもたちの権利を第一に位置づけることが肝要である。「答申」の中でも、子どもの発達をどのように支援するか、実施するために何が必要か、小・中・高等学校それぞれにおける諸課題への対応などの視点から検討が深められている。共通性と多様性を両立させるという課題を抱えつつ、社会に開かれた教育課程の実現に向けて、日本の教育課程改革への模索はまだ続いていく。

〈注〉

(1) 文部省編『新教育指針　第一分冊』国立国会図書館、1946年、50-51頁（http://kindai.ndl.go.jp/info:ndljp/pid/1281779、2017年1月8日確認）。

(2) 19世紀末に端を発し、1910年代から30年代にかけて最盛期を迎え、50年代なかばに消滅したアメリカにおける新教育運動の理論と実践に対する総称（小学館編『日本大百科全書』小学館、1994年）。本書第3章も参照。

(3) 文部省編『学習指導要領 一般編（試案）』日本書籍、1946年（http://kindai.ndl.go.jp/info:ndljp/pid/1445643、2016年8月18日確認）。
(4) 1947年に、算数科、家庭科、社会科、図画工作科、理科、音楽科および国語科の各編が刊行され、1949年には体育科編が刊行された。
(5) 文部省編、前掲『学習指導要領 一般編』、12-13頁。
(6) 広岡亮蔵「牧歌的なカリキュラムの自己批判」コア・カリキュラム連盟編『カリキュラム』誠文堂新光社、1950年3月号、12-17頁。
(7) 国分一太郎『現代教育の探求』未来社、1954年、35-66頁。
(8) 文部省調査局編集『小学校学習指導要領 昭和33年改訂』『文部時報別冊』文部省告示第80号、1958年。
(9) 文部省「中学校学習指導要領昭和33年（1958年）改訂版」明治図書、1958年。
(10) 文部省「高等学校学習指導要領一般編改訂版」教育図書、1958年。
(11) 社説「拙速に過ぎた教育方針」『毎日新聞』1958年3月19日。
(12) 「教科別にみる改訂教育課程の狙い」『日教組教育新聞』1958年4月18日〜5月30日。
(13) 槙枝元文『教育への直言』毎日新聞社、1972年、83頁。
(14) 大田堯『学力とはなにか』国土社、1969年、108頁。
(15) 文部省『小学校学習指導要領』大蔵省印刷局、1968年。
(16) 文部省『中学校学習指導要領』大蔵省印刷局、1969年。
(17) 教育課程審議会答申「高等学校教育課程の改善について」1960年（細谷俊夫ほか編『新教育学大辞典 七 資料』第一法規、1969年、273-274頁）。
(18) 小林直樹編著『教育改革の原理を考える――中教審答申の批判――』勁草書房、1972年、93-95頁。
(19) 田中耕治『教育評価』岩波書店、2008年、41-45頁。
(20) 社説「高校教育の改革と問題点」『朝日新聞』1978年6月23日。
(21) 日教組「新学習指導要領案についての申入れ」戦後日本教育史料集成編集委員会『戦後日本教育史料集成 第12巻』三一書房、1983年、190-191頁。
(22) 臨時教育審議会『臨教審だより 臨増七』第一法規、1987年、88-89頁。
(23) 日本教職員組合「幼稚園教育要領、小学校学習指導要領及び中学校学習指導要領に関する見解」『日教組教育新聞（号外）』1998年12月18日。
(24) 田中、前掲『教育評価』、64-67頁。
(25) 「思考力・応用力・表現力 中学生低さ目立つ」『読売新聞社』1997年9月30日。
(26) ライチェン, D. S.・サルガニク, L. H.（立田慶裕監訳）『キー・コンピテンシー――国際標準の学力をめざして――』明石書店、2006年。

(27) 中央教育審議会「幼稚園、小学校、中学校、高等学校及び特別支援学校の学習指導要領等の改善及び必要な方策等について（答申）」2016年12月21日。
(28) 同上、60-63頁。

〈推薦図書〉

柴田義松『教育課程——カリキュラム入門——』有斐閣、2000年。

田中耕治・水原克敏・三石初雄・西岡加名恵『新しい時代の教育課程　第3版』有斐閣、2011年。

田中耕治編著『グローバル化時代の教育評価改革——日本・アジア・欧米を結ぶ——』日本標準、2016年。

松尾知明『教育課程・方法論——コンピテンシーを育てる授業デザイン——』学文社、2014年。

水原克敏『学習指導要領は国民形成の設計書——その能力観と人間像の歴史的変遷——』東北大学出版会、2010年。

第3章
経験主義──教育課程の編成原理1──

はじめに

　学校教育での経験と言えば、田植え体験やパン工場（自動車工場）見学、あるいはまた町のスーパーや商店街での職場体験などがすぐに思い出されるのではないだろうか。このような経験は、ともすると普段の授業よりも強い印象で私たちの記憶に残り、時には自分の人生を決定づけるような機会になることすらある。一方で、思い返せば、そのような体験が学習としてどのような意味があるのかわからず、ただいつもとは異なる楽しかった思い出としてのみ記憶されることもある。

　このように経験（あるいは体験、活動）は学校教育の中で多くの機会が設定されており、教育課程において重要な要素であることはまちがいない。では、それをどのように教育課程の中に組み入れるのが良いのだろうか。「経験」は教科内容の定着を確実にするための「方法」なのか、あるいはまた「経験」自体を教育内容として教育課程に豊富に組み入れるべきなのか。そもそも、この「経験」とはどのようなものなのか。田植え体験や工場見学といった学校あるいは教室の外で非日常的に行われるものだけが「経験」なのだろうか。

　教育課程は、子どもたちが現在を生き、より良き未来をつくっていくために必要な文化を中心に編成される。子どもたちに必要な文化は何かということについては、教育課程の編成の歴史の中で異なる立場があり、日本でも繰り返し

議論になってきた。その代表的な原理として、経験主義と系統主義がある。両者は対立する編成原理として捉えられてきた。これは、教育課程において子どもの「生活」を重視するのか、それとも「科学」を重視するのか、という対立としても捉えられる。本章では、前者の原理に基づく経験主義カリキュラムについて考えてみたい。

　教育課程における「経験主義」という言葉の定義をひとまず見てみよう。中央教育審議会の審議のまとめでは、「経験主義」は、「既存の知識や概念を暗記等により、上から権威的に子供に注入しようとする教条主義の教育に対して、子供自身の感覚・直感を重視し、経験を通して子供の発達を図ろうとする教育上の立場」と説明されている [1]。そして、戦後すぐに出された、1947（昭和22）年版の学習指導要領は、全教科にわたり「経験主義」や「単元学習」に偏っていたために、1958年版では各教科の系統性を重視し、基礎学力の充実を図ったとある [2]。このような解説を見ると、学校教育において子どもの経験を通して子どもの発達を図る「経験主義」が行き過ぎると、基礎学力がつかないという問題が指摘されているようである。経験主義による教育では、本当に学力がつかないのだろうか。あるいはどのような経験主義によるカリキュラムや実践ならば、基礎的な知識や技能を獲得できるのだろうか。

　本章では、経験主義による教育の歴史を振り返り、教育課程における「経験」とは何かということを、デューイ（John Dewey）の理論を通して考えていきたい（第1節、第2節）。次に、そのデューイに大きく影響を受けた、戦後日本の新教育期に興隆したカリキュラム運動の理論と実践を検討する（第3節）。さらに、後の「生活科」や「総合的な学習の時間」のモデルとして参照された経験主義による教育実践を取り上げ、日本の経験主義教育の戦後から1980年代ごろまでの系譜を素描したい（第4節）。それによって、経験主義教育において基礎学力や科学的な知識がどのように扱われていたか、また今後、経験を取り入れたカリキュラムを編成する際に重要となる点は何かを考察してみたい。

第3章　経験主義——教育課程の編成原理1——

第1節　世界の新教育運動

第1項　子どもを中心とした教育への転換

　19世紀末（1890年代）から20世紀初頭（1920年代）にかけての世界的な教育改革の動向を総称して「新教育」と呼ぶ。アメリカにおける進歩主義教育（progressive education）、ドイツの改革教育学（Reformpädagogik）、あるいは日本の大正自由教育といったように、国によって名称は異なるが、新しい教育のあり方を目指して様々な理論や実践が世界的に展開された時代であった。新教育や改革教育学といった名称で呼ばれるこの時代の教育は、どのような点が新しかったのだろうか。

　19世紀中ごろまでの欧米では、小学校は3R's（reading, writing, arithmetic）に宗教（religion）を加えた4教科が教えられていたが、その後の社会・文化の発展に伴い3R's以外の知識、技能を学ぶ必要性も高まった。その結果として、「新教育」が登場した20世紀初頭までには、3R'sのような用具教科ないしは基礎教科以外にも、地理、歴史、理科のような内容教科、唱歌、図画、園芸などの表現教科や体操がカリキュラムの中に組み込まれ、今日見られる教科がほぼすべて学校教育の中で教えられるようになった。

　しかし、この時代の学校教育には次のような問題点も指摘されるようになっていた。まず、年齢別学級で画一的な教育が行われており、子どもの関心や自発性、個性は考慮されなかったことがある。次に、新しい教科がカリキュラムに取り入れられたものの、教師は子どもの心身の発達や興味についての専門的知識を持たず、教科書を子どもに暗唱させたにすぎなかったことがある。つまり、当時の学校教育は教師中心であり、教科書中心の教育であったのである[3]。

　「新教育」は、これらの問題を乗り越えることを目指した。その中でとりわけ重要であるのが、新教育をつらぬく「子ども中心主義」である。それは、「大人の立場から考えられてきた教育を反省して、子どもの本性を尊重し、それに合うように教育を構想しようとする立場」である[4]。それはまた、知育に偏る教育から脱却し、身体性や感性も包摂する、子どもの人間性すべてを対

61

象として教育を構想、実践することでもある。

　「新教育」登場の背景には、産業革命以降の近代化が進む都市部において、高い能力を有する労働力が必要であったこと、ドイツのワイマール憲法に代表されるような、帝国主義に代わる民主主義による教育、とりわけ義務教育の充実が必要とされる時代の到来があった。教育内容や方法に関わる点において、それは、知識を詰め込むだけの画一的な教育とは異なる新しい教育でなければならず、子どもの興味や関心に従った子ども中心の教育へと改革するものであった。たとえば、ドイツの新教育運動の中では、書物学校（Buchschule）からの転換として労作学校（Arbeitsschule）への改革が行われた。書物学校とは、文字通り、書物からのみ知識を獲得する旧来的な学校のことであり、労作学校とは、労作（Arbeit）という子どもたちの自主的な活動を中心としたカリキュラムによる新しい学校の形であった。

第2項　新教育運動とカリキュラム

　「新教育」の様々な試みは、そのカリキュラムに新たな特徴を備えることとなった。森昭はそれを、①発達の重視、②生活の重視、③教科の統合という三つに要約している[5]。

　まず、この時代、実験的心理学の発展により、子どもの成長・発達に関する科学的知見が増大した。その結果、教師中心の教育から子どもの興味・自発性・自己活動を重視する子ども中心の教育への転換が図られた。

　次に、生活の重視は、産業革命以降の社会的、文化的変容と都市化の進展によって、家族と郷土から労働の生活が奪われ、その結果として家庭と郷土が基本的な人間形成の機能を失ったという問題意識から生まれている。学校を現代社会の縮図として組織し、学校を「生活の場」にすることで、子どもの生活の教育的充実と発展を図ろうとしたのである。

　最後に、教育活動の全体計画としてのカリキュラムが教育目的の実現のために効率よくかつ統一的に展開されるためには、多数の教科の「統合」が問題とされる。たとえばドイツの新教育運動では、多数の教科が並立して教えられる分科型カリキュラムでは、教育が子どもの生活から遊離してしまうという危機

感から、教科の垣根を取り払った「合科教授」がさかんに行われた。たとえば、その三つの条件を満たすものとして、郷土科（Heimatkunde）が初等教育のカリキュラムの中心として導入されるなどの事例が多数見られた。これは生活の中にある「ことがらのつながり」を具体的原理として教科間の統合を進めるもので、現在でも「事実教授（Sachunterricht）」として初等教育のカリキュラムに位置づけられている。

▶第2節　デューイの理論と実践◀

　世界の新教育運動の中でも、20世紀の前半に活躍したデューイの理論はその中心的な存在であった。特に戦後日本においては、米国教育視察団が新しい教育の原理としてデューイの教育理論をもたらしたという経緯もあり、その影響は非常に大きかったと言える(6)。

第1項　デューイの「経験」

　デューイもまたそれまでの伝統的教育を乗り越えようとして、新しい教育の理論を主張するようになった。それゆえ、デューイによる進歩主義教育は、伝統的教育の欠陥に対抗するものとして位置づけられている。伝統的教育には乗り越えるべき三つの課題があった。第一に、知識と行動の規範を過去に求め、それを子どもに教授しようとした点、第二に、そうした過去を学ぶことが未来における成功につながると考えていた点、第三に、その過去も未来も、社会と子どもたちの現在の生活から切り離されていた点である(7)。これらの課題に対して、デューイは「教育は生活の過程であって、将来の生活に対する準備ではない」(8)として、子どもたちの今の生活の中に生起する問題を、書物（教科書）からではなく、「なすことによって学ぶ」必要があると説いた。そのためには、学校を、現実社会を反映するような、またそのために社会生活の典型的な活動を取り入れた「小型の共同社会」「萌芽的な社会」(9)にしようとした。

　では、デューイの主張した「経験」とは何か。わたしたちは日常、様々な経験をしている。デューイによれば、それらは非反省的経験であることが多く、

資料3-1　デューイの「仕事」の具体例

　その日の子どもたちの仕事（オキュペーション）は、たまたま鶏卵の調理であり、ちょうど野菜を調理することから肉類の調理へと移る、その橋渡しとなるものであった。［中略］子どもたちは先ず、いろいろな温度の水を用いて実験をおこない、その水がいつ沸きはじめるか、いつ沸騰寸前になるか、沸き立ってくるのはいつかについて調べ、そのうえ、さまざまな温度の違いが、卵の卵白にどう影響するかについて確かめたのであった。このような実験をしたのちには、子どもたちは、たんに鶏卵を料理する準備をしただけではなくして、鶏卵の調理のなかに含まれている原理を理解する準備ができあがっていたのである。わたしは、特殊な個々の出来事の中に含まれている、普遍的なものを見逃したくないのである。子どもが単純に卵を調理したいと思っただけで、そのために卵を三分間湯のなかにつけて言われたとおりに取り出しただけでは、それは教育的ではない。ところが、子どもがその調理に含まれている、さまざまな事実や材料や条件を認識することによって、子ども自身の衝動を実現し、そしてそのような認識によって自身の衝動を規制するようになると、それこそ教育的である。

出典：デューイ, J.（市村尚久訳）『学校と社会・子どもとカリキュラム』講談社、1998年、102 - 104頁

　すべての経験が常に真の教育的経験であるとは限らない。教育的な経験とは、この非反省的経験から反省的経験（思考）を経て、新たな非反省的経験へと発展する過程のことを指す。そして、この「経験の再構成ないしは再組織」こそが教育であるとした[10]。すなわち、資料3-1にあるように、卵を料理本に載っている通り3分間ゆでることは非反省的経験であり、ゆで時間の条件を変えて複数回にわたって卵をゆで、卵白の性質を理解することが教育的経験なのである。そして、それをたんぱく質の性質として捉えた上で、その経験を活用して肉の調理を行うことが経験の再構成だと言える。

　このようにして、デューイは子どもたちの今ここにある問題に、絶え間ない経験の連続によって取り組ませようとした。それが、「問題解決学習」である。デューイはこの問題解決学習を、次のように定式化している[11]。

第3章　経験主義——教育課程の編成原理1——

①問題状況→②問題設定→③仮説の構成→④推論→⑤仮説の検証

　これを少し説明すると、①直接経験によって問題意識を持ち、②その中で特に子どもの思考が深まる問題を設定したうえで、③問題解決のための情報収集や観察を行い、④推論から仮説を立て、⑤その仮説を直接経験によって実験的に検証し、問題を解決する、あるいは知識を獲得するということである。なおこの時、③で収集した「情報」は、問題解決の結果、⑤で意味づけられ、獲得された「知識」とは異なることに注意しておきたい。

第3項　「経験」とカリキュラム——デューイ・スクールの実践——

　デューイは、このような自らの教育哲学を実践するために、1896年にシカゴ大学附属小学校（通称、デューイ・スクール）を設立した。デューイ・スクールでは、そのカリキュラムの中心に「仕事（occupation）」が置かれた。この「仕事」とは、衣食住にかかわる裁縫、料理、工作などである（資料3-1）。そして、「仕事」の周りに形式的な教科である読み、書き、算数が置かれ、これらができる限り中心の「仕事」から自然な形で展開されるようなカリキュラムが設計された[12]。

　デューイをはじめとする経験主義の教育論に対する批判は、そのような方法では子どもたちに必要な学力が身につかないというものである。たとえば、基本的な読み書き算などが十分にできないという批判がある。この問題を、デューイ・スクールのカリキュラムで検討してみよう。

　デューイ・スクールのカリキュラムでは、読み書き算が形式的な教科として「仕事」の周辺に置かれることは既に述べたとおりである。すなわち、読み書き算は、「仕事」に対して従属的であり、道具的であり、必然的にカリキュラムの中に位置づけられるのである。言語や計算などの技能は、ある程度反復練習によって獲得されるが、デューイ・スクールでは、その反復練習もまた「仕事」に周辺的に十分な機会を保障しながら提供される（図3-1）。

　その後、デューイ・スクールでは、カリキュラムをより充実させるために改良が試みられる。たとえば、料理・裁縫・工作などからなる「仕事」に「歴史・

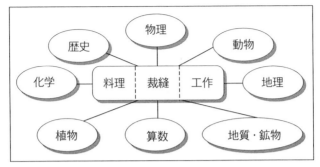

図3-1 「仕事」を中心としたカリキュラムの構造
出典：森久佳「デューイ・スクール（Dewey School）におけるカリキュラム開発の形態に関する一考察」『教育方法学研究』第28巻、2002年、26頁。

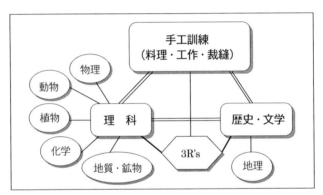

図3-2 デューイ・スクールのカリキュラムにおける各領域と3R'sの関係
出典：森、同上論文、31頁。

文学」「理科」を加え、これら三つの領域を柱として諸教科を位置づけるようになった（図3-2）。その際、3領域と読み書き算の結びつきは、子どもの成長段階に応じて考慮される。たとえば、6歳段階の子どもたちのグループでは、「仕事」に関わる形で行われていた読み書きが、年齢が上がるにつれて、「歴史」領域の中でその時間が確保され、充実が図られた。それは、手工訓練や理科よりも強い結びつきであった。つまり、3R'sの訓練は各領域一律に設定されたのではなく、子どもの成長と内容・領域の特性に応じて、有機的に設定さ

れたのである[13]。また3R's以外の科学的な知識・認識に関しても、「仕事」に関連して、化学や物理、地理、歴史など教科的、科学的、技術的な探求が配列されていた[14]。

このように、デューイが示したカリキュラム案には、3R'sの機会および教科や学問的な知識の獲得という視点がきわめて意識的に設定されていた。ただしそれらは、「仕事」の中から、子どもたちにとって意味を持って自然に立ち上がるように設計されていなければならなかったのである。

第3節　戦後の新教育とカリキュラム運動

第1項　戦後新教育における経験主義教育の系譜

1947（昭和22）年に初めて出された学習指導要領は「試案」、つまり教師がカリキュラムを編成するうえでの「手引き」として活用されるという位置づけを与えられた。このことに加えて、花形教科としての社会科の登場で、全国各地で様々な教育課程改革が試みられるようになる（第2章参照）。公教育において、教育課程を教師自身が自由に編成し、実践するこの「カリキュラム運動」は、後述するコア・カリキュラム連盟（以下、コア連）の結成（1948年）前後に広く展開されることになる。

ここでは、これら戦後日本の新教育期における経験主義教育の系譜を整理してみたい。これらを検討するために、まずは学習指導要領の内容を概観しよう。それは、先ほどのデューイの影響が強く見てとれるものであった。

（1）社会科の誕生

1947年版およびそれを改訂した1951年版学習指導要領は、子どもの生活を出発点とする経験主義教育に基づいたもので、その中心に置かれたのが、新しい教科として登場した「社会科」であった（1947年版、1951年版の社会科を、現在の社会科と区別して「初期社会科」と呼ぶことがある）。その学習指導要領には、次のように書かれている[15]。

社会科はいわゆる<u>学問の系統によらず，青少年の現実生活の問題を中心</u>として，青少年の社会的経験を広め，また深めようとするものである。したがってそれは，<u>従来の教科の寄せ集めや総合ではない。それゆえに，いままでの修身・公民・地理・歴史の教授のすがたは，もはや社会科の中には見られなくなるのである</u>。[中略] 社会科は，学校・家庭その他の校外にまでも及ぶ，青少年に対する<u>教育活動の中核として生まれて来た</u>，新しい教科なのである。（下線は引用者）

　この記述からは、社会科が学問の系統によらず、子どもたちの生活の問題を中心に編成されることがわかる。このように子どもの生活を一つのまとまり（単元）として学習を展開していく方法を、生活単元学習と言う。なお、生活単元学習とは、子どもの生活経験を中心に設定された単元に基づく学習を意味している。経験単元と呼ばれることもある。生活単元学習は、生活に横たわる問題を認識し、解決する過程を踏むことから、問題解決学習と同じ意味で使用される場合がある[16]。

　初期社会科の学習指導要領作成のために実験学校となった東京都の桜田小学校では、社会科をコアとしたカリキュラムがつくられた。その時実践されたのが、「郵便ごっこ」という単元である（第2章参照）。

（2）コア連と三層四領域カリキュラム

　教師の自主編成によるカリキュラムづくりを奨励する試案としての学習指導要領に触発され、日本各地でカリキュラムの自主編成が盛んに試みられるようになる。その理論や実践を深める中心的な役割を果たしたのが、梅根悟や海後勝雄らが立ち上げたコア・カリキュラム連盟（コア連）である。その名の通り、カリキュラム編成において、何をコア（中心）に持ってくるのかということをめぐって、経験主義の立場から探求しようとする民間教育研究団体であった。立ち上げ当初のコア連では、1947年版の学習指導要領の趣旨に基づき、「中心課程（コア・コース）」「周辺課程」の2課程からなるカリキュラムを提案した。

　しかしながら、中心・周辺による2課程やそれに基づいた実践に対しては、系統的な知識の位置づけが不明なことやそれによって学力低下を招くという、

		表現	社会	経済（自然）	健康
基礎	基本的技能	基礎コース［＝基礎課程］			
	基本的知識				
経験	生活の拡充	生活拡充コース［＝問題解決課程］			
	生活の実践	生活実践コース［＝実践課程］			

図3-3　三層四領域のカリキュラム

出典：上田薫『社会科教育史資料4』東京法令出版、1977年、308頁。

いわゆる「はいまわる経験主義」として批判がなされた。そこで、この2課程を基本としたいくつかの同心円による改良版がコア連内で検討されたものの、最終的には1951年に「三層四領域」のカリキュラムが提案される[17]。これは、「基礎課程」「問題解決課程」「実践課程」の三層と、「表現」「社会」「経済（自然）」「健康」の四領域からなるカリキュラムであった（図3-3）。その後1953年に、コア連は日本生活教育連盟（以下、日生連）と名称を改めることで、一般的には、同心円構造のコア・カリキュラムを放棄したとみなされている[18]。しかし、三層四領域のカリキュラムにおいても、やはり問題解決課程を重視した実践が継続的に展開されたのである。

この三層四領域において、社会科は一つの教科ではなく超教科的な「コア・コース」として位置づけられた。ただし、同時期には学習指導要領における社会科の位置づけにも変化が現れる。1947年版では、梅根の主張するコア・コース的な性格を読み取れる社会科が、1951年版では、明確に1教科としての位置づけが与えられた。そうした経緯もあって、日生連は教科としての社会科を次第に認めていくようになる。

（3）勝田・梅根論争と「西陣織」実践

1952（昭和27）年、この社会科のあり方をめぐって議論が起こる。勝田守一と梅根悟による論争である（勝田・梅根論争）。勝田は、「子どもたちが、学

びとらなければならない組織的な知識、科学的な思考を発展させるのに必要な原則的な概念の把握」が重要だとして、小学校の社会科は、5年生で日本地理、6年生で日本歴史の単元で構成するべきだと主張した。それを梅根は、「社会科解体論」だと批判した上で、社会科とは、諸教科がそこから発展し、また諸教科に活用されるような社会生活の具体的な諸問題を取り上げ、その解決の方法を探求する「問題解決課程」だとした。しかし、社会科を一つの教科とみなし、それが次第に各領域に分化していくべきだと考える勝田は、「問題解決課程」としての社会科では、子どもたちの実生活に影響を及ぼすような問題にまで深く探求することはできないと危惧する。その上で、問題解決の活動自体の価値は認めながら、系統的な知識の学習と表裏の関係であるべきだとした。それに対して、梅根は、教育はそのように都合よくはいかないのだから、問題解決課程と基礎課程とをはっきりと区分する考えにいたったのだ、と主張した[19]。

　この議論は、次のような問題を提起している。一つには、系統的な知識があって初めて問題解決ができるという知識の陶冶性の問題である。系統を主張する勝田は、知識と問題解決の能力は表裏の関係にあると主張した。それに対して、梅根は、問題解決課程の先に子どもの中に有機的に知識が形成されなければならないとした。二つには、問題解決課程における「問題」の質である。勝田は、「問題」が表層的なもの、現状肯定的なものに終始することを危惧したのである。

　この論争を検討するためにも、三層四領域のカリキュラムに基づいた実践例「西陣織」を見てみよう。これは、コア連が三層四領域のカリキュラムとして構想した「日本社会の基本問題」(1955年)を踏まえて取り組まれたものである。この実践は、1953年、京都市立日彰小学校の5年生社会科として展開され、日生連による三層四領域のカリキュラムの典型例とされた。京都の伝統産業の一つである西陣織を題材に、生産工程や方法、生産組織の問題（具体的には、旧式の生産方法、封建的な組織や人間関係、家内工業の厳しい経済状況など）を、工場見学や子どもたちの自主的な調査、話し合いなどによって考察した。単元の最後には「西陣織がこれから発展するためにはどうすればよいか」

という学習まとめの作文を書いた[20]。

　この「西陣織」の実践における成果と課題を確認してみたい。まず、成果としては、子どもたちが非常に熱心に、また自主的に調査活動、見学などを行っていることがあげられる。その結果、西陣織に代表される中小企業の問題点を理解し、そのことを図表などから読み取ることができている。加えて、自分たちの生活圏にある西陣織の問題に共感をもって迫っている。また当時の西陣が抱えていた問題を多様な資料から読解し、西陣織という伝統産業の核心にふれる改革案を提示する子どももいた。

　しかし一方で、課題もあった。まず、本実践で子どもたちが把握している大工場は、実際には中小企業に相当するのだが、そうした「正しい」知識獲得という点では問題が見られる。また実践者（永田時雄）自身が述べているように、「早急な現状解決案」や「一方的な考えで満足」してしまうという問題がある[21]。加えて、西陣織が生活に関わっている子どもたちにとって、真の「問題」とは、単元のまとめとして書かせた「西陣織がこれから発展するためにはどうすれば良いか」ということである。つまり、本実践の子どもたちの学習は、この問題の前で終了してしまったのである。このように、問題解決課程においては、社会において本来問題とされているものにまで到達すること、ましてやその解決方法を導出することは非常に困難であったと言わざるをえない。

　しかし、これらの課題は、経験の再構成、すなわち経験で獲得した知識を、また経験によって再構築していくという過程を経て初めて導き出されるものだろう。つまり、この「西陣織」という単元だけで、早急に系統的な知識を獲得したか否かを判断することは経験主義に基づく教育の評価としては適切ではない。問われるべきは、この西陣織の単元のあとにどのような単元を構成したかという、教師のカリキュラムの編成能力と、子どもたちがその新しい単元に向き合う際に、西陣織の単元で獲得した経験と知識をどのように再構成することができたかということである。

（4）地域教育計画

　「地域教育計画」とは、アメリカにおけるコミュニティ・スクール論の影響を

受けたもので、教育による社会改造を目指したカリキュラム運動と位置づけられる。その中の一つである「本郷プラン」は広島県豊田郡本郷町において、教育学者・大田堯を中心に1947（昭和22）年に始まった。地域社会の生活にかかわる問題が同時に教育の課題となるような教育計画を立てるために、人口調査や職業形態などの社会調査と気候や地形などの自然調査が町民を巻き込むかたちで行われた。大田らは、こうした町民による調査の実態から導出された問題から、学校のカリキュラムを編成しようとしたのである(22)。このような「地域教育計画」の特徴は、カリキュラムの編成主体が町民であること、地域の生活や文化に基づいた現実課題に基づいたカリキュラム編成を行ったこと、実態調査を踏まえて実証的に教育改革を行おうとしたことなどにある。「地域教育計画」には、他にも川口プラン（埼玉県川口市）、魚崎プラン（兵庫県魚崎町）などがあった。

第4節　経験主義教育の再評価

　戦後の新教育期におけるカリキュラム運動が衰退した後、教育課程の編成原理は経験主義から系統主義へと移行した（第4章参照）。それは時代が高度経済成長期に入り、高度な知識や技術を持った労働力が多く必要とされたこととも大いに関係していた。教育課程の高度化である。しかしながら、1970年代に入ると、その高度な教育課程から落ちこぼれる（落ちこぼされた）子どもたちによる校内暴力、非行が教育の問題として大きく取り上げられるようになる。「新幹線授業」と揶揄されるような授業を招いた、多くの知識を取り入れた学習指導要領は見直され、1977年改訂学習指導要領では授業時間数と教育内容の削減が行われた。いわゆる「ゆとり教育」の時代である。

　このような時代背景のもとで、経験主義教育はどのような実践を展開していたのだろうか。ここでは二つの動向を見ておきたい。

第1項　「社会科の初志をつらぬく会」の実践

　戦後の新教育が、学力低下を招くとして批判を浴び、学習指導要領は1958

(昭和33)年版において系統主義に転向した。この動向に対抗するために、同年、1951年改訂学習指導要領の作成にかかわった上田薫、重松鷹泰、長坂端午、大野連太郎によって「社会科の初志をつらぬく会」(以下、初志の会)が結成された。その名の通り、戦後の初期社会科の理念と実践を継承しようとする民間教育研究団体で、1951年改訂学習指導要領の理念に基づきつつ、社会科の問題解決学習の理論と方法を探求した。

　コア連による問題解決学習と初志の会のそれとの違いは二つある。一つには、「問題」の捉え方にある。コア連が「日本社会の基本問題」に問題解決学習の「問題」を見出したのに対して、初志の会は「問題」をあくまでも子どもの中から出てくる切実なものでなければならないとした。つまり、「社会の問題＝子どもの問題」ではないとしたのである。二つ目には、初志の会は、コア・カリキュラムに基づいて構成されたプラン(例えば、明石プランなど)に対して批判的であったことである。「整然たるプランは……動的ないきいきした学習の流れを阻害してしまう」という理由からである[23]。このような考えは、初志の会が、子どもの発言や行動を授業づくりの重要な要素としていたためであった。

　奈良女子大学文学部附属小学校(以下、奈良女附小。現在は奈良女子大学附属小学校)は、大正自由教育期から木下竹次による「奈良の学習法」として有名な研究実践校であったが、戦後は「しごと」「けいこ」「なかよし」と命名された領域からなる教育計画をたて、特に「しごと」において問題解決学習を実践したことで知られている。「けいこ」は「しごと」で十分にできなかった各種能力(読み書き算など)を扱い、「なかよし」では子どもたちの自治活動が行われる。このような奈良プランがコア・カリキュラムに基づいたものではないことを、長岡文雄(奈良女附小教諭。後に同校長。初志の会メンバー)は明確に主張している。つまり、問題解決課程である「しごと」がカリキュラムの中心ではないというのである。では、この長岡が実践した「しごと」の計画を見てみよう。

　資料3-2にある「しごとのめあて」は、「児童の関心、生活との関連などを考え、しぜんに発展する予想のもとに配列して、学習活動が継続的、かつ力動

資料3-2　奈良女附小の「しごと」単元:「郵便」

第二学年月組（11月～12月）
主題　ゆうびんやさん
しごとのめあて
○班で本物のようなポストをつくって、ゆうびんやさんごっこをする。
○ゆうびんきょくを見学して、仕事のようすを、絵や分にかいて発表する。
1　手紙を出したときのことや、ゆうびんの集配のようすを見た経験を文に書く。
2　班でポストのもけいをつくる。
3　ポストのもけいで、ゆうびんごっこをする。
4　ゆうびん局を見学して、絵や文に表現する。
6　ゆうびんを書いて友だちに出す。（ママ）

出典：長岡文雄「社会科の学習形態」『問題解決学習の展開』明治図書、1970年、182-184頁

的に展開するように工夫されたもの」[24] である。記録によれば、ポストづくりはできるだけ「ほんもの」に近い大きさに作ることが目指され、子どもたちは何度も校門前にあるポストを見に行ったという。その結果、見慣れているはずのポストにも不明な点が多くあり、その一つひとつに工夫があることを子どもたちは見出していく。また、長岡は郵便局の見学の前に子どもたちに予想を立てさせ、見学後、その予想との「ずれ」を契機に授業を展開していった。このように初志の会の問題解決学習では、子どもの予想、発言、行動から彼らが何を学びたがっているかを教師がつかみ取り、上述のような当初の教育計画にとらわれずに変更していくような実践が大切にされた。

　奈良女附小の研究指導を行っていた重松は、のちに子どもの思考の仕組みを明らかにするための逐語記録による授業分析を提案する。初志の会の会長を長らく務めた上田は、教師がはっとする子どもの発言に着目して授業を改善していく「カルテと座席表」による授業研究を実践していくようになる[25]。

第2項　和光小学校の「総合学習」の実践

　系統主義に転換して以降の教育課程では、教科の分化の傾向が強く、子ども

たちが自分たちの社会生活を総合して捉えられないような、細切れの知識のみが重視される教科の分断が問題となっていた。加えて、経済のグローバル化や情報技術の急速な発展を背景に、これまでの教科や学問領域では解決できない環境問題、経済格差問題など、教科横断的、学問横断的で、かつ国家の枠組みを超えたグローバルな問題が頻発する時代を迎えていた。このような背景のもと、教育課程において経験主義が再評価されるようになる。「新しい学力観」として「自ら学び、自ら考える」の合言葉とともに、1989（平成元）年改訂学習指導要領の「生活科」および1998（平成10）年改訂の「総合的な学習の時間」の登場である。「生活科」や「総合的な学習の時間」の導入は、教育課程における教科あるいは領域の分化と統合の問題として考えられる（第2章・第7章参照）。

　この「総合的な学習の時間」の登場以前に、教科という枠組みでは取り扱いが困難な問題に着目し、「総合学習」の必要性を認識した実践が1970年代ごろから提案されていた。日本教職員組合による『教育課程改革試案』（1976年）の総合学習の提案である。このような流れを受けて総合学習の実践に取り組むようになったのが、東京都世田谷区にある私立和光小学校（以下、和光小）である。

　カリキュラム運動の時代から、コア連・日生連の実験校であった和光小では、1975（昭和50）年からほぼ現在のような形の総合学習を開始した（1、2年生は「生活勉強」と呼ばれる）。和光小では、総合学習の「問題領域」として「身体・健康」「職と健康・食文化」「地域・環境」「戦争と平和」「命と人権」「障害・共生」「生産と労働」「現代文化」をあげている。このような領域から、学際的な学習対象を選択し、子どもたちによる問題解決的な学習方法がとられている。このような総合学習は、学ぶことと生きることを丸ごと追求するものとして、教科学習での「確かな学力」の形成の課題と相互環流するものと位置づけられている[26]（資料3-3）。

　奈良女附小や和光小の実践は、1988年の「生活科」および1998年の「総合的な学習の時間」の導入においてよく参考にされた[27]。しかし、1999年以降は、「生活科」や「総合的な学習の時間」の持つ意義や可能性が十分に評価さ

資料3-3　教科学習と総合学習の相互環流の例

> 　四年生は「総合学習多摩川」に取り組む。学習の入り口は「魚とり大会」である。親の協力も得て、投網、お魚キラー（魚をとる道具）を駆使して一日多摩川で遊ぶ。夢中になって川遊びをする経験をもっていなかった子どもたちに少年期らしい喜びが生まれてくる。子どもたちは、魚とりに夢中になる。ときどき多摩川に出かけるようになる。
> 　教室ではとってきた魚の飼育が始まる。大型水槽が六つも七つも並ぶ。一方「多摩川に住む魚」「鳥」「草花」「水質のよごれ」「多摩川でとれる化石」などの研究グループができる。子どもたちは今度は自分たちの課題をもって多摩川に行く。調査に行くのもハイキング気分である。
> 　ところで、面白いことに調査の中間発表で、それぞれのグループの共通の「問題」にぶつかった。魚を研究していた子どもたちは、その場所に住む魚で水の質がわかることを聞き取ってくるし、鳥研究グループは釣り糸で足をなくした鳥を見つけてくる。多摩川の環境汚染の問題へとぶつかってきたのである。こうした総合学習の発展は、社会科や理科の教科学習への問題意識を高めずにおかない。
>
> 出典：丸木政臣・行田稔彦編著『和光小学校の総合学習の授業　つくる・育てる・調べ、考える子どもたち』民衆社、1990年、225-226頁。

れないまま、学力低下を招く要因として批判されるようになる（第2章参照）。

　しかしながら、今や私たちは経験主義による教育が、再度、十分に吟味され取り組まれなければならない時代に生きている。アメリカ同時多発テロ（9・11）以降の不安定な世界情勢、世界各地で起きるテロ、地球温暖化、東日本大震災、熊本地震──グローバル時代において、他者とどのように共存していくか、またエネルギー問題をどのように考えればよいか、さらには自然災害に対して自らの身と大切な周囲の人々をどのようにして守るか。「総合的な学習の時間」のあり方（第7章参照）、またそこから、学校全体のカリキュラム編成を考える必要が迫ってきていると言える[28]（本講座第5巻第5章参照）。

おわりに

　経験主義による教育は、単に非日常的な経験や体験をカリキュラムに散発的

に取り入れたものではない。そのことを、本章では、デューイの理論と実践、およびそれに影響を受けながら独自のカリキュラム運動を展開した日本の経験主義教育の歴史において検討した。またそれらの実践として、デューイ・スクールのカリキュラム、コア連・日生連のコア・カリキュラムや三層四領域（「西陣織」実践）、奈良女附小の「しごと」、和光小の総合学習を取り上げた。ここで扱った実践は一部ではあるが、戦後日本の教育課程において、子どもたちの生活から出てくる問題を中心に学習しようとする経験主義教育には様々な系譜があることがわかる。加えて、経験主義によるカリキュラムの歴史は、学問領域によらず、子どもの生活現実からカリキュラムを編成するために、経験と3R'sや科学的知識の相関関係を内包する構成になるよう熟慮されてきた歴史の足跡でもある。つまり、経験主義に基づきカリキュラムを編成するということは、子どもが身につける学力を「生きた学力」にするために、基礎学力や知識のあり方や位置づけに、実は系統主義によるカリキュラムよりも敏感にならざるをえないのである。実際、梅根（コア連）や長坂（初志の会）といった立場は異なるが問題解決学習を主張していた論者は、子どもたちが身につけるべき知識や技術を領域ごとに要素化することで、教師が確認できる「能力表」の必要性を共通に認識していた[29]。

　この歴史から、私たちが教育課程を編成するにあたり学ぶべきことを最後に3点指摘しておきたい。

　まず、経験が、学習の目的にあうものであり、かつ1回限りのもので終わらないことである。この場合、経験の回数だけを意味しているのではなく、経験に反省的経験が必ず伴っていること、そしてそれを踏まえた授業計画（カリキュラム計画）があることが重要である。

　次に、問題解決学習においては、問題の質を考慮することである。多様な考えを保障し、表面的な解決案に終わらないような問題を設定しなければならない。また解決のプロセスにおいては、読み書き算や科学的な知識の獲得ができるような多様な方法を保障しなければならない。

　上記に照らし合わせて、私たちの多くが経験したパン工場見学や田植え体験を再度思い出してみよう。これらの体験には、まずその前に子どもたちが「問

題」を持って臨み、またその体験後には新たな「問題」が浮上し、そのうえでその「問題」を解決する過程に知識・技能の習得がセットされていなければならなかった。そうでなければ、これらの経験は、散発的な非反省的経験に過ぎなかったということになる。

　最後に、現在を生き、未来をつくる子どもたちにとって本当に必要な経験を再考する必要がある。このポストモダンの時代において、デューイの「仕事」（料理、裁縫、木工）や日本の「西陣織」や「郵便」における「経験」はもはや教育的経験にはなりえない。「仕事」や「経験」は時代に応じて検討されなければならない。その場合、どういった「経験」が考えられるだろうか。たとえば松下良平は、環境、死、性、福祉、情報などを挙げている[30]。さらに、貧困、格差、（男女、人種）平等、宗教、移民・難民などの問題も追加したいところである。

　2017年の学習指導要領改訂では、高等教育の世界から出てきたこの「アクティブ・ラーニング」という学習方法がキーワードになる。高等教育までを含みこんだ全教育段階に、一貫した経験主義教育の復権が目指されるべきである。

〈注〉
(1) 中央教育審議会初等中等教育分科会教育課程部会「教育課程部会におけるこれまでの審議のまとめ」2007年11月7日。
(2) 同上。
(3) 森昭『改訂二版　現代教育学原論——現代教職課程全書——』国土社、1977年、184-194頁。
(4) 山名淳「ヘルバルトから新教育へ」『教育思想史』今井康雄編、有斐閣、2009年、198頁。
(5) 森、前掲『現代教育学原論』、186-194頁。
(6) もちろん、デューイの理論は明治時代にすでに紹介されている。天野正輝『教育課程の理論と実践』樹村房、1993年、198-199頁参照。
(7) 森昭『新編　森昭著作集　第3巻　経験主義の教育原理』学術出版会、2015年、180-186頁。

第3章　経験主義──教育課程の編成原理1──

(8) デューイ, J.（遠藤昭彦ほか訳）『実験学校の理論』明治図書、1977年、13-14頁（原著は1896年）。
(9) デューイ, J.（市村尚久訳）『学校と社会・子どもとカリキュラム』講談社、1998年、77頁（原著は1900年と1902年）。
(10) デューイ, J.（松野安男訳）『民主主義と教育（上）』岩波書店、1975年、127頁（原著は1916年）。
(11) デューイ, J.（植田清次訳）『思考の方法』（普及版）春秋社、1995年、109-117頁（原著は1920年）。柳沼良太「『生きる力』を育む経験とは何か」市村尚久・早川操・松浦良充・広石英記『経験の意味世界をひらく』東信堂、2003年、103-122頁。天野正輝『教育課程の理論と実践』1993年、樹村房、194-199頁。
(12) 森久佳「デューイ・スクール（Dewey School）におけるカリキュラム開発の形態に関する一考察」『教育方法学研究』第28巻、2002年、23-33頁。
(13) 森久佳「デューイ・スクール（Dewey School）における『読み方（Reading）』『書き方（Writing）』のカリキュラムに関する一考察」『教育方法学研究』第31巻、2005年、85-96頁。
(14) 金丸晃二「進歩主義的教育におけるカリキュラム統合の原理的考察──デューイ・スクールの事例を通して──」『臨床教育学研究年報』第34号、関西学院大学、2008年、6頁。
(15) 文部省「学習指導要領社会科編」1947年。
(16) 天野正輝編『教育課程』明治図書、1999年、282頁。
(17) 臼井嘉一「コア・カリキュラム構想と『総合的学習』・『社会科学習』（Ⅰ）──戦後初期のコア・カリキュラムの構造論議──」『福島大学教育実践研究紀要』第36号、1999年、1-9頁）。
(18) 磯田一雄「コア・カリキュラム運動におけるカリキュラム構造理論の展開」海後宗臣監修『教育課程（総論）≪戦後日本の教育改革第六巻≫』東京大学出版会、1971年、560-570頁。
(19) 久木幸男、鈴木英一、今野喜清編『日本教育論争史録・第四巻　現代編（下）』第一法規出版社、1980年、57-80頁。
(20) 永田時雄「西陣織」日本生活教育連盟『カリキュラム』1954年2月、48-54頁。
(21) 同上、53頁。他にも、田中耕治「現代教育方法学の論点と課題」田中耕治・鶴田清司・橋本美保・藤田宣之『新しい時代の教育方法』有斐閣、2012年、85頁。
(22) 大田堯『地域教育計画』福村書店、1949年。
(23) 上田薫編集『社会科教育史資料4』東京法令出版、1977年、162頁。

社会科の初志をつらぬく会『問題解決学習の継承と革新』明治図書、1997年、122-124頁。

(24) 長岡文雄「社会科の学習形態」社会科の初志をつらぬく会『問題解決学習の展開』明治図書、1970年、182頁。

(25) 上田薫と静岡市立安東小学校の取り組みは、『個が深まる学び――安東小学校の挑戦――』明治図書、2005年を参照のこと。

(26) 行田稔彦・古川武雄編著『和光小学校の総合学習　たべる・生きる・性を学ぶ』民衆社、2000年、205-207頁。

(27) 奈良女子大学附属小学校の現代の取り組みは以下を参照のこと。小幡肇『やればできる！　子どもによる授業』明治図書、2003年。

(28) 震災後の教育実践に関しては、木村裕「子どもと社会に根ざす生活教育――生き方の探求と生活の創造をめざして――」田中耕治編著『戦後日本教育方法論史　上巻』ミネルヴァ書房、2017年を参照のこと。

(29) 上田薫編『社会科教育史資料　4』東京法令出版、1975年、174-175頁）。「能力表」については、以下を参照のこと。中西修一朗「戦後初期の北条小学校における能力表――探究のカリキュラムと評価基準の原初的形態として――」田中耕治研究代表『思考力・判断力・表現力育成のための長期的ルーブリックの開発』研究成果最終報告書、平成25-27年度、科学研究費補助金基盤研究（C）、2016年3月、141-153頁。

(30) 松下良平「産業社会の出現と教育概念の再構成」杉浦宏編『日本の戦後教育とデューイ』世界思想社、1998年、203-204頁。

〈推薦図書〉

今井康雄編『教育思想史』有斐閣、2009年
上田薫『学力と授業』黎明書房、1982年。
杉浦宏編『現代デューイ思想の再評価』世界思想社、2003年。
デューイ, J.（市村尚久訳）『学校と社会・子どもとカリキュラム』講談社、1998年。
森昭『新編　森昭著作集　第3巻　経験主義の教育原理』学術出版会、2015年。

第4章
系統主義——教育課程の編成原理2——

はじめに

　教育課程編成とは、教育目的の達成に向けて最も適切な教育内容を組織し、子どもの学習経験を計画・実践・評価し、それに応じて改善する営みである。教育課程を編成する際には、(1) 教育目的の根拠としての教育哲学、(2) 内容領域（スコープ）、(3) 配列（シーケンス）の三つを考える必要がある。特に、(2) や (3) に先立ち、教育目的の背後にある教育哲学を検討する必要がある。

　教育哲学の類型論に先鞭をつけた米国のブルーバッハ（John S. Brubacher）は、1939年に諸教育哲学を進歩主義（progressivism）と本質主義（essentialism）に大別した[1]。その後、ブラメルド（Theodore Brameld）は、それを①本質主義、②永遠主義（perennialism）、③進歩主義、④改造主義（reconstructionism）の四つに分類した[2]。進歩主義や改造主義は、知識や技能を道具とし、子どもの直面する生活問題や社会問題の解決を通して彼らの興味の伸長や社会の変革を目指す一方で、永遠主義や本質主義は、文化遺産としての共通の知識や価値を重視し、伝統の継承や学問の学習を通した普遍的真理の獲得を中心課題とした。

　米国では、長らくこの進歩主義と本質主義の対立が教育課程編成の一つの論点となってきた。20世紀初頭の「進歩主義教育協会（Progressive Education Association）」（1919年）とそれに対抗した「本質主義者の教育振興委員会（The

Essentialist's Committee for the Advancement of Education)」（1938年）の設立は、この対立を最も端的に示す史実である。前者は、コッブ（Stanwood Cobb）を指導者に、子どもの自発性や自己表現といった子ども自身の生活・経験・活動を重視した教授を推進した。一方、後者は、前者が客観的な真理としての知識や伝統を厳しい訓練を通じて教えることの必要性を看過した点を鋭く批判し、人類が作り上げた学問研究の成果に立脚し、系統的に教授することを求めた。

「エッセンシャリスト宣言」の名の下に先の委員会を発足し、進歩主義に対抗した人物がバグリー（William C. Bagley）であった。バグリーは世界恐慌や学校教育の大衆化を背景に、進歩主義の掲げる子どもの自由と自己表現を惹句として、反知性主義的な流れが流布することに警鐘を鳴らした。特にバグリーは、綱領で教育理論から学問が除外され、教師主導で体系的に配列された授業が権威主義と批判されることに反論する。そこでは、各世代が共通の中核になる人類遺産の最も大切な要素（観念・意味・理解・理想）、つまり本質を精選し、教科の枠組みの中で系統だった学習計画を通じて教授することが教師の責任であり、時と場を超えた人類共通の普遍的本質をもって認識を深め米国の社会や民主主義を立て直すことが必要であると宣言したのである[3]。

この本質主義と進歩主義の対立は、日本では系統主義と経験主義の二項対立で語られてきた。たとえば、暗記主義で画一的な教科学習を強いる明治期の学校教育に対抗し、子どもの生活問題を中心に興味の伸長を志向したカリキュラムを展開した大正自由教育運動はその一例である。しかし、戦前の教科課程の編成では、系統性を標榜しつつも、国史に代表されるように、皇国民錬成に向けて、学問（科学）でなく神学を背景とした系統性を主張していた。

本章では、これと区別し文化遺産としての学問研究の成果に基づき、教師の指導の下で精選された教育的に価値ある概念や体系的な知識の習得を教育目的の根拠とし、教育課程の編成を行う立場を系統主義と捉える。これは、教育内容を子どもや社会・文化的な価値を問わずに詰め込むこととも一線を画す。日本では、上記の教育目的の達成に向けて、現在に至るまで、様々な教育課程を編成してきた。そこで本章では、系統主義の立場から戦後の教育課程編成の歴史について、①戦後から1950（昭和25）年前後、②1950年前後から1975（昭

和50）年前後、③1975年前後から1990（平成2）年前後、④1990年以降に時代区分し、時代背景や学問の論理、学習論に言及しつつ、その内実を検討する。

第1節　戦後「新教育」批判と系統性重視の時代

　第二次世界大戦後の日本は、戦前の軍国主義から民主主義社会の実現へ向けて、復興へと歩みを進めていた。特に、戦前の中央集権的な教育課程行政を批判し、児童・生徒と地域社会の特性に応じてカリキュラム開発を行うことが目指された。そこでは、戦前から続く生活綴方や、大正自由教育の遺産や当時の米国のカリキュラム研究である『米国教育使節団報告書』などを参考にした、生活単元学習やコア・カリキュラム、地域教育計画などが主流となった。

　ここでは、多くの場合、経験を通して学ぶことが志向された。もちろん、教育学者・大田堯の「本郷プラン」や教育学者・海後勝雄の「北条プラン」（第3章参照）のように、地域住民の課題解決力をつけるため、科学など人類の文化遺産を系統的に教えることが強調された実践もある。しかし、多くは東京都港区桜田小学校の「桜田プラン」のように、子どもの日常的な生活を教育の中心に置き、体験的で活動的な学びを推進していた（第2章参照）。

　1950年代に入ると、これらの新教育の理論の一翼を担っていた米国で科学技術の遅れが問題となった。そこで、日本国内でも戦後の復興と将来の発展に向け、企業経営者の側から科学技術教育の振興が要求された。加えて、日米安全保障条約の締結を巡る対立構造において、国内で米国の教育思想への抵抗が強まり、国民の手で教育内容を決定すること（「国民教育権」の獲得）が喫緊の課題となった。これらを背景に、理数系を中心にソビエト連邦の教科書や教育書が訳出され、同国の理論が教育思想や教科の系統性を考える上で参考とされ、新教育に見られる経験主義に基づく教育課程の批判の論拠となってきた。

　当時の批判としては、大きく㋐基礎学力の低下、㋑知識の系統性の欠如、㋒生活認識の相違を指摘するものが挙げられる。㋐としては、国分一太郎らを中心に、民主主義的教育の最低綱領にあるべき読み書き計算能力の低下が明らか

にされたことが挙げられる（第2章参照）。またⓒとしては、ソビエト教授学の立場からマルクス主義者の矢川徳光らを中心に、コア・カリキュラム連盟（コア連）で想定される生活概念が現実離れしたものであると批判がなされた。

教育課程編成の議論で特に注目すべきは、ⓐである。コア連の梅根悟が生活の体系を重視したのに対し、先の矢川や教育学者・大橋精夫、教育学者・小川太郎らから批判が投げかけられた。小川は、生活経験による学習が、必要に応じて知識を獲得することを重視する一方、客観的な知識の組織や連関が軽んぜられること (4) を、矢川は、ミニマム・エッセンシャルズの習得、自然科学・歴史科学・方法論的科学の学習が極めて稚拙であることや、カリキュラムは子どもの年齢的発達段階に応じて教科を設定する必要があること (5) を主張した。

これらの批判は、戦後の教育の在り方に一石を投じるものとなった。しかし、彼らの興味・関心あるいは生活経験の発展など学習者の主体的条件に依拠しつつ、要素表や能力表を作成し、実践を基盤に理論化を進めたコア連に対し、当時の系統主義の立場に立つ教育研究者らは、系統を掲げつつも、その内実を詳らかにしていない。その結果、両者の論争は、先の生活概念の認識の対立に見られるように、単なる思想的な対立に収束してしまった。

これを超えて、同様の批判に賛同し、学問内容の習得に向けた教科の系統性を具体のレベルで追求したのが、教員や大学の研究者からなる民間教育研究団体（民間研）であった。たとえば、数学教育研究協議会（数教協、1951（昭和26）年～）や科学教育研究協議会（科教協、1954年～）、歴史教育者協議会（歴教協、1949年～）、文芸教育研究協議会（1964年～）などの分野に加え、運動文化論を背景とした学校体育同志会（1955年～）や音楽教育の会（1958年～）などの分野でも民間研が結成され、1952年には教育科学研究会（教科研）も再建された。

特に科学技術教育が強調される中で、いち早く算数・数学教育の体系を提案したのが、遠山啓を中心とした数教協であった。遠山は、生活単元学習の例として、文部省のモデル教科書『中学校の数学』を取り上げ、「生活経験に忠実であろうとして数学の体系を寸断してしまった」ことに加え、「生活経験そのものの像を与えることに失敗している」と評し (6)、計画的な方法で教授する

第4章　系統主義——教育課程の編成原理2——

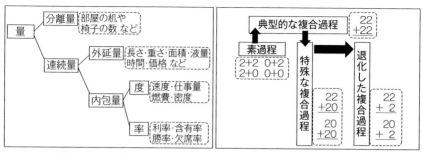

図4-1　量の体系　　　　　図4-2　水道方式

出典：遠山啓『遠山啓著作集 数学教育論シリーズ3』太郎次郎社、1980年、133・191頁、および遠山啓・銀林浩『新版水道方式入門 整数編』国土社、26-38頁をもとに筆者が作成（破線内は具体例を示す）。

ことを志向する。そこで構想されたものが、「水道方式」と「量の体系」であった[7]。

　数教協では、数学教育の高度化と大衆化を主張し、現代数学への接近方法として量の体系（図4-1を参照）を確立する。これは、現実にある様々な量を分類し、それを理解しやすい単純な量から難しい量へと配列し、その順序に従って指導するものである（具体から抽象へ）。この体系が基礎になって数学教育の内容が系統化される。そこでは、まず量の中で最も理解されやすい個数や人数などの分離量が導入され、次に連続量が学習される。連続量の中でも、まず加法性をもつ重さや長さといった単位を持つ外延量が、次に乗法や除法と結びつきやすい密度や速度（度）と含有率や利率（率）を含む内包量が学習される。このように具体から抽象へという形で量の体系を提案している。

　また、水道方式は計算指導の体系を明らかにした（図4-2を参照）。たとえば、筆算を例にとると、一桁の計算など素過程（2+2）を前提として、典型的な複合問題（22+22）から特殊型の問題（22+20）や位が欠けた退化型の問題（22+2）へと計算指導を行う。このように、位ごとに数を加えるという筆算による計算の一般形態の解き方を習得することで、様々な筆算を演繹的に解けるようになるという原則（「一般から特殊へ」）に沿って、数教協では計算指導の教科内容の系統を確立した。これは、文字計算や方程式の解法等、数学教育の

他分野にも適用された。

　数教協は、量の体系と水道方式を、主として現代科学や数学の研究を基盤に考案した。たとえば、水道方式は、計算の背後にある構造を見出し、現代科学の方法である「分析と総合」を応用することで素過程と複合過程を確立し、現代数学の「集合」の考え方を用いることで計算の類型化が行われた。

　ただし、数教協ではこれらの論理を教える際に、そのまま授業へと反映していたのではない。彼らは、ピアジェ（Jaen Piaget）の発生心理学に学び、教科内容を翻案していたことにも留意しなければならない。たとえば、小学校で、位取りを意識させ計算の導入において具体的な分離量と抽象的な自然数を媒介する半具体物（シェーマ）として身の回りに存在するタイルを使用していることは、具体的操作段階に位置する子どもに向けた翻案の一つである。これにより、一対一対応といった現代数学の基本的な諸原理を子どもが理解できるよう工夫していた。また、量の体系を具体から抽象という形で組織していたこともその一例である。

　1960年代に入ると、他の民間研においても教科の独自の体系を提案し始める。たとえば、教科研における国語部会と明星（みょうじょう）学園の『にっぽんご』（むぎ書房、1964年）や社会科部会の「自然地理先習論」の確立、人間の歴史の授業を作る会による『人間の歴史』（太郎次郎社、1977年）シリーズなどがある。『にっぽんご』は、学校文法を批判し、科学的・体系的な文法論にもとづいて指導することを念頭に「分析と総合」を原理として組織された。そこでは、奥田靖雄の言語学を基盤に、言語教育を①文字（正書法）の指導、②発音・音声の指導、③文法の指導、④語彙論の指導に分けて行う。たとえば、文や文章の最小の構成要素である単語の体系的な仕組みとして、名詞・動詞・形容詞・副詞を扱い、その品詞の意味や形、役割を学習する [8]。

　一連の民間研の取り組みは、現代科学の視点から、教育内容の精選を行い、各教科の内容の中で時代を超えて通用する普遍的で基礎的な内容の習得を全ての子どもに教えること目指した。そのために、学問の論理的系統を編み直し、子どもの知的発達（心理的能力）の段階や「分析と総合」に称される科学研究の方法に学ぶことで、数教協の水道方式に見られた一般から特殊のような形で

子どもが筋の通った考えができる教科内容の体系を構築した。

第2節　高度経済成長と「教科内容の現代化」

　1960（昭和35）年を前後して、日本では産業構造の変化や技術革新、都市部の過密化と農村の過疎化、マスコミの発達と浸透など、高度経済成長を背景に社会の急激な変化と変革が生じた。一連の社会の急激な変化に比して、教育内容の立ち遅れが認識され、現代科学の内容と方法により教育内容を再編成すること（「教育内容の現代化」）が目指された。このような指導方法や教育課程の再編成は、1950年代の米国のカリキュラム改革運動をはじめ、ソビエトなど世界各国で展開した教育内容の見直しと精選に影響を受けたものであった。

　20世紀初頭から米国では、進歩主義や改造主義を背景に、社会や生活との関連を重視した児童中心のカリキュラムが開発された。しかし、1950年代に入ると、このような反知性的な学校教育に不満が出始める。そこでは、当時のカリキュラムが、生徒の個人的・社会的要求を重視する一方で、学校の本来の目的である若者の知識や知能を発達させ損なっていることが批判され、特に大学入学時の大学生の学力低下が問題とされた。

　そこで、大学の研究者を中心にカリキュラム改革運動が行われる。その先駆けは、1951年の「イリノイ大学の学校数学委員会（University of Illinois Committee on School Mathematics：UICSM）」の高等学校の数学のカリキュラム開発であった。UICSMは、数学的実在論を中核に据え、客観的で絶対的な真理としての数学的対象や定理が存在するという前提のもと、数学者がそれを発見するように、学習者の思考様式を導くことを目標としている[9]。

　UICSMでは、取り組む前の生徒の既有知識や、学習後の到達点を明確にしてカリキュラム開発を行っている。たとえば、前段階の中学3年生は数と数字は、別個のものであることは認識しているが、数とは何かということを説明できない。そこでUICSMのプログラムでは、集合論を軸にして、まず生徒に事物とその名称との区別、殊に数と数字の区別に具体的事象を多く扱う中で気づかせ、数字について書く時にはその数字に名称が必要であることを学習させ

る。

　UICSMを皮切りに、原子物理学を基盤とした「物理科学研究委員会（Physical Science Study Committee：PSSC）」による物理のカリキュラム、カーネギー・グループによる高等学校の社会科のカリキュラム（ホルト社会科カリキュラム：the Holt Social Studies Curriculum）など幅広い教科で学問を基礎としたカリキュラム（学問中心カリキュラム：discipline-centered curriculum）が開発された。この流れを加速させる契機となったのが、1957年のソビエトの人工衛星の発射成功である。当時、米ソの冷戦構造の中で、宇宙競争に敗北したことは全米に衝撃を与えた。これは、米国の教育の質の低下を国民に自覚させ、理数系を中心に現代科学の内容と方法で教育内容を再編成することを推進した。

　このカリキュラムを理論面で支えたのは、学問とカリキュラムの関係を追究したフェニックス（Philip H. Phenix）や、構造と知的発達に着目したブルーナー（Jerome S. Bruner）、科学的探究の構造を提起したシュワブ（Joseph J. Schwab）であった。この中でも特に、最も早期の段階から学問を基盤としたカリキュラムを提唱したのがフェニックスであった。

　フェニックスは、知識爆発に総称される知識の質的・量的な拡大に比べて、人間の学習能力は飛躍的に拡大しないことを念頭に置き、学問を中心にカリキュラムを開発することを提案する[10]。これは、「学問は指導されるために組織された知識」[11]であり、これを利用することで、形成過程の全てを直接的に経験せずとも、文化財としての知識に到達できることや学問を組織する特徴的な代表的観念（representative ideas）を徹底的に理解することで、個々の知識項目を網羅せずとも学問全体を理解できるということを前提としている。

　たとえば、物理学では、物理的測定から引き出された様々な量の間の一般的形態を発見し定式化することが本質である。これを示す代表的観念として、保存の概念が挙げられ、これによりエネルギーや質量、運動量など寄せ集めで関連のないような諸現象をまとめる秩序と知的理解をもたらすことができる。

　カリキュラムの配列は、学習すべきものと心理学的要因の論理によって設定される。特に前者について、フェニックスは人間の教育に不可欠な領域として、人間的意味を形成する6領域（象徴界・経験界・審美界・共知界・倫理界・通

観界)を設定し、その領域内に属する学問を各々設定した。これを前提に①6領域間の論理的関係、②領域内の諸学科の関係、③特定の学科内にある順序の論理によって内容を組織する(12)。

たとえば、言葉（象徴界）は科学（経験界）や芸術（審美界）の学習に先んじ、次に科学の中でも最も基本的な物理学が先行し、それに続けて天文学や生物学が学習される。物理学の学習では、教える内容に対する先行条件への配慮、すなわち学科の論理的構造との関連の解釈において決定される。そこでは子どもの発達に応じた内容の順序（子どもの分野ごとの発達の速度）も考慮してカリキュラムが開発される。

フェニックスが学問の論理からカリキュラムを開発したのに対し、学問の内容を翻案し、子どもの知的発達の段階をも視野に入れたのがブルーナーであった。ブルーナーは、「どの教科でも知的性格をそのままに保って、発達のどの段階のどの子どもにも効果的に教えることができる」(13)と主張した。この「ブルーナー仮説」に象徴されるように、彼は質的に高度な精選された教育内容を子どもの知的発達に応じて系統化して提供することを求めた。そこで、当時の心理学とカリキュラム開発の知見、中でもPSSCの成果に学びながら、学問の構造（structure）や螺旋形カリキュラムといった考えを提起する。

ブルーナーの学問の構造は、先のフェニックスの代表的観念と近く、広漠たる知識を一組の単純な諸命題へと簡素化し、経済的で生成的なものにするものである。たとえば、多様な物体を、異なる重力下で落下させ、速度変化の記録を表で表わすよりも、（速度）＝（重力加速度）×（時間）の公式によって任意の落下物体の特徴をまとめたほうが経済的である。ブルーナーはこの構造を規準に、教育内容を精選し、知的発達の段階に応じて翻案する。

翻案に向けて、ブルーナーは子どもの知的発達を行動的表象、映像的表象と記号的表象の3段階で捉える(14)。たとえば、力の釣り合いを子どもの知的発達に合わせて翻案すると、行動的表象の幼児は、シーソー遊びをして釣り合いの具合を実地で身体的につかみとる。映像的表象の段階では、天秤の図を眼で見るだけで釣り合いがわかる。記号的表象の段階では、天秤の支点からの重りまでの距離（$L_1 \cdot L_2$）と力の大きさ（$W_1 \cdot W_2$）の積が等しい時に釣り合うとい

う言語や$L_1W_1 = L_2W_2$という数式で釣り合いを捉える。

　この過程は、ピアジェが提起した知的発達の段階の理論を基盤に形成されているものの、教授方法により次の段階へ発達させることも想定している。これにより、構造を知的発達の段階に応じて翻案し、繰り返し教授するカリキュラム（螺旋形カリキュラム）が組織される。

　このブルーナーの理論は日本の教育理論にも影響を与えた。コア連の抽象的な教育目標と、生活現実を捉える領域の一面性を自己批判した教育学者・広岡亮蔵は、その後ソ連や欧米の研究を批判的に摂取し、発見学習を意識しつつ実践的な系統学習として課題解決学習を提案する。加えて、内容の配列について、広岡は現場的発想と学問的発想による構造化を提起し、特に後者の積み上げによって教育内容を下支えする教材構造（中心観念と基本要素との関係）を捉え、その基本要素の系統を、(1) 論理系統、(2) 心理系統、(3) 並列系統、として整理する[15]。(1)は単純から複雑へという順序を、(2)は未分化から分化へという順序を、(3)は子どもの関心などに応じて決定される入れ替え可能な順序を指す。

　実際の教育課程の編成では、中心観念を子どもが獲得することを重視しつつ三つの系統を有機的に結合する。その際に、広岡は学問分野の構造から内容系列を取り出すことを基点としつつ、実際の子どもの発達の姿に即してその題材内容の系列を見直し、それが連続するよう補正することを提案した。

　このような広岡の系統学習の提案は、知識の質的精選を志向しつつも、米国で見られた学者中心の教育課程編成とは異なる方法を提起していた。特に、現場的発想を取り入れることは、微視的な題材や小単元の内容の構造化の累積を通した学年発達の具体に即した教科全体の構造化を目指すものであった。

　しかしながら、過度に現場的発想を重視すれば、構造の中核をなす中心観念が妥当なものでなくなる危惧もある。たとえば、広岡は、中心観念を取り出すために「重要語句を拾い、基本要素を抜き出し、それを手がかりに中心観念を想見する」方法を提案する[16]。これにより、算数の二桁の数の掛け算では、「巧みな計算、知性的な計算」が中心観念となる[17]。しかし、ここでは計算の工夫に留まり、掛け算の筆算の前提にある位ごとにかけるという乗法の原理が

第4章　系統主義──教育課程の編成原理2──

登場せず、掛け算の中核的な原理を完全に押さえているとは言いがたい。これも踏まえ、学問に照らし中心概念の検討を行うことが不可欠なのである。

この他、米国のカリキュラム改革運動は理数系を中心に様々な影響を与えた。たとえば、1968年改訂学習指導要領では、集合や写像といった現代数学の概念が早期から導入されたり、科学の方法の教授が推進されたりした。また、佐藤三郎の思考実験を重視した高等学校におけるドライ・ラボ（dry lab）の取り組みや、米国の教科書の訳出、日本物理教育学会が主催した「PSSCコース研究会」、日本数学教育会がSMSG（学校数学研究グループ：School Mathematics Study Group）に関する研究セミナーを開催し、その成果を『数学教育の現代化』（培風館、1966年）にまとめたことはその一例である。

この流れは、理数系を中心に民間研の活動にも波及した。数教協では、集合や論理といった内容を組み込んだカリキュラムを模索し、機関紙『数学教室』（1955年〜）を通じて集合などの新しい内容に関する教育実践を共有した。また、水道方式やPSSCに学んだ板倉聖宣は、自由な物理教育の現場研究を展望し、上廻昭や庄司和晃とともに仮説実験授業研究会（仮実研、1963年〜）を組織し、後述する授業書の作成に取り組んだ。

これまでの民間研の成果に学び、日本教職員組合が作成したものが『教育課程改革試案』（一ツ橋書房、1976年）である。これは、小・中・高校を一貫する教育課程の全体構想であり、国民的教養と民主的人格の形成に向けて、(1)「［教育内容を量的に縮小し、質的に高めるために］学問・技術・芸術の現代的成果にたって、その体系の結節点を系統的に教育課程に組み入れること」と、(2)「系統性を踏まえ、生徒の発達を考慮しつつ実際生活からできるだけ多くの教材を取り入れること」を目指していた[18]。それに向け、言語や自然、社会といった教科や総合学習を領域にもつ教育課程が編成された（本講座第5巻第5章参照）。

民間研と文部省の取り組みは、科学が生活の向上や豊かさの象徴となり科学的であることが尊重される時代にあって、現代科学の成果や学問を基盤に、科学の体系から教科の系統を描く教育課程を推進するという点においては、方向が一致していた。しかしながら、前者が、すべての子どもに教科内容を習得さ

せるために、現代的視点に立って必要な基礎的内容を精選し、基礎教育から高次の内容に至るよう組織した一方で、後者は学問理解や精選が不十分なままに、木に竹を継ぐように、外国に倣い現代科学の内容を導入したものだったと言わざるをえない。その結果、基礎的教科内容の学習時間が圧迫され、学力格差を生む要因となった。諸外国に見られたような現代科学の構造を軸に教育内容を再編成し、知的発達に合わせて十分に徹底して翻案することは、課題として残された。

第3節　科学への信頼の揺らぎと人間性の強調

　1970年代後半に入ると、オイル・ショックの影響により高度経済成長から低成長時代へと移行する中で、大規模な工業化の代償として公害訴訟が行われ、これを背景に科学の追究が幸福をもたらすという図式が揺らぎ始める。また、この時期には高校進学率が95％に達し、高校教育の大衆化をもたらした。しかしながら、過度に専門分化され、子どもにとっての適切性や意味を置き去りにしたエリート志向の教育課程の編成は、多くの落ちこぼれを生み出し、校内暴力や非行、退学者を生み出した。これを受け、教育課程審議会では「人間性豊かな児童生徒を育成する」[19]ことを基本方針として掲げた。

　一方で、民間研においても落ちこぼれの子どもにやる気を起こさせるため、わかる授業やたのしい授業が追求された。特に、1976年（昭和51年）に「『わかること』を『生きる力』に結びつけ、地域に根ざす教育の創造を」という活動方針へ転換した教科研は、「地域に根ざす教育」を推進する。この典型的な実践としては、教育学者・鈴木正気の『川口港から外港へ』（草土文化、1978年）があり、地域産業の漁業や生活基盤にある具体的な現実に立脚した授業を創造した。

　また、歴教協の安井俊夫の地域にねざす社会科[20]や、住民の学習と結びついた田中裕一の公害学習[21]、全国高校生活指導研究協議会の吉田和子の実践[22]など、生徒と一緒に教材を開発し、教科の体系や教育内容を生み出す流れが強まった。特に、仲本正夫が高等学校で行った箱作りや放物ゴマの実践

第4章　系統主義——教育課程の編成原理2——

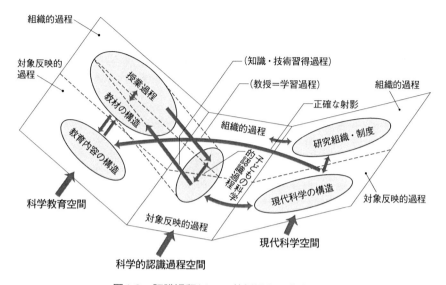

図4-3　認識過程としての教授過程の基本構造
出典：高村泰雄「教授過程の基礎理論」城丸章夫他編『日本の教育6』新日本出版社、1976年、51頁。

は、現代化期の科学でこれまで捨象されてきた生活の側面に光を当てるものだった[23]。

　同時期には、大学の研究者らが共同で授業研究を通して授業の一般法則の追求を行った。これを担ったのが、1963年に「授業の科学化」と「教授学の建設」を掲げて大学を中心に組織された全国授業研究協議会や教科研の斎藤喜博を中心とする教授学部会（1965年～）および授業研究の会（1973年～）、1970年代に結成された教科教育学諸学会であった。

　特に、1970年代以降ソビエト教育学に依拠し、現代の科学を教育課程や授業に反映させようとしたのが北海道大学の授業研究グループ（以下、北大グループ）であった。北大グループは、学力の本質を、文化（科学・芸術・技術）における価値の体系の理解と習得によって身につけられた能力と位置づけた。そして、そこに到達するために教科指導では文化的価値体系を正しく反映した教科内容の体系の編成を確立し、さらに学年段階での内容編成の具体化を行

い、最後に毎時間の授業展開における教材の系統的編成によりそれを現実化することを目指した。これは図4-3の三面鏡型モデルに即して行われる。

　図4-3は、三つの空間（現代科学・科学的認識過程・科学教育）と二つの過程（対象反映的過程・組織的過程）から構成される。現代科学は、研究者が物質（自然並びに社会）を認識し、その構造・運動法則を人間がその意識に反映する側面（対象反映過程）と、既存の資料や文化からの理論体系や研究手法を受け継ぐ側面（組織的過程における時間的・歴史的過程）と、研究領域の分業と相互批評を通した理論の検証と変革の側面（組織的過程における空間的・場所的過程）の弁証法的統一により構成される。個人の反映は、組織的過程を通して認識の範囲を広げ、多面的にすることができる。

　次に現代科学の成果が、科学教育空間へと射影される。しかし、現代科学の構造は、そのまま子どもの認識活動の対象（教育内容の構造）となるのではない。これは、科学教育空間の組織的過程、すなわち教材の構造と教授過程で加工されることで、公理的・論理的・歴史的発展の順序から開放され、全ての子どもに理解可能な順序として組織される。

　教材は教育内容を正確に担う実体として子どもの認識活動の直接的な対象であり、構造化された教材を学ぶことを通して科学的概念や法則の確実な習得を保障する。教授過程は子どもが辿るべき認識過程を客観化したものであり、教材の構造と相互に規定される。教授過程と教材の構造は、授業過程を通して生徒の科学的認識過程へ射影され、子どもの理解を形成する。

　このモデルは、これまでの教育研究を土台としている。たとえば、同大学の鈴木秀一らの「成果が計測でだれにでもわかち伝えることができるように組織された教育内容を学習して到達した能力」[24]という学力規定は、勝田守一と中内敏夫の学力論に学び、文化的価値に基づく客観化された教育内容体系を学力の根拠としている。また教育内容と教材、認識過程の関係は、柴田義松が『現代の教授学』（学文社、1967年）で提起した教育内容と教材の概念的区別や科学の構造と子どもの認識発達の法則に応じて教材を配列するという原則を基盤としている。特に、同大学の高村泰雄は柴田の概念的区別は、教育内容が科学を、教材が教育内容をより正確に反映する手助けをするものと述べる。

> [問題] ラジオも「電波」を利用しています。このラジオをビニール袋に入れて、水中に沈めるとラジオは放送をキャッチするでしょうか？
> ア．キャッチする。入れる前と同じで変化はない。
> イ．少し弱まる。
> ウ．かえって強くなる。
> エ．まったく聞こえなくなる。
> 予想を出し終わったところで意見を出しあい討論をしましょう。予想の変更をとった後に実験をしてみます。

図4-4　北大グループの授業書

出典：寺岡英男「授業書『電磁気学』」高村泰雄『物理教授法の研究』北海道大学図書刊行会、1987年、285-286頁。

　北大グループは、授業書を教授過程と教材の構造を統一し、具体化されたものとして位置づけ、授業研究を行う。授業書方式は、国立教育研究所（当時）の細谷純・永野重史・新田倫義の理科ノート方式や仮実研や極地方式研究会（1970年～）に学んだものである。特に、最も影響を与えた仮実研は「科学上の最も基本的な概念や原理・原則を教える」[25]ことを目指し、教科書兼ノート兼読み物である授業書を用いて「問題－予想－討論－実験」からなる授業を行う。各々の授業書には、教材が構造化されて配置されている。これにより、子どもが仮説をもって主体的に自然に問いかけ、討論を通した相互批評を経て仮説を練り上げ検証する科学の過程を授業で追求していた。

　北大グループの研究では、子どもの認識過程を前提に授業書（図4-4）が作成される。図4-4の授業書も、仮実研の授業書方式に則り、まず問題の提示から始まり、予想や討論の後に実験を行うように構成されている。

　北大グループの授業書では、子どもの知的興味を引き出すために、学問の理論と相反する先入観や常識を念頭に置き、問いを通じてそれらを覆す典型的な事実を提示し、彼らが獲得すべき概念の本質的構造を正しく担った実体的イメージを形成するよう働きかける。次に、イメージを通して、仮の概念を形成する。これらは関連する個々の事実との照合による反作用を経て、完全な実体

的イメージや概念へと昇華する。この実体的イメージを軸に授業と教材の配列が決定される。ここでは全ての子どもが同じ認識をすることが前提にある。

この授業書は、授業研究を経て改訂され、構造化される。たとえば、電磁気学の授業書では、電磁誘導を場の変動を捉えて理解できていないことが明らかになり、場の実在性の認識に焦点を合わせるよう修正している。また、蓄積された授業書群を内面的な論理的連関として構造化することで教育内容を体系化する。たとえば、相互作用の概念を軸に力学・電磁気学・熱力学の授業書を構造化し、高校の物理の教育内容の体系を創出している。この教育内容の構造と教材を含んだ授業書による教授過程が、子どもの学習過程を内包しており（教授＝学習過程）、子ども・学習中心の立場との決別を図るのである。

1980年代中頃には、いじめによる自殺が発生するなど教育問題が一層深刻化した。また、ベルリンの壁の崩壊を契機に社会運動全体が衰退し始めた。この中で、政治的なイデオロギーに解消されず、教育問題に対し、既存の枠組みで即効性や現実味のある授業技術を求める向山洋一の教育技術法則化運動[26]や藤岡信勝の授業づくりネットワーク[27]など新たな形の民間研が生まれた。

特に、共通一次試験導入（1978（昭和43）年）を前後して、知識の習得が受験戦争や知識の詰め込みと揶揄される中で、一貫して学力保障の立場を崩さず、教育問題に取り組んだのが全国到達度評価研究会（到達研、1983年～）だった。これは、1970年代後半の京都の到達度評価運動を母体としている。それは、国民の教育権保障の理念に基づき提唱された中内の代行説（教師の目標づくりは子どものそれの代行である）という原則[28]のもと、従来の民間研の成果に学び、父母との協力の下で専門的力量に支えられた教師が学力保障を行うために従来の抽象的な方向目標ではなく、何がどこまでできるのかということを示す到達目標づくりと到達度評価を行うことで先の理念の達成を目指した。

到達研では、認識能力（教科教育）と集団的自治能力（教科外教育）の形成・発達を通して、人格を陶冶することが志向された。中でも、学校での知育の復権を求め、学問を基盤に人間性を育む教育課程編成を推進したのが、教育学者・稲葉宏雄であった。稲葉は「人間性の陶冶が可能なのは教科が学問の論

理に徹し、学問的知識と科学的認識の方法をその基本的内容とする場合である」(29) と述べ、先のフェニックスやシュワブに学びつつ、知識の実体的構造と構文的構造を軸とする学問の構造の重要性を説いた。

　教育課程を編成する上では、民間研の成果に学びつつ、学問の構造に沿って教育内容を精選し、教育の論理に照らして教科内容編成を行う。そこでは、子どもの認知発達の過程、及び実際の経験的観察から得られる子ども独自の認識の論理に即して教育内容を教育課程として構成する。稲葉によれば、教師がこの教育的見識と学問的教養をもつことで、学力保障に向けた教育課程が編成され、教師の無意識的な感化を通じて、生徒に深い人格的影響を及ぼし、知識への探究的な態度や発見の感動、克己や忍耐など精神の修養を図ることができる。

　稲葉の知育論や中内の習熟論を背景に、到達研では学校全体のレベルで目標を構想する。たとえば、基礎学力を基盤に平和で民主的な社会の発展を実現する力を養うといった学校教育目標（教育目的）に向けて、それを支える各教科の本質を念頭に、教科の内容の全体的構造を明確にし、それを子どもの発達の筋道に従って系統づけて教科・学年目標（教育目標）へと翻案する。これらに立脚して、到達目標や教材目標、授業目標へと具体化される。

　到達目標の設定に際しては、各教科が狙いとする学力をつける上で必須で基本的で中心的な内容（基本的指導事項）を念頭に置く。ここでは、学問研究や民間研の成果を幅広く検討する。到達目標は、学校の教育活動全体に組織され、全学年の教科縦断・横断的に連関した形で設定される。目標設定は、教科内容の系列的編成と組織を予想し、教育課程の自主編成に帰結する。

　最後に到達目標を達成するために、単元・教材や個々の授業過程を設定する。その際、子どもの認識過程に着目し、授業実践の検討を行い、子どもがわかる道筋を明らかにする。加えて、評価をもとに、つまずきやその原因に迫り、多様な方法で回復指導をし、また教師が指導や目標の修正や改善を行う。この到達目標への到達によって、子どもは学問成果としての知識を習得する。

　これらの取り組みは、科学の体系から教科の系統を作り、教材化し、授業実践に至る回路を組み直す。そこでは、授業実践を証拠に、子どもの認識の道筋

をとらえ、落ちこぼれやつまずきが生じないように教育課程を改善する。特に、到達研では、学問の論理と子どもの認識の論理を念頭に、基本的指導事項を教師集団で検討し、到達目標を設定する。そこで、その根拠となる教育課程が自主編成され、授業実践に向け、教材の計画的構成を行うのである。

第4節 「学び」論の展開と学習論の転換

　1990年（平成2年）に入ると、受験熱に見られる教育の私事化や市場化の促進、社会全体のコミュニティの解体と価値規範の流動化が、登校拒否などの病理を生み、学校で学ぶ子どもも実質的には「『学び』から逃走」しているという批判が登場した[30]。都市部を中心に学級崩壊が現れ、過度な校則の設定や特定の目標にもとづき知識や技能を習得し、達成度をテストで評価する仕組みを持った管理と統制に基づく工場モデルとしての学校が問い直された。

　この中で佐藤学と佐伯胖が、人間の「学び」の原点を「真正の文化的実践への周辺的参加」、すなわち社会的文脈で展開される文化的意味の構成として捉え、日常に深くねざした文化の享受と創造と改造の場としての「学びの共同体」というビジョンを提案した。この中で、佐伯胖はレイヴらの研究に学び、状況主的学習論を提案した。また、佐藤は「目標－達成－評価」の単位で構成される産業主義的なプログラム型のカリキュラムを批判し、対象世界・他者・自己における対話的な学びを中心とした「主題－探究－表現」の単位で構成されるプロジェクト型のカリキュラムへの転換を主張した[31]。

　また堀哲夫と森本信也によって構成主義的学習観が紹介された。これは、認知革命を契機として注目を浴びた、従来の刺激と反応による行動の変容から学習を捉える行動主義的学習観において不問（ブラック・ボックス）とされていた学習者の内観から学習に迫る点に意義がある。そこでは、人は知識や考えを受動的に受け入れるのではなく、主体的に現実や意味を構成し、認識していく立場を取る。そのため、単なる知識の伝達ではなく、仮実研や北大グループが想定していた子どもの先入観といったものに類似しつつも、それを子どもに普遍のものとせず、個々の子どもに固有のものとして学習者の既有知識や誤概念

を解明し、それらを変容していくことを学習と捉える。

　構成主義的学習観は、学問内容の習得に向けた新たな系統の枠組みを提示する。たとえば、多くの子どもは、中世の物理学者と同様に、力が物体の中にあり、運動の方向に作用すると考え、等速直線運動や水平投射を説明する。しかし、本来的には物体の中にあるものは運動量であり、力とは異なる。そこでまず、運動量を導入し、その後、物体に作用するものとして力と区別して学び、最後に、力と運動量の関係について示すよう教育内容を組織する。これは、従来の学問の論理性を軸とする系統とは異なる系統性を示すものである。つまり、従来であれば、下位概念としての力や速度が導入され、次に上位概念として運動量を教えるという系統性が志向されたのに対し、構成主義的学習観では、自然科学の現実に学習者を合わせるのではなく、学習者の理解の実態を自然科学に漸進的に近づけていくことが目指されるのである[32]。

　また、中心概念の導入も従来の系統とは異なる。中心概念の選択は、文化遺産としての学問の成果に立脚している。しかし、教育課程は学問の体系から導かれるのではなく、それらの獲得を志向する学習活動に関する要項と見なされる。そこでは、「水道方式」や「にっぽんご」のように中心概念が最初に導入されるのではなく、子どもの問題に対する必要性や有用性との関係でなされる。それは、従来の教授＝学習パラダイムへの問い直しを含み込んでいる。つまり、教育内容の配列を含む教授過程が学習過程を通して練り直されるのである。

　堀はこの学習論を基盤に一枚ポートフォリオによる単元設計を提案している[33]。これは、学習の前後に設定される問いの回答を書く欄とその前後での回答の変容を自己評価する欄、授業毎の学習履歴を残す欄から構成されるものである。そこでの問いは単元の中核に位置する概念に関するものが設定され、学習を通してそれに十全に回答できるようになる。学習履歴には、学習者の授業ごとの理解が記述され、教師はそれをもとに授業の修正や、回復指導を行う。これは学習者の理解の実相に迫り、漸進的にその変容を教授により促すことで科学的に適切で、本質的な観念を計画的に習得することを志向する。

　2000（平成12）年を前後して登場した『分数ができない大学生』（岡部恒治・

戸瀬信之・西村和雄編、東洋経済新報社、1999年）を皮切りに、学習指導要領の授業時間数や内容の削減が批判され、数学者・経済学者などからも学力低下が批判されるようになる。その論争の論客の一人であった市川伸一は、「指導より支援」「学習者中心」という言葉が金科玉条となり、教えずに考えさせる授業が良しとされる傾向を批判し、教科内容の習得を軸とする「教えて考えさせる授業」を提起した[34]。

また、同時期にはカリキュラム論として「タイラー原理」（第6章参照）を引き継ぐウィギンズ（Grant P. Wiggins）とマクタイ（Jay McTighe）の「逆向き設計」論が西岡加名恵により紹介された。この中で、パフォーマンス評価やルーブリックが紹介され、京都市立衣笠中学校や京都府立園部高等学校などでは、これらを用いた学校のカリキュラム改善が行われた[35]。

「逆向き設計」論では、特定の題材や個別の事象を超えて転移可能な普遍的価値をもつ学問の中核に位置する重大な観念の理解（「永続的理解」）への到達を目指す。そのために、膨大な教育内容から重大な観念を選び出し、単元目標として「永続的理解」を明文化するとともに、それに対応した評価方法を定め、それに向けて学習経験を配列する。

この配列は学問の論理ではなく、学習の論理によって配列される。すなわち、鍵となる諸観念とそれらの間にある関係の意味と価値を学ぶため、「永続的理解」に立脚し、子どもにとって内容が面白く、また実社会や学問研究に根ざした価値がある問い（パフォーマンス課題）を設定する。その中で、真正の文化的実践に触れ、研究者や職業人の認識過程をくぐりながら、問いと個々の授業を往還するように配列される。そこでは、計画的なカリキュラム設計でありながらも、認識過程を経る中で教育内容やその配列の問い直しの可能性をも含みこんでいる。

「逆向き設計」では、「永続的理解」の獲得とその表出、つまり内容を訓練された（disciplined）方法で他の文脈でも用いること（転移）が目指される。ウィギンズらは深い理解に焦点を合わせることで、本質主義者と進歩主義者の間のカリキュラム論争を乗り越えると述べている[36]。つまり、「逆向き設計」論に基づく教育課程は、知識の体系的な習得を主とし、それを認識する能力を重視

する立場と、その子どもの探究を重視する立場とを止揚(しよう)するものとなる。そこでは、知識・スキルを構造化した深い理解に基づく実践的行動を課題として位置づけ、それに向けて計画的に子どもの興味を引き出すような探究の先に精選された文化遺産の習得が目指されている。

一連の取り組みは、認識能力か実践的行動か、学問の系統か子どもの興味の伸長かという二項対立を超える契機となる。そこでは、デューイが「私の教育学的信条」(『実験学校の理論』明治図書、1977年所収。原著は1897年) において教育活動の持つ二つの側面——伝統保存的契機（本質主義）と伝統革新的契機（進歩主義）——を対立しつつも、互いにバランスを取り、統合していくものとして描いたように、学問内容の深い理解に着目した教育課程編成を行うことは、その統合の一つの様相を示すものとなるだろう。

おわりに

系統主義の教育課程では、文化遺産としての学問成果の習得が目的とされる。しかし、それは本章で見てきたように、必ずしも一つの学問の内容をその論理に従って配列することのみを示唆するものではない。たとえば、PSSCでは原子物理学の理解に向け、波動と粒子の二重性および原子の性質を軸として教育内容を体系化しており、その説明に関わりが浅い相対性や電気回路などには深入りしていない[37]。しかし、相対性理論の理解や工学への応用を基盤に教育課程を編成すれば、むしろ相対性などがその中心のテーマとなるだろう。

また、PSSCは科学者など卓越した人材の養成が求められる時代の中で、純粋科学を基調としており、学問の本来もつべき生活的側面が捨象されていた。しかし、人間性や学ぶ意義が強調される時代には、仲本の実践が、微分・積分が生活に占める役割を示したように学問の生活的側面や学ぶ意義を示す実践も登場してきた。この他にも、近年では原子力発電の問題など科学の枠組みを越えた「トランス・サイエンス」の領域が注目され、教科横断的な科目の設定も行われている。このように教科や教育内容の選択は不変のものではない。そのため、学問の進歩や社会の要請を視野に入れつつ、伝統文化から次世代に伝えるべき価値の選択をしたり、基盤となる学問について再考したりしていく必要

があるだろう。

　これらの教育内容は、発達段階や学習論などを念頭に教師が専門性を発揮することで配列される。たとえば、行動主義が主流の時代には、教師が学問研究の成果に熟知し、それを基盤に新旧の教育内容を精選し一般から特殊などの論理や発達段階に則って教えれば、子どもがそれを獲得すると想定された。一方、構成主義が主流の時代には、学習者の理解の論理に学問を合わせることが要求される。その際には、授業研究を通して個々の子どもの認識の論理を明らかし編成する方法がある。この他、学校の教育目標や教科全体の目標に向けて系列化された教育内容を到達目標や「永続的理解」など具体的な形で示して、それを基盤に評価方法や授業のあり方を決定し、到達研のような回復指導や、「逆向き設計」のように計画的に子どもの興味を引き出すような編成もあるだろう。

　このように系統主義を掲げていても、どの学問を選択し、どの側面から学問の本質に迫り、配列するのかという点は、必ずしも一元的で絶対的なものではない。むしろ、確かな教科内容や教材、子どもの概念の研究や授業研究を基盤とした教師の判断の中では、方法が多様に存在しうるだけでなく、系統主義と経験主義の対立を乗り越え、統合する可能性も示唆されるのである。

〈注〉
(1) Brubacher, J.S., *Modern Philosophies of Education*, McGraw Hill Company, 1939, p.325.
(2) Brameld, T., *Philosophies of Education in Cultural Perspective*, Holt, Rinebart and Winston; New York, 1955, pp.74-76.
(3) Bagley, W.C., "An essentialist's platform for the advancement of American education", *Educational Administration and Supervision*, 1938, Vol.XXIV, pp.241-256.
(4) 小川太郎「教育の落魄」『中央公論』1950年、37頁。
(5) 矢川徳光『新教育への批判』刀江書院、1950年、151頁。
(6) 遠山啓「生活単元学習への批判」『新しい数学教室』評論社、1953年、28頁。
(7) 量の体系は遠山啓『遠山啓著作集 数学教育論シリーズ5』太郎次郎社、1978年を、水道方式は遠山啓『遠山啓著作集 数学教育論シリーズ3』太郎次郎社、1980年を参照。

（8）明星学園国語部『にっぽんご2』むぎ書房、1994年（初版は、1964年）参照。
（9）ビーバーマン，M.「中学、高校の数学に関する1つの新しいプログラム」ヒース，R.W.（東洋訳）『新カリキュラム』国土社、1965年、19頁（原著は1964年）。
（10）Phenix, P.H., "Key Concepts and the Crisis in Learning," *Teachers College Record*, 1956, Vol.58 (3), pp.137-138.
（11）Phenix, P.H., "The Use of the Disciplines as Curriculum Content," *Curriculum Crossroad*, Bureau of Publication; Teachers College, Columbia University, 1962, p.58.
（12）フェニックス，P.H.（佐野安仁他訳）『意味の領域』晃洋書房、1980年、300頁（原著は1964年）。
（13）ブルーナー，J.S.（佐藤祥蔵他訳）『教育の過程』岩波書店、1963年、42頁（原著は1961年）。
（14）ブルーナー，J.S.（田浦武雄他訳）『教授理論の建設』黎明書房、1966年、68頁（原著は1966年）。
（15）広岡亮蔵『教育内容の現代化』明治図書、1967年、155-156頁。
（16）同上書、115頁。
（17）同上書、127頁。
（18）日本教職員組合『教育課程改革試案』一ツ橋書房、1976年、17-18頁。
（19）教育課程審議会『小学校、中学校及び高等学校の教育課程の基準の改善について（答申）』1976年12月18日。
（20）安井俊夫『子どもと学ぶ歴史の授業』地歴社、1977年など。
（21）和井田清司『戦後日本の教育実践――リーディングス・田中裕一――』学文社、2010年など。
（22）吉田和子『フェミニズム教育実践の創造』青木書店、1997年など。
（23）仲本正夫『学力への挑戦』労働旬報社、1979年など。
（24）鈴木秀一・藤岡信勝「今日の学力論における二、三の問題」『科学と思想』新日本出版社、1974年No.16、94頁。
（25）板倉聖宣『仮説実験授業のABC』仮説社、2004年（初版：1977年）、23頁。
（26）向山洋一『跳び箱は誰でも跳ばせられる』明治図書、1982年など。
（27）季刊誌『授業づくりネットワーク』（学事出版、1988年〜）など。
（28）全国到達度評価研究会『だれにでもできる到達度評価入門』あゆみ出版、1989年、36頁。
（29）稲葉宏雄『現代教育課程論』あゆみ出版、1984年、196頁。
（30）佐藤学『「学び」から逃走する子どもたち』岩波書店、2000年、9頁。

(31) 佐藤学『教育の方法（改訂版）』放送大学教育振興会、2004年、119頁。
(32) オズボーン，R.・フライバーグ，P.（森本信也他訳）『子どもたちはいかに科学理論を構成するか』東洋館出版、1988年、75-77頁（原著は1985年）。
(33) 堀哲夫『一枚ポートフォリオ評価』東洋館出版、2013年、参照。
(34) 市川伸一『「教えて考えさせる授業」の挑戦』明治図書、2013年、参照。
(35) 西岡加名恵『教科と総合学習のカリキュラム設計――パフォーマンス評価をどう活かすか――』図書文化、2016年参照。
(36) ウィギンズ，G.・マクタイ，J.（西岡加名恵訳）『理解をもたらすカリキュラム設計――『逆向き設計』の理論と方法――』日本標準、2012年、i頁。
(37) PSSC（山内恭彦他訳）『PSSC物理（上）（下）』岩波書店、1962年（原著は1960年）、およびザケリアス，J.R.「カリキュラム改訂に必要なもの」ヒース、前掲『新カリキュラム』、87-88頁参照。

〈推薦図書〉

稲葉宏雄『現代教育課程論』あゆみ出版、1984年。
臼井嘉一『社会科授業論研究序説』ルック、1995年。
柴田義松『教育課程』有斐閣、2000年。
柴田義松編『教科の本質と授業』日本標準、2009年。
ブルーナー，J.S.（佐藤祥蔵他訳）『教育の過程』岩波書店、1963年。

第5章
教育目標の設定と教育課程

　はじめに

　教育は意図的計画的な営みである。したがって、学校教育においては、全ての子どもたちにどのような力を身に付けさせるのかということを明らかにし、その力を身に付けさせるために意図的計画的に子どもたちに働きかける必要がある。このように、子どもたちを導く方向性を決定づけ、それゆえ教育課程のあり方を大きく決定づけるのが教育目標の設定である。

　戦後教育学の多様な分野において、この教育目標の設定と不可分の問題として議論されてきたのが、学校教育を通じて身に付けさせるべき知識や能力の総体についての議論、すなわち「学力とは何か」という問いである。

　学力という言葉は、学校で育成すべき目標とされる「目標学力」（「理念学力」）を指すほか、テストなどによって計測される「計測学力」、実際に子どもの内部に形成された「実体学力」の意味においても使用される[1]。教育目標の設定に関わる学力モデルにおける学力とは、もちろん「目標学力」を指すものである。

　学校教育を通じて身に付けさせるべき知識や能力を構造的に明らかにしようとする学力モデルは、教育学や心理学等の諸知見を踏まえてつくられるものであるとはいえ、科学的実験によって実証的に裏付けられたモデルではなく、仮説の域を出るものではない。それゆえ、多様なモデルが提唱されており、また

それらを提唱者の主観によるものと批判することもできる。

　しかしながら、それでもなお学力構造をどのように捉えるのかという問題は、教育目標を導き出すことから発問や指示の出し方に至るまで教育実践において影響を与えるものであることが指摘されてきた[2]。教師たちが自らの授業を計画し、実施する指針とすることのできる学力モデルは、終戦直後から追究されてきたのである。

　1990年代後半になると、社会の変化とともに、学力という言葉の範疇にとどまらない、この社会で生きていく人間の全体的な能力としての「資質・能力」を教育目標に位置づける議論が登場する。こうして学力モデル研究は、「資質・能力」モデル研究へと移り変わっている。

　本章では、このような学力モデル、「資質・能力」モデルの研究の展開を検討することによって、教育目標の設定に関わる論点を明らかにすることを目指す。

第1節　教育目標の設定における二つの立場

第1項　「教育と生活の結合」（経験主義）の立場における学力モデル

　戦後の学力論は、教育と生活の結合（新教育、経験主義）と、教育と学問（科学）の結合（系統主義）という二つの教育哲学の立場を背景として論じられたと言うことができる。終戦直後の学力低下論争を契機として、新教育の考え方から学力とは何かを問い直したのは児童・教育心理学者・青木誠四郎である。青木は、それまでのように、読み、書き、計算といった学科の知識そのものの理解を学力と捉えることを知識主義として批判する。そのような知識を実生活の理解に役立てて初めて学習指導の目的を達するとして、「学力を生活の理解力ということを中心として考えるとともに……生活態度というべきものをも、学力として考えなくてはなるまい」[3]と述べる。一方で、言語指導や計算指導などは、用具的学習として知識そのものに通達するために必要であるとした。ここに、生活の理解力、生活態度と、知識そのものに通じるための用具的学習からなる学力の構造を見ることができる。新しい学力の考え方として生

活の理解力と生活態度を提示する青木の考えは、教育と生活の結合という経験主義的な考え方を如実に表すものであった。

その後1953（昭和28）年に、新教育の考えに基づき、態度を中心とした学力モデルを提示したのが広岡亮蔵である。広岡は、戦前戦中の学力が主知主義的であり、被支配的地位にある人々が使用されるための学力であったとする。このような旧時の学力観に対して、広岡は、「"世界を解釈するだけでなく世界を変革しよう"との実践的立場」(4)において、能動的主体的に生活現実（環境）を切り拓いていくための学力の必要性を提唱した。

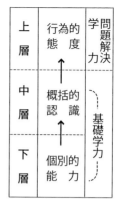

図5-1　広岡の学力モデル1
出典：広岡亮蔵『基礎学力』金子書房、1953年、190頁。
※本講座第5巻第3章図3-1参照。

広岡は、デューイ（John Dewey）哲学における主体と環境の交互作用による「経験の生長」の考えをもとに、アメリカの教育学や教育実践から示唆を得て、客観的事物の本質を取り込んだ主体的能動的な力としての学力構造を提示した（図5-1）。それは、個別的知識と技能を示す「個別的能力」（下層）、個別的な経験を貫く法則を発見する能力である「概括的認識」（中層）、そして「概括的認識」を実感し実現しようとする探究的態度、合理的態度、批判的思考の態度、創造的態度などの「行為的態度」（上層）からなる。下層、中層を基礎学力、上層を問題解決学力とし、下層から上層に向かって一教科に基づくものから超教科的なものになるとされる。

その後、広岡は学力モデルの改訂を幾度か行い、態度を中核とするモデルを提唱する。ここで広岡が強調した点は、技術革新の社会が高い科学的な学力を要求すること、また技術革新下で変化する社会ではいわゆる熟練した能力ではなく適用力に富む転移力が求められるということである。「転移力のある学力は、態度に裏づけられた知識であるときに、初めて成り立つことができる」(5)として、知識・技術と態度の二重層で学力構造を捉え、要素的な知識・技能（外

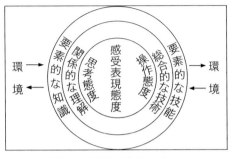

図5-2　広岡の学力モデル2

出典：広岡亮蔵「学力、基礎学力とはなにか」『現代教育科学』1964年2月臨時増刊号、24頁。
※本講座第5巻第3章図3-2参照。

層)、関係的な知識および総合的な技術 (中層) を知識 (技術) 層とし、思考態度、操作態度、感受表現態度 (内層) を態度層とした (図5-2)。

このように、教育と生活の結合の立場における学力モデルの特徴は、主知主義的教育を批判し、態度を学力の中核に位置づけたことに見出される。

第2項　「教育と学問の結合」(系統主義) の立場における学力論

態度を中核とする学力モデルとは対照的に、「認識の能力」を中核とした学力論を提唱したのが教育科学研究会の勝田守一である。教育科学研究会は、戦後の学力低下問題を学問 (科学・芸術) と教育の結合によって、すなわち「現代科学や芸術活動の進展にあわせて教科の教育目標 (内容) を編成しなおす」[6] ことで克服しようとする会であった。

勝田は、人間の能力を社会との関係でカテゴリー化する (図5-3)。すなわち「生産の技術に関する能力」、「労働技術の能力」である「労働の能力」、「人間の諸関係を統制したり、調整したり、変革したりする能力」である「社会的能力」、「科学的能力と呼ばれる自然と社会についての認識の力」である「認識の能力」、「世界に感応しながら、表現し、逆に表現によって感動を豊かにする能力」である「感応・表現の能力」である。その上で、学校は認識という知的能

力を中心に育てる場であるとして、学力を「認識の能力」を主軸として捉えた。ここに、教育と学問の結合を見ることができる。

勝田の主張におけるもう一つの特徴は、計測可能な範囲としての学力規定にある。勝田は、学力を「成果が計測可能なように組織された教育内容を、学習して到達した能力」[7]と定義した。勝田は、学力を計測可能な範囲に規定することによって、合理的で間違いのない指導方法を保障することを意図した。ここには、「学力論を教育目標論と教育評価論の地平に押し出そうとした」[8]意図があることが指摘されている。

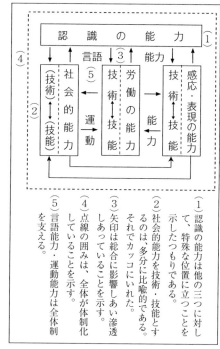

図5-3　勝田の能力モデル
出典：勝田守一『能力と発達と学習』国土社、1964年、50頁。

勝田は詳細な学力モデルを描くに至ってはいないものの、教育と学問の結合の立場における学力論の特徴は、教育改善回路の保障を重視しつつ、科学的能力等の「認識の能力」の育成を核とする点にあると言える。

第3項　二つの立場の統一を試みる学力モデル

（1）「習熟」説

教育と生活の結合、教育と学問の結合という二つの立場における研究は、両者の統一を試みる学力モデル研究へと展開する。教育学者・中内敏夫は、広岡が転移力等を学力モデルに位置づけたことの功績を認めつつも、それが「文化遺産の伝達という教師のしごとを正当に位置づけえない」と批判するととも

図5-4　中内の学力モデル
出典：中内敏夫『増補 学力と評価の理論』国土社、1976年、74頁。（初出1967年）
※本講座第5巻第3章図3-3参照。

に、「知識の有効、無効の問題として処理すべき学力上の問題を、学習主体の心がまえの問題として処理する論法をひらく」(9)として態度主義に陥る危険性を指摘した。

また中内は、勝田の計測可能学力の立場を受け継ぎ、学力を「モノゴトに処する能力のうちだれにでも分かち伝えうる部分」(10)に限定する。そのうえで中内は、範疇・知識・習熟の三要素による学力モデルを提起する（図5-4）。このモデルの特徴は、生き方や思考力、態度といった人格的側面に属する到達目標の形態を、「科学的概念や各種の芸術的形象、そして方法や知識など到達目標の内容をなしているものが学習主体によって十分にこなされた形態」(11)である「習熟」として位置づけた点にある。こうして中内は、人格価値を認識価値の側から一元的に捉えていくことによって、態度主義を克服しつつ、人格的側面を学力モデルに組み込んだのである。

（2）到達度評価研究における学力モデル

学力は計測可能な「認知的能力」だけでなく、人間を人間たらしめている創造性、価値、感情、態度等の「情意的性向」を含むことで初めて子どもの人格形成に作用するものになるとして(12)、両者を統一する学力モデルを追求したのは到達度評価研究を行っていた理論家や実践家たちである。

到達度評価研究を行っていた京都の実践家らは、ブルーム（Benjamin S. Bloom）の「教育目標の分類学」(13)における「認知的領域」「情意的領域」から示唆を得て、認識と情意の形成過程を対応させたモデルを改訂を重ねながら提唱し、その授業展開を追求した（図5-5。京都モデルとも言われる）。中内の「習熟」説においては認識価値と人格価値が一元的に捉えられているのに対して、このモデルは、学力の形成過程を認識形成過程と情意形成過程の二つの側面から捉えたうえで、両者を並行的な相即関係として示している点に特徴があ

第5章　教育目標の設定と教育課程

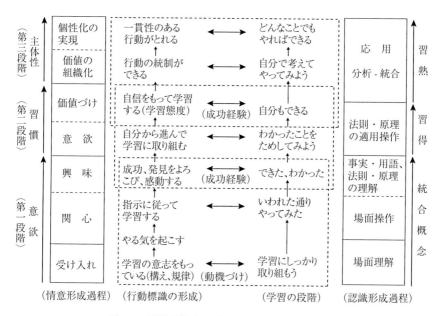

図5-5　到達度評価研究における学力モデル
出典：中原克巳「到達度評価の実践」『現代教育科学』1983年7月号、21頁。

る。

（3）田中耕治による学力モデル

　田中耕治は、中内による学力モデルと、到達度評価研究が提唱する学力モデルを統一する可能性を提起した[14]。田中による学力モデル（図5-6）において、「基本性・認知的要素」は到達目標である。「発展性」は中内による「習熟」概念と同じであり、それは、「基本性」の目標内容自体の高度化を意味するのではなく、認識の質的向上（技能の習熟、応用力、総合力、メタ認知的技能など）を指す。また、「基本性」が詰め込みによる授業、「発展性」が主体的な授業ということではなく、「発展性」はあくまで、問題の質、予想・仮説の質、解決の様相の相違による学び直し、わかり直しの段階を意味するとされる。

　このモデルの固有性は、中内によるモデルと異なり、「基本性・情意的要素」

111

	認知的要素	情意的要素
基本性	A	C
発展性	B	D

①広岡モデルは、認知的要素と情意的要素を学力モデルの中に位置づけたが、その関係については両者は異根と考えたため、態度主義との批判を受けた。
②勝田モデルは、当面の学力研究の焦点を[A]に限定することで、「態度主義」に陥ることを回避し、教科内容研究の進展を促した。
③中内モデルは、[A]が学習者の中で十分にこなされた段階を「習熟」([B][D])と捉え、認識価値と人格価値を一元的に把握しようとした。京都モデルは、[A]・[B]と[C]・[D]が対応・相関関係にあることを示した。

図5-6　田中の学力モデル
出典：田中耕治『学力評価論入門』京都・法政出版、1996年、99頁。

を認めていること、また到達度評価研究によるモデルと異なり、「認知的要素」と「情意的要素」（A−C間、B−D間）は行き来するものとされている点に見出される。この行き来を行う方法として、田中は、「分析と共感」（社会科教育）や「異化と同化」（文学教育）といった認識方法の活用を挙げている。

　以上から、戦後の二つの哲学的立場における教育目標の内容は、以下の視点から規定されてきたことがわかる。すなわち、生活現実（青木は生活の理解力や生活態度を、広岡は生活現実を切り拓くための行為的態度の必要性を説いた）、社会的な需要（広岡は変化する社会における転移力等の必要性から態度を学力の中核とした）、学問、および学校の役割（勝田は学校で育成する学力の中核を科学的能力である「認識の能力」とした）、計測可能性（勝田は教育目標論に教育改善の回路をもつ教育評価論を包含させた）である。その上で、これらの議論を発展させるべく、認識の能力と態度、認知と情意という二つの側面を学力の総体においてどのように統合するかということについて議論されてきたと言える。

第2節 「資質・能力」の育成をめざす教育目標の設定

第1項 諸外国のコンピテンシー研究

(1) DeSeCo キー・コンピテンシー

日本においては、1990年代後半から、教科領域を超えて機能する汎用性の高い「資質・能力」（コンピテンシー）に関する議論が登場する。その契機の一つは、OECD（経済協力開発機構）によるPISA（生徒の学習到達度調査）にあると言えるだろう。いわゆる「PISAショック」によって、知識や技能を再生する力だけではなくそれらを活用する力を育成すべきであるということが認識されたのである。

OECDは、グローバリゼーションと近代化の中で最も重要なコンピテンシーを定義し選択するプロジェクトDeSeCo（Definition and Selection of Competencies）を立ち上げ、キー・コンピテンシーを提唱した。このキー・コンピテンシーは、

表5-1 キー・コンピテンシーの内容とそれが必要な理由

	相互作用的に道具を用いる	異質な集団で交流する	自律的に活動する
必要な理由	－技術を最新のものにし続ける －自分の目的に道具を合わせる －世界と活発な対話をする	－多元的社会の多様性に対応する －思いやりの重要性 －社会的資本の重要性	－複雑な社会で自分のアイデンティティを実現し、目標を設定する －権利を行使して責任を取る －自分の環境を理解してその働きを知る
内容	A　言語、シンボル、テクストを相互作用的に用いる能力 B　知識や情報を相互作用的に用いる能力 C　技術を相互作用的に用いる能力	A　他人といい関係を作る能力 B　協力する能力 C　争いを処理し、解決する能力	A　大きな展望の中で活動する能力 B　人生計画や個人的プロジェクトを設計し実行する能力 C　自らの権利、利害、限界やニーズを表明する能力

出典：ライチェン, D. S.ほか編著（立田慶裕監訳）『キー・コンピテンシー――国際標準の学力をめざして――』明石書店、2006年をもとに筆者作成。

表5-2　PISAリテラシーの定義

読解リテラシー	数学的リテラシー	科学的リテラシー
自らの目標を達成し、知識と可能性を発達させ、社会に参加するために、書かれたテクストを理解し、活用し、深く考える能力	数学が世界で果たす役割を知り理解するとともに、社会に対して建設的で関心を寄せる思慮深い市民として、自らの生活の必要に見合った方法として数学を活用し応用し、より根拠のある判断を行う能力	自然の世界および人間活動を通してその世界に加えられる変化についての理解と意思決定を助けるために、科学的知識を活用し、科学的な疑問を明らかにし、証拠に基づく結論を導く能力

出典：ライチェン, D. S.ほか編著、同上書をもとに筆者作成。

「人生の成功と正常に機能する社会の心理社会的前提条件」[15]から考えられたものである。その特徴は、有利な就職と所得、個人の健康と安全、政治への参加、人間関係といった個人の成功（個人的目標）と、経済的生産性、民主的プロセス、社会的まとまりや公正と人権、環境維持といった社会の成功（社会的目標）の両方を含む点にある。具体的なキー・コンピテンシーは「相互作用的に道具を用いる」「異質な集団で交流する」「自律的に活動する」の三つのカテゴリーからなる（表5-1）。

　これらのキー・コンピテンシーは、特定の状況や目標に応じて組み合わされることが想定されている。また、これら三つのカテゴリーを越えたキー・コンピテンシーの核心には、「思慮深さ（反省性）」が位置づけられている。

　PISAにおける読解リテラシー、数学的リテラシー、科学的リテラシーは、キー・コンピテンシーの一部である（表5-2）。これらは、表5-1における「相互作用的に道具を用いる」能力のうち、「A　言語、シンボル、テクストを相互作用的に用いる能力」（読解リテラシー、数学的リテラシー）、「B　知識や情報を相互作用的に用いる能力」（科学的リテラシー）に対応する（表5-1下線部）。いずれのリテラシーも、社会生活において知識を活用し応用する能力を含んでいる。日本においてこのようなPISAリテラシーが積極的に受容された理由の一つとして、フレイレ（Paulo R. N. Freire）の主張（第1章参照）やユネスコらが創り上げてきた、世界を批判的に読み解き社会を変革していくリテラシー概念への肯定的イメージがあったことが指摘されている[16]（本講座

第5巻第3章参照)。

(2) ATC21s「21世紀型スキル」

産業基盤経済から情報基盤経済への変化に対応するために、2009年1月、ロンドンで開催された「学習とテクノロジーの世界フォーラム」において「21世紀型スキルの学びと評価プロジェクト（Assessment and Teaching of 21st Century Skills Project：ATC21S）」が立ち上がった。そのスポンサーには、シスコシステムズ、インテル、マイクロソフトといったテクノロジー企業がついており、2010年にはオーストラリア、フィンランド、ポルトガル、シンガポール、イギリス、アメリカが参加している。このプロジェクトのターゲットは、「デジタルネットワークを使った学習」および「協調的問題解決」にある[17]。

このプロジェクトにおいて提唱された「21世紀型スキル」は表5-3のとおりである。DeSeCoのキー・コンピテンシーと比較すると「創造性とイノベーション」や「ICTリテラシー」を主項目として含む点が特徴的である。

スカーダマリア（Marlene Scardamalia）ら[18]は、「21世紀型スキル」の新しさが「創発的アプローチ」によるイノベーションや知識創出の優先的位置づけにあるとし、知識創出のためには、教育評価や学習目標から教授方法を導き出す方法ではなく子どもたちが新たな学習目標を発見することのできる「前向き

表5-3　ATC21sの21世紀型スキル

思考の方法	働く方法	働くためのツール	世界の中で生きる
1. 創造性とイノベーション 2. 批判的思考、問題解決、意思決定 3. 学び方の学習、メタ認知	4. コミュニケーション 5. コラボレーション（チームワーク）	6. 情報リテラシー 7. ICTリテラシー	8. 地域とグローバルのよい市民であること（シチズンシップ） 9. 人生とキャリアの発達 10. 個人の責任と社会的責任

出典：グリフィン、P.ほか編（三宅なほみ監訳、益川弘如・望月俊男編訳）『21世紀型スキル――学びと評価の新たなかたち――』北大路書房、2014年をもとに筆者作成。

のアプローチ」が必要であることを説いている。また、アプローチの在り方に関連して、学習科学の知見から、リテラシー教育においてはリテラシー自体を学習活動の目的とするアプローチよりも、協調的な探究に焦点を合わせるアプローチの方が効果的であることに言及している。

　DeSeCoのキー・コンピテンシーと「21世紀型スキル」の共通点として、社会的経済的な要請や、その中でいわば「うまく」生きるという需要からコンピテンシーを定義していることが挙げられる。したがって、単に適応主義に陥るのではなく、これらのコンピテンシーの背後にある人間像を常に議論の俎上に乗せることが肝要であろう。また、「21世紀型スキル」の主張が、「資質・能力」を育成する新たなアプローチを重視していることや、リテラシーの育成のためにリテラシー自体ではなく協調的な探究を主眼とするアプローチを推奨している点は注目される（本講座第5巻第3章参照）。

第2項　日本における「資質・能力」論の展開

（1）様々な「資質・能力」論

　日本においては、これまで、学習指導要領全体の方針として、1989（平成元年）～90年代には自ら学ぶ意欲や思考力・判断力・表現力などを重視する「新しい学力観」を基礎とする「生きる力」、2003（平成15）年には知識や技能に加えて学ぶ意欲や自分で課題を見付け、自ら学び、主体的に判断し、行動し、より良く問題解決する力等を含む「確かな学力」、2008年に学校教育法（第30条第2項）において規定された「学力の三要素」を踏まえた「確かな学力」「豊かな心」「健やかな体」からなる「生きる力」などの「資質・能力」の育成が提唱されている。

　他方、高等教育や社会人の「資質・能力」については、1998（平成10）年の大学審議会答申「21世紀の大学像と今後の改革方策について」における「課題探求能力」、2003年の人間力戦略研究会における「人間力」、2006年の社会人基礎力に関する研究会における「社会人基礎力」、2008年の「学士課程教育」に関する中央教育審議会における「学士力」、2011年の「キャリア教育・職業教育」に関する中央教育審議会答申における「基礎的・汎用的能力」など、さ

まざまな「資質・能力」の育成が提唱されてきた。

松下佳代は、DeSeCoのキー・コンピテンシー等を含め、「生きる力」、「人間力」、「学士力」といった能力を「新しい能力」概念と総称し、それらに共通に含まれる内容として、「基本的な認知能力（読み書き計算、基本的な知識・スキル）」、「高次の認知能力（問題解決、創造性、意思決定、学習の仕方の学習など）」、「対人関係能力（コミュニケーション、チームワーク、リーダーシップなど）」、「人格特性・態度（自尊心、責任感、忍耐力など）」を挙げている[19]。この整理から、「資質・能力」が個別のスキルから汎用的能力までの広範囲を包含するものであることがわかる。一方、本田由紀は、情動的な部分を含むこのような能力の要請について、「『社会』が『個人』を裸にし、そのむき出しの柔らかい存在のすべてを動員し活用しようとする状況に他ならない」[20]として批判している。

（2）国立教育政策研究所の「21世紀型能力」

「資質・能力」を育成する教育課程編成に向けて、国立教育政策研究所は、

図5-7　21世紀型能力

出典：研究代表者 勝野頼彦『社会の変化に対応する資質や能力を育成する教育課程編成の基本原理』国立教育政策研究所、2013年、26頁。
※本講座第5巻第3章図3-5参照。

DeSeCoのキー・コンピテンシーや「21世紀型スキル」をはじめ、諸外国のカリキュラムにおける「資質・能力」の目標について検討し、その中身を、言語や数、情報を扱う「基礎リテラシー」、思考力や学び方の学びを中心とする「認知スキル」、社会や他者との関係やその中での自律に関わる「社会スキル」の三つに整理した。これらを「学力の三要素」や「生きる力」と関連づけ、「思考力」、「基礎力」、「実践力」という「資質・能力」の三つの要素から構成される「21世紀型能力」を提起した（図5-7）。

その後、国立政策研究所は、この「21世紀型能力」に若干の修正を加えたうえで、この「資質・能力」と教科等の内容や探究課題を学習活動でつなぐことによって「生きる力」を育成する「学びのサイクル」を提唱している[21]。

（3）「資質・能力」を踏まえた教育目標とアプローチ

2017年改訂の学習指導要領に向けて開かれた文部科学省の「育成すべき資質・能力を踏まえた教育目標・内容と評価の在り方に関する検討会」においては、「知っている」から「できる、つかえる」へ、すなわちコンテンツ・ベースからコンピテンシー・ベースの教育目標への転換のあり方について議論がなされた[22]。この検討会では、育成すべき「資質・能力」に対応した教育目標・内容について、「ア　教科等を横断する汎用的なスキル（コンピテンシー）等に関わるもの（問題解決、論理的思考、コミュニケーション、意欲等の汎用的なスキルや、自己調整や内省、批判的思考を可能にするメタ認知を含む）」、「イ　教科等の本質に関わるもの（教科等ならではの見方・考え方など）」、「ウ　教科等に固有の知識や個別スキルに関するもの」の3点から構造化することが提起された。このうち「ア」の項目については、問題解決等の汎用的なスキルとメタ認知に焦点を合わせることによって、「資質・能力」を無制限に目標とするのではなく、あくまで学校教育において育成できるレベルで目標設定を行う方向性が示されているという[23]。この提起の特徴は、国立教育政策研究所の「21世紀型能力」と異なり、教科の本質に関わる内容を強調する点に見出される。

他方、この検討会において、松下は、「資質・能力」の形成に「要素的・脱文脈的アプローチ」と「統合的・文脈的アプローチ」という二つが存在すること

を示している。松下によれば、前者は要素に分割された能力から特定のコンピテンシー・モデルを組み立てるものであり、能力を脱文脈的な個人の内的属性と見なすものである。後者は、ある特定の文脈における要求に対して、対象世界、道具、他者との相互作用をとおして、個人の内的属性を結集して応答するものである。松下は、「生成・発達する人間を育てていく観点」から、「統合的・文脈的アプローチ」を推奨している。この主張は、教育目標として位置づけられる「資質・能力」を育成するアプローチの質の重要性を強調するものであると同時に、ニュートラルでバラバラな「資質・能力」のモザイクとしてのコンピテンシー・モデルを持つことへの警鐘として捉えられる。

第3項 「資質・能力」を育成する教育課程

(1) 育成を目指す「資質・能力」の三つの柱

中央教育審議会[24]は、2017年改訂学習指導要領に向けて、学校教育において育成を目指す「資質・能力」の三つの柱を示した。それらは、①生きて働く「知識・技能」の習得、②未知の状況にも対応できる「思考力・判断力・表現力等」の育成、③学びを人生や社会に生かそうとする「学びに向かう力・人間性」の涵養である（図5-8）。これらは、「何を学ぶか」（教科等の内容）、「何ができるようになるか」（資質・能力）、「どのように学ぶか」（主体的・対話的で深い学び（「アクティブ・ラーニング」）の視点）、という三つの視点による学習指導要領改訂の全体の方向性の中に位置づけられる。

「資質・能力」を三要素で捉える点や、「資質・能力」と教科等の内容、学習活動の質と関わりを重視する点は、国立教育政策研究所の「21世紀型スキル」の考えと類似している。この「資質・能力」の三要素は、教育課程の各教科、教科等を越えた全ての学習の基盤、現代的な諸課題への対応の全てに共通する要素とされており、発達に応じてこの三つの柱をもとに目標や内容を再整理する方針が打ち出されている。

(2)「資質・能力」の要素と階層を示すモデル

広範な「資質・能力」を、その階層と要素から精緻に捉えるのは、石井英真

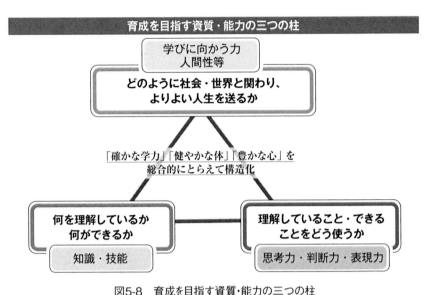

図5-8　育成を目指す資質・能力の三つの柱

出典：中央教育審議会「幼稚園、小学校、中学校、高等学校及び特別支援学校の学習指導要領等の改善及び必要な方策等について（答申）」補足資料（2016年12月21日）。

による「資質・能力」モデル（「学校で育成する資質・能力の要素の全体像を捉える枠組み」）である（表5-4）。階層については、教科等では「知っている・できる」、「わかる」、「使える」（「認知システム」）、「総合学習」では「自律的な課題設定と探究」（「メタ認知システム」）、「特別活動」では「社会関係の自治的組織化と再構成」（「行為システム」）が中核に位置づけられている。この、「認知システム」、「メタ認知システム」、「行為システム」という能力・学習活動の階層レベルごとに、「資質・能力」の要素（目標の柱）として、知識（認識内容：内容知と方法知）、スキル（認知的対話、他者・自己との社会的対話）、情意が明示されている。

　このモデルは、先の「資質・能力」の三つの柱における考えのように「資質・能力」の要素を教育課程のすべての領域においてバランスよく育成しようとするものではない。このモデルは、各領域それぞれの主たる教育目標として意識されるべき「資質・能力」の要素や階層を明示している点において注目される

第5章　教育目標の設定と教育課程

表5-4　学校で育成する資質・能力の要素の全体像を捉える枠組み

能力・学習活動の階層レベル（カリキュラムの構造）	資質・能力の要素（目標の柱）			
	知識	スキル		情意（関心・意欲・態度・人格特性）
		認知的スキル	社会的スキル	
教科等の中での学習 — 知識の獲得と定着（知っている・できる）	事実的知識、技能（個別的スキル）	記憶と再生、機械的実行と自動化	学び合い、知識の共同構築	達成による自己効力感
教科等の中での学習 — 知識の意味理解と洗練（わかる）	概念的知識、方略（複合的プロセス）	解釈、関連付け、構造化、比較・分類、帰納的・演繹的推論		内容の価値に即した内発的動機、教科への関心・意欲
教科等の中での学習 — 知識の有意味な使用と創造（使える）	見方・考え方（原理・方法論）を軸とした領域固有の知識の複合体	知的問題解決、意思決定、仮説的推論を含む証明・実験・調査、知やモノの創発、実践的表現（批判的思考や創造的思考が関わる）	プロジェクトベースの対話（コミュニケーション）と協働	活動の社会的レリバンスに即した内発的動機、教科学習観、知的性向・態度・思考の習慣
教科等の枠づけを自体を決定・再構成する学習（総合学習） — 自律的な課題設定と探究（メタ認知システム）	思想・見識、世界観と自己像	自律的な課題設定、持続的な探究、情報収集・処理、自己評価		自己の思い・生活意欲（切実性）に根差した内発的動機、志やキャリア意識の形成
教科等の枠づけを自体を決定・再構成する学習（特別活動） — 社会関係の自治的組織化と再構成（行為システム）	人と人との関わりや所属する共同体・文化についての意識、共同体の運営や自治に関する方法論	生活問題の解決、イベント・企画の立案、社会問題の解決への参画	人間関係と交わり（チームワーク）、ルールとリーダーシップとマネジメント、争いの処理、合意形成、学びの場や共同体の自主的組織化と再構成	社会的責任や倫理的意識に根ざした社会的動機、道徳的価値観、立場性の確立

※網かけ部分は、それぞれの能力・学習活動のレベルにおいて、カリキュラムのレベルで中心的に意識されるべき目標の要素を示している。
※認知的・社会的スキルに明示示されそれ中心的に意識されるべきレベルごとの対応関係が緩やかであることを示している。
※認知的・社会的スキルの中味については、学校化するに伴って、具体化すべきで、学習指導要領等も参考資料とすべきであろう。情意領域については、評定の対象というより、形成的評価やカリキュラム評価の対象とすべきだろう。
出典：石井英真『今求められる学力と学びとは──コンピテンシー・ベースのカリキュラムの光と影──』日本標準、2015年、23頁。

（表5-4の網かけ部分）。

　また、このモデルについては、認知的要素と情意的要素の相即的な深まりを示す先の田中による学力モデルの発展系にあることや、教科等の内容における「知識」の深さの考えの基盤が、後述するウィギンズらの「知の構造」にあることが指摘されている(25)。以下、各領域における主たる教育目標として焦点化される「資質・能力」の要素と階層を明示するこのモデルの考え方をもとに、教科、「総合的な学習の時間」、「道徳科」および「特別活動」における「資質・能力」の育成を踏まえた教育目標のあり方について検討していく。

(3) 教科における「資質・能力」を踏まえた教育目標の設定──「知の構造」

　ここでは、ウィギンズ（Grant P. Wiggins）とマクタイ（Jay McTighe）による『理解をもたらすカリキュラム設計』(26)において提唱される「知の構造」を取り上げる。この「知の構造」は、先の石井のモデルにおける教科等の内容の基盤となっているものであり、日本においても衆目を集めているものである。この理論は、各教科における原理や一般化される内容の「理解（understanding）」に焦点を合わせることによって、現実世界における学習の意味と、学習したことの現実世界への転移を子どもたちにもたらすことを目指すものである。また、この理論は評価方法を学習と指導の計画の先に考える「逆向き設計」論として知られている。さらに、ウィギンズらは、この理論が学問の内容を系統的に教授する本質主義者と、子どもの探究を重視する進歩主義者との対立を乗り越えるものであると述べている(27)。これらのことから、ウィギンズらの主張は前節において検討した学力モデル研究における視点を包含し、その議論をさらに発展させるものとして捉えられる。

　「理解」を保障するためにウィギンズらが提唱するのが、「知の構造」である（124-125頁の図5-9、図5-10）。この構造では、「知っておく価値がある」内容、「知ること、することが重要」である内容、大人になっても「永続的［に］理解（enduring understandings）」されるべき内容の三つによって知の深さが表されている。「知ること、することが重要」な内容と「永続的理解」は、教科の核となる「重大な観念（big ideas）」に該当するものである。このような教科

の本質的な内容に該当する深い知を教育目標に位置づけることがウィギンズら の主張の特徴と言える。深い知としての「理解」を含む目標設定は、「永続的 理解」と、その理解が答えとなるような一問一答では答えられない問いである 「本質的な問い」を立てることによって行われる。「本質的な問い」は、学問の 本質に対応するものであると同時に生活的な経験からもアプローチできるもの であるため、多様な学習者に教科の本質をつかませる可能性を拓くものと考え られる。

　ウィギンズらは、「理解」は、「説明する」「解釈する」「応用する」「パース ペクティブをもつ」「共感する」「自己認識を持つ」という6側面によって表現 させるものであるとする。これらのうち、「共感する」「自己認識を持つ」など の価値態度が含まれている点は、教科領域に固有の「理解」を通して、認知的 側面と価値態度の側面を統合的に育成する視点をもたらしているといえる。た だし、西岡加名恵[28]が指摘するように、一見、先の中内の「習熟」説に類似 するように思われるこのウィギンズらの「理解」概念は、あらゆる知に伴うも のとされており、「素朴な理解」から「洗練された理解」まで深まるものとさ れている点に特徴がある。

（4）探究する力の育成を目指す「総合的な学習の時間」

　石井のモデル（表5-4）においては、主に「総合学習」において意識される べき教育目標の要素として、認知的スキルとしての「自律的な課題設定、持続 的な探究、情報収集・処理、自己評価」、社会的スキルとしての「プロジェクト ベースの対話（コミュニケーション）と協働」、情意的要素としての「自己の 思い・生活意欲（切実性）に根差した内発的動機、志やキャリア意識の形成」 という三つが示されている。教科における教育目標とは異なり、ここでは、知 識よりもむしろ、自己の問題意識に基づく探究の力としての認知的スキル、社 会的スキル、情意に焦点が合わせられていることがわかる。

　また、西岡は、「総合的な学習の時間」における活動を教科横断的な問題解 決のサイクルとしてとらえたうえで、育成すべき六つの能力として、探究の ための六つの力を提案している[29]。すなわち、課題の質を問う「課題設定力」、

	事実的知識	個別的スキル	
	事実： **K** [=knowledge] ・事実上、宣言的 ・「理論」がもとづいている、明白で受容された「真実」 ・転移しない	スキル： **S** [=skills] ・事実上、手続的 ・単純で、個別的な手続 ・より大きな目標にむけた手続 　（例　試合の用意のための副次的な反復練習） ・限られた転移	[知っておく価値がある]
重大な観念	転移可能な概念	複雑なプロセス	
	概念： ・事実上、宣言的 ・単語や短い語句で述べられた抽象的な知的構成概念 ・トピックや文脈を超えて転移可能	プロセス： ・事実上、手続的 ・意図された結果を到達するためのスキルの複雑な組合わせ ・学問の中で（時には学問を超えて）転移可能	[知ること、することが重要]
	原理（principles）や一般化（generalization）		
	原理と一般化：　　　　　　**U** [=understandings] ・二つ以上の概念をつなぐ抽象概念 ・転移可能――事実、スキル、概念、プロセスの意味を了解するのを助ける 理解： ・私たちが学習者に理解するようになってほしい原理や一般化を表現する、完全な文の形で叙述されたもの ・「看破」が必要になる、明白ではなく重要な推論		[永続的理解]

図5-9　「知の構造」

出典：McTighe, J. & Wiggins, G., *Understanding by Design: Professional Development Workbook*, ASCD, 2004, p.65（ここでは西岡加名恵『教科と総合学習のカリキュラム設計――パフォーマンス評価をどう活かすか――』図書文化、2016年、52頁の訳を掲載）。

第5章　教育目標の設定と教育課程

	トピック：	第二次世界大戦	
	事実的知識	個別的スキル	
	事実：　　　　　　　　Ⓚ ・ヒトラーの台頭 ・戦前・戦中の合衆国公衆の世論 　（孤立か介入か） ・ドイツとの融和と摩擦 ・パールハーバーと日本との摩擦 ・同盟の形成 ・鍵となる戦闘と軍事的戦略 ・技術と交戦状態の変化 ・戦争中の日本人の強制収容 ・国家経済への戦争の影響 ・降伏の合意	スキル：　　　　　　　　Ⓢ ・ノートを取る ・年表を作る ・歴史的な文書を読み、分析する ・地図・グラフ・図を解釈する ・因果関係を分析する ・視点を討論する ・過去と未来について仮説を作る	
	転移可能な概念	複雑なプロセス	
重大な 観念	概念： ・融和 ・孤立主義 ・同盟 ・「正当な」戦争 ・戦争における手段か目的か 　（例　原子爆弾） ・戦争の「ビジネス」 　—経済への影響 ・「鉄砲かバターか」	プロセス： ・歴史的な探求 ・知らせたり説得したりするた 　めの文書を書く	
	原理や一般化		
	原理と一般化：　　　　　　　　　　　　　　　　　Ⓤ ・戦争の中には「正当な」戦争だとみなされるものがある。 　なぜなら、人々が悪い敵に立ち向かわなくてはならない 　と信じるからである。 ・交戦状態は、民主主義政府が市民に対する関係の取り 　方における変化をもたらす。 ・交戦状態は、経済的・技術的因果関係を持つ。 ・国際的な摩擦はしばしば、孤立か国家主義か、また介入 　か関わりかに関して、強い不合意をもたらす。		

図5-10　「知の構造」

出典：McTighe, J & Wiggins, G., op cit., p.66（ここでは西岡、同上書、53頁の訳を掲載）。

探究を深めていくための「論理的思考力」と「資料収集力」、「協働する力」、自律的・自立的な探究力を身につけさせるための「自己評価力」、そして資料収集や分析に必要な「教科の基礎的な知識・スキル・理解」である。とくに、「課題設定力」について、課題を見つけることのみに力点を置くのではなく課題の質を問うことを提起している点や、探究中の必要な場面で織り込まれるべき「教科の基礎的な知識・スキル・理解」の獲得を重視している点は特徴的である（本講座第5巻第5章参照）。

（5）価値観の形成と自立・協同を目指す「道徳科」、「特別活動」
　2015（平成27）年3月一部改正の学習指導要領において、道徳教育は「特別の教科　道徳」（以下「道徳科」）を中心として行われることとなった。「道徳科」における教育目標の主眼は、道徳的な価値観の形成やそれに基づく生き方に関わる見方や考え方等の形成にある[30]。ただし、それは所与のものとしての価値観の理解へ到達することを意味するものではない。「道徳科」の学習において重要なことは、子ども自身が、ある問題状況を多様な視点から考えることを通してよりよい価値判断を追求するプロセスであり、その追求を通して子ども一人ひとりがものの見方や考え方を深めていくプロセス自体である（第8章参照）。
　一方、「特別活動」においては、価値観や生き方に関する自覚、能力等を、集団や社会における活動を基盤として形成することが教育目標の焦点となる。集団を基盤とした取り組みのなかで、自立と協同という価値や、集団の一員として活動するための様々な能力を育成することが要となる（第8章参照）。
　石井によるモデルでは、「特別活動」において主に意識されるべき教育目標の要素が、社会的スキルとしての「人間関係と交わり（チームワーク）、ルールと分業、リーダーシップとマネジメント、争いの処理・合意形成、学びの場や共同体の自主的組織化と再構築」、および情意面としての「社会的責任や倫理意識に根ざした社会的動機、道徳的価値観・立場性の確立」から捉えられている。教科や「総合的な学習の時間」における教育目標とは区別され、知識や認知的スキルよりも、社会的スキルや情意面を教育目標の柱としている点にこ

の領域の教育目標設定の特徴があろう。

（6）教育目標の設定に関する留意点

本節の検討を踏まえた上で、「資質・能力」を踏まえた教育目標の設定に関する留意点をまとめておきたい。まず、「資質・能力」を踏まえた教育目標の内容を規定する視点に関しては、社会的経済的な需要を無批判に前提とするのではなく、そのような需要から求められる「資質・能力」の背後にある人間像を問う必要がある。また、あくまで学校教育において育成すべき「資質・能力」を限定することにより、学校の役割を明確にすることが求められる。これらの点は、戦後の学力モデルにおける論点と重なるものである。加えて、「資質・能力」の多様な質を明らかにする科学的知見を踏まえることが求められよう。

教育目標の内容に関しては、教育課程の各領域において焦点化されるべき「資質・能力」を意識することが重要となる。その際、「資質・能力」の要素だけでなく各要素の深さを顧慮することが肝要となろう。また、「資質・能力」（コンピテンシー）と教科等の内容やその本質（コンテンツ）との統合のあり方を追究する必要がある。さらに、「資質・能力」の発達のプロセスを顧慮することが求められる。

「資質・能力」の育成に関しては、コンピテンシーは特定の文脈において世界や他者との関わりの中で発揮される、というコンピテンシー観に基づいたアプローチのあり方を検討することが重要である。また、創造的に働く能力の育成のためには、子ども自身が目標を発見することのできる新たなアプローチが求められる。さらに、教育目標の内容自体よりも協調的な探究に焦点を合わせるアプローチの効果を実証する知見に注目すべきであろう。

おわりに

教育目標の設定は、公教育としての教育課程全体において、また各領域において、何をどのように育成するのかということについての非常に現実的な検討が求められる問題である。しかしながら、教育目標の設定に関わる議論が徐々に、学校で学ぶことと社会生活や日常生活を生きていくこととの断絶を克服

し、人間が生きていく力の全体を視野に入れつつあることをふまえるとき、現実的な検討の一方で、人間が生きるとはどのようなことか、その中でどのように学習し、発達するのか、といった根底的な見解を絶えず問い直すことによって、教育目標の内容をより本質的なものとしていくことの重要性が認識されよう。

〈注〉
(1) 安彦忠彦『「コンピテンシー・ベース」を超える授業づくり──人格形成を見すえた能力育成をめざして──』図書文化、2014年、108-109頁。
(2) 中内敏夫『学力と評価の理論』国土社、1978年（初版1971年）。
(3) 青木誠四郎「学力の新らしい考え方」青木誠四郎編『新教育と学力低下』原書房、1949年、15頁。
(4) 広岡亮蔵『基礎学力』金子書房、1953年、165頁。
(5) 広岡亮蔵「学力、基礎学力とはなにか──高い学力、生きた学力──」『別冊　現代教育科学』臨時増刊号、1964年2月、26頁。
(6) 中内敏夫『学力とは何か』岩波書店、1983年、193頁。
(7) 勝田守一ほか「誌上パネル　学力とはなにか」『教育』(7) 1962年、24頁。
(8) 田中耕治「『学力』という問い──学力と評価の戦後史からの応答──」『教育学研究』第70巻第4号、2003年12月、475頁。
(9) 中内、前掲『学力と評価の理論』51-52頁。
(10) 同上書、54頁。
(11) 中内敏夫「教育の目標・評価論の課題」『教育』1977年7月号。
(12) 稲葉宏雄「到達度評価研究の今日的課題〔1〕　到達目標をめぐる諸問題」『到達度評価研究ジャーナル』第1号、1980年。
(13)「教育目標の分類学」については、Bloom, B. S. (ed.), *Taxonomy of Educational Objectives. Handbook 1: Cognitive Domain.* New York: David Mckay Co., 1956. および Krathwohl, D. R. and others, *Taxonomy of Educational Objectives. Handbook 2: Affective Domain.* New York: David Mckay Co., 1964 を参照。
(14) 田中耕治「学力モデル再考」兵庫教育大学大学院教育方法講座編『授業の探究』第4号、1993年、7-22頁。
(15) ライチェン, D.S.ほか編著（立田慶裕監訳）『キー・コンピテンシー──国際標準の

学力をめざして——』明石書店、2006年、204頁。
(16) 松下佳代「PISAリテラシーを飼いならす」『教育学研究』第81巻第2号、2014年、14-27頁。ただし松下は、PISAリテラシーが、ジルー（Henry Armand Giroux）の「批判的リテラシー（critical literacy）」論へと展開するフレイレらのリテラシー概念とは異なり、「内容知識やポリティクスの視点を捨象し、グローバルに共通すると仮想された機能的リテラシー」であると指摘している。
(17) グリフィン，P.ほか編（三宅なほみ監訳）『21世紀型スキル——学びと評価の新たなかたち——』北大路書房、2014年。
(18) スカーダマリア，M.ほか「知識構築のための新たな評価と学習環境」同上書、77-157頁。
(19) 松下佳代編著『〈新しい能力〉は教育を変えるか——学力・リテラシー・コンピテンシー——』ミネルヴァ書房、2010年、2頁。
(20) 本田由紀『多元化する「能力」と日本社会——ハイパー・メリトクラシー化のなかで——』NTT出版、2008年、32頁（初版2005年）。
(21) 国立教育政策研究所編『資質・能力［理論編］』東洋館、2016年。
(22) 育成すべき資質・能力を踏まえた教育目標・内容と評価の在り方に関する検討会「論点整理」2014年3月31日。
(23) 西岡加名恵『教科と総合学習のカリキュラム設計——パフォーマンス評価をどう活かすか——』図書文化、2016年、40-41頁。
(24) 中央教育審議会「幼稚園、小学校、中学校、高等学校及び特別支援学校の学習指導要領等の改善及び必要な方策等について（答申）」(2016年12月21日)。
(25) 西岡、前掲『教科と総合学習のカリキュラム設計』71頁。
(26) この理論については Wiggins, Grant & McTighe, Jay, *Understanding by Design* (2nd Edition). Virginia: Association for Supervision and Curriculum Development, 2005.（ウィギンズ，G.・マクタイ，J.（西岡加名恵訳）『理解をもたらすカリキュラム設計』日本標準、2012年）を参照。
(27)「日本の読者へのメッセージ」同上書、i頁。
(28) 西岡、前掲『教科と総合学習のカリキュラム設計』44頁。
(29) 同上書、61-67頁。
(30) 中央教育審議会は2017年改訂学習指導要領における道徳科の目標について、2015年の一部改正で規定された目標「道徳的諸価値についての理解を基に、自己を見つめ、物事を（広い視野から）多面的・多角的に考え、自己の（人間としての）生き方についての考えを深める学習を通して、判断力、心情、実践意欲と態度を育てる」を踏襲すると

している（中央教育審議会、前掲答申）。

〈推薦図書〉

石井英真『今求められる学力と学びとは――コンピテンシー・ベースのカリキュラムの光と影――』日本標準、2015年。

グリフィン，P.ほか編（三宅なほみ監訳）『21世紀型スキル――学びと評価の新たなかたち――』北大路書房、2014年。

田中耕治『教育評価』岩波書店、2008年。

西岡加名恵『教科と総合学習のカリキュラム設計――パフォーマンス評価をどう活かすか――』図書文化、2016年。

松下佳代編著『〈新しい能力〉は教育を変えるか――学力・リテラシー・コンピテンシー――』ミネルヴァ書房、2010年。

ライチェン，D.S.ほか編著（立田慶裕監訳）『キー・コンピテンシー――国際標準の学力をめざして――』明石書店、2006年。

第6章
教科における教育課程

はじめに

　前章までの理論的な検討を踏まえて、本章では、各教科における実際の教育課程編成を検討する。各教科にはそれぞれ固有の教育内容や見方・考え方があり、教育課程の編成はこうした教科の中核を意識しながら行われる。そして、その教育課程を編成する際に重要なのが「単元」の設計、すなわち、一つの目標や主題を扱う複数回にわたる授業のまとまりの設計である。複数回の授業を単元として適切に構造化することで、教育内容の深い学習が保障できる。さらに、そのように構成された各単元を学期や学年という長期的な教育目標と結びつけられれば、全体として一貫性のある教育課程が編成できるのである。

　単元設計においては、教育課程編成の基本的な原理である「タイラー原理」（第1章参照）の四つの問い（①学校はどのような教育目的を達成するように努めるべきか。②どのような教育的経験を用意すれば、これらの目的は達成できるか。③これらの教育的経験は、どのようにすれば効果的に組織できるか。④これらの目的が達成されているかどうかは、どのようにすれば判定できるか）[1] を考えることが基本になる。言い換えれば、教育目標、学習の内容や配列、評価を、一貫させて単元を計画するのである。

　学校での教育課程編成においてこれらの一貫性は、「学習指導案」の作成を通して調整されてきた。学習指導案の様式には様々なバリエーションが存在す

るが、単元の教育目標、教育内容、学習活動と指導、評価についての記述項目は共通して含まれている。

　また、2017（平成29）年の学習指導要領改訂においては、育成を目指す資質・能力を定めた上で「何を学ぶか」「どのように学ぶか」「子供一人一人の発達をどのように支援するか」「何が身に付いたか」といった視点から教育課程を編成することが重視されている（第2章参照）が[2]、これはつまり、育成する資質・能力を教育目標として定めた上で、それに沿って教育内容を選択して組織し（何を学ぶか）、学習活動と指導を計画し（どのように学び、発達を支援するか）、学習成果を見通して評価を設計する（何が身に付いたか）重要性を強調している。つまり、教育目標、教育内容、学習活動と指導、評価を相互に関連させながら教育課程を編成し実践することで、全体の教育目的をより高いレベルで達成するための教育課程が編成できるのである。

　気をつけたいのは、これらの観点が教育課程を編成する手順を示すものではない点である。これまで多くの学校現場では、教育目標、指導と学習、そして評価の順で教育課程が構想されてきた。タイラー原理においても、目的の次に教育的経験の選択に関する問いが置かれている。しかしながら、育成する資質・能力に注目して「何ができるようになるか」を重視するとき、教育目標に対応する評価の役割が必然的に強調される。目標に照らし合わせて最終的な学習成果を適切に評価しなければならないためである。そして、この目標と評価をつなぐように、望まれる学習成果を実現するための学習と指導が設計されるのである。このことを改めて明確にしたのが、ウィギンズ（Grant P. Wiggins）とマクタイ（Jay McTighe）の「逆向き設計」論であった。（第5章参照）。

　したがって、本章においては、教育目標の設定、評価の計画、学習と指導の構想という順で単元設計を検討する。その上で、複数の単元の構造化による教科全体の教育課程編成についても検討を加える。具体例を挙げながらこの作業を行うことを通して、教育目標、評価、学習と指導とを一貫させる教育課程編成の要点を明らかにし、その重要性を改めて検証したい。

第6章　教科における教育課程

第1節　教育目標の設定

第1項　学習指導要領と目標分析

　教科書や参考書の内容をすべて講義しようとすると、一つひとつの事柄にかける時間が短くなる。そうすると取り上げる事柄の関連性が十分に語られず、児童・生徒は断片化された知識を暗記するだけになってしまう。こうした授業は、決して珍しくない。他方、様々な興味深い活動を行うものの、児童・生徒はその活動を楽しむだけで学習上の意味を明確に認識していない授業がある。これらの2種類の授業は対極に位置するように見えるかもしれない。しかしながら、そこには通底する問題点がある。それは、どちらの授業も、最終的に学びとるべき中核的な概念や考え方が明らかになっていない点である。ウィギンズとマクタイはこの問題を「設計における双子の過ち（the twin sins of design）」[3]と呼ぶ。この問題を回避するためには、教科の中核にあって必ず学ばなくてはならない事柄を意識して単元の教育目標を設定し、学習者に求められている結果を明確にする必要がある。

　現実的に単元の教育目標を設定する際には、教育課程の基準として文部科学省が告示している学習指導要領を参照する。学習指導要領には各教科および各学年の教育目標と内容が記されているが、こうした文言をそのまま教育目標として据えれば済むわけではない。その目標や内容に則りながら、児童・生徒の実態や教材の条件などを考慮し、さらには学習活動や評価と一貫性を保つように単元の教育目標を設定しなければならない。

　たとえば、小学校6年生理科では、水溶液について次のような目標と内容がある[4]。

（目標）
燃焼、水溶液、てこ及び電気による現象についての要因や規則性を推論しながら調べ、見いだした問題を計画的に追究したりものづくりをしたりする活動を通して、物の性質や規則性についての見方や考え方を養う。

（内容）
水溶液の性質：いろいろな水溶液を使い、その性質や金属を変化させる様子を調べ、水溶液の性質や働きについての考えをもつことができるようにする。
　ア　水溶液には、酸性、アルカリ性及び中性のものがあること。
　イ　水溶液には、気体が溶けているものがあること。
　ウ　水溶液には、金属を変化させるものがあること。

　ここから単元の重点目標を立てる際、第5章で述べた「知の構造」図（124-125頁の図5-9、図5-10）が役に立つ。単元の学習内容を「知の構造」図に当てはめて整理すると、より本質的で重要な教育目標が設定できる。教育目標になるのは、個別具体的な知識やスキルである「事実的知識」や「個別的スキル」ではなく、より汎用性が高い「転移可能な概念」や「複雑なプロセス」、さらには「永続的理解」にあたる「原理や一般化」に当てはまる事柄である。
　水溶液の性質について言えば、塩酸にアルミニウムが溶けて別の物質に変わるといった各事象は「事実的知識」であり、その実験においてピペットを用いるなどの操作は「個別的スキル」である。酸性、アルカリ性、中性、気体、溶解、混合などは「転移可能な概念」であり、水溶液の性質を推論し検証するための実験の計画や実行は「複雑なプロセス」と言える。こうした学習を通して、最終的にはたとえば「水溶液には、酸性、アルカリ性及び中性のものがある。水溶液には、気体が溶けているものがある。水溶液には、金属を変化させるものがある」などの「永続的理解」が設定できる。
　このような教育内容の性格やレベルの整理を通して、「事実的知識」を正確に認識できるだけではなく、事柄を関連づけ、それらを貫く原理すなわち「永続的理解」を学びとる重要性も理解できるのである。

第2項　教材研究

　教育目標の分析や設定は、現実的には学習指導要領などの基準となる文章を検討するだけでは不十分である。教科書の分析はもとより、単元の内容に関係する専門書や一次資料の収集・検討や、日常的に授業で使えそうな素材の収集を通して、単元で扱う内容について教師自身が理解を深める必要がある。こう

した作業は「教材研究」と呼ばれ、授業づくりに不可欠なものとしてこれまでも多く行われてきた。

　教材研究では、研究対象である「教材」をより厳密に分析し開発するために、「教科内容」「教材」「教具」という三つのレベルを区別する。教科内容は、最終的に児童・生徒に身につけさせたい知識・スキル（技能）である。教材は、児童・生徒が直接学習する対象となる具体的な事柄や現象を指す。教具は、その教材に使われている物である。水溶液の例であれば、「教科内容」は、学習指導要領に記されているア～ウの内容（ア：水溶液には、酸性、アルカリ性及び中性のものがあること。イ：水溶液には、気体が溶けているものがあること。ウ：水溶液には、金属を変化させるものがあること。）が相当する。「教材」として、塩酸にアルミニウムが溶けて別の物質に変わるといった現象、そして「教具」として塩酸やアルミニウムなどがある。こうした分類は、その単元の学習において必ず言及しなければならない不可欠な部分と、変更や置き換えが可能な部分との選択を可能にする。換言すれば、「教育内容」を効果的に学ぶために「教材」を微調整したり差し替えたりして、新たな「教材」が生み出せるのである。

　教材研究には、互いに補完し合う二つの方向性がある。一つは、上述したように教科の目標や「教育内容」の要点を把握して「教材」をつくりかえていく方向性であり、「教材開発」と呼ばれる。しかしながら、常に教材に先立って教育内容が確定しているわけではない。教科書など既存の教材や、有意義な学習につながりそうな素材があるときに、その教材をとりあげて、教科の本質や系統性、その授業の位置づけなどを鑑みてその教材がもつ教科内容を捉え直す場合がある。このように、「教材」から「教科内容」を分析し設定する方向性が二つ目の方向性であり、「教材解釈」と呼ばれる。教材研究は、「教材開発」と「教材解釈」の二つのアプローチによって、教科内容と教材を往復しながら行われる。そうすることで教材が、具体的で学習者にイメージしやすいものになると同時に、教科内容を的確に表し、それに取り組むことで自ずから教えたい内容が身につくものになる。このような教材の開発が、明確な目標設定と表裏一体で行われるのである。

第2節　総括的評価の計画

第1項　様々な評価方法

　教材研究によって教育目標を明確化し、最終的な学習成果がイメージできたら、次に、そのような成果が達成されたかどうかを判断するための方法を考えたい。すなわち、評価計画である。学力評価の方法には様々なものがあり、西岡は、複雑さと筆記か実演かという二軸で多様な評価方法を整理している（図6-1）。筆記による最も単純な評価は「選択回答式（客観テスト式）」であり、これは○と×で採点できる種類の問題である。「自由記述式」になると複雑さが増し、さらに複数の知識やスキルを総合して使う課題を「パフォーマンス課題」と呼ぶ。実演による評価についても同様に、発問に対する応答など単純な「活動の要素の点検項目」があり、少し複雑になると、単一の実験操作や運動スキルなどの「実技テスト」がある。こうした様々な評価法の特徴を踏まえた上で、複数の方法を組み合わせて使う必要がある。

　たとえば、個別具体的な知識やスキルの習得を確認するためには、単純な筆記テストや実技テストが適している。しかしながら、そうした知識やスキルを実際の日常生活で活用できるかどうかを確かめるためには、それに応じた評価方法をとらなくてはならない。そこで浮上するのが「パフォーマンス評価」である。パフォーマンス評価は、単純な知識の再生ではなく、知識の応用や総合を求める評価である。アメリカにおいて選択回答式の標準テストを批判する中で主張されるようになったという背景から、「選択回答式（客観テスト式）」以外の評価方法の総称としてこう呼ばれる。

第2項　パフォーマンス課題

　知識やスキルを総合して用いるパフォーマンス評価がその有用性を最も発揮するのが、教科の本質的な原理や概念に関する理解を評価しようとするときである。特に、単元の中核にある「永続的理解」（第5章参照）を評価するよう

第6章　教科における教育課程

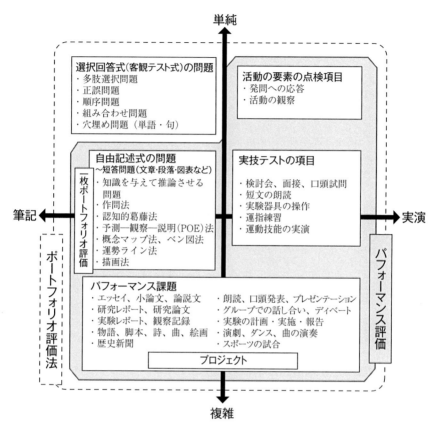

図6-1　学力評価の様々な方法

出典：西岡加名恵『教科と総合学習のカリキュラム設計――パフォーマンス評価をどう活かすか――』図書文化、2016年、83頁。

な、ある程度まとまった時間をかけて取り組む複雑な課題を「パフォーマンス課題」と呼び、これがパフォーマンス評価の最たるものと言える。

　パフォーマンス課題では、最終的に単元の「永続的理解」が学習されたかどうかが評価されるが、その理解に導く「本質的な問い」を学習者自身が問わざるを得ないようなシナリオが設定される。再び水溶液を例に挙げると、「水溶液の性質とはどのようなものか？」という「本質的な問い」が立てられる。た

だし、その問いが直接的に課題として児童・生徒に提示されるのではない。そうではなくて、取り組む中で各児童・生徒が「本質的な問い」を問うようなシナリオを作り、そのシナリオが課題になるのである。

シナリオを作る際には、パフォーマンスを行う「目的」、課題に取り組む中で児童・生徒が担う「役割」、パフォーマンスを行う「相手」、想定されている「状況」、生み出すべき「作品」、評価の「観点」や基準という六つの要素を考える[5]。表6-1には、「本質的な問い」と「永続的理解」、ならびにそれらと対応するパフォーマンス課題の例を挙げている。どちらの例も、現実的な状況や相手が設定されており、関連する知識やスキルを織り込んで「本質的な問い」に迫る課題であると同時に、児童・生徒の興味を十分に引きつける課題でもある。しかしながら、評価課題にとって重要なのは、課題の興味深さよりも、その課題が評価に値する適切な証拠を提供しているかどうかである。興味深く思

表6-1 「本質的な問い」「永続的理解」とパフォーマンス課題の例

① 小学校6年生：理科

「本質的な問い」： 水溶液の性質とはどのようなものか？ 環境を守るには、どうすればよいか？	「永続的理解」： 水溶液には、酸性、アルカリ性及び中性のものがある。水溶液には、気体が溶けているものがある。水溶液には、金属を変化させるものがある。環境を守るためには、水溶液の性質を理解しておく必要がある。

パフォーマンス課題：「地球の水を守ろう——普段の生活で気を付けたいこと」
あなたは、「子ども科学者」です。「水溶液の性質って？」で学んだことをもとにして、次の三点について「理科パンフレット」を作り、それを使って5年生に「地球の水を守ろう」ということについて説明してください。
・水溶液の性質について。
・お風呂洗剤などに「混ぜるな危険」とあるのはどういうことか。
・地球の水を守るため、普段の生活で気をつけなければならないことはどんなことか。

出典：井口桂一「『水溶液の性質って？』でパフォーマンス課題をデザインする」田中耕治編著『パフォーマンス評価——思考力・判断力・表現力を育む授業づくり——』ぎょうせい、2011年、93頁。ただし、「本質的な問い」は西岡、前掲書、86頁より引用。また、「永続的理解」は、井口、同上書をもとに筆者が作成。

② 中学校3年生：社会科

「本質的な問い」： どんな経済問題があるのか？ その原因は何か？ どうすれば問題を解決できるのか？	「永続的理解」： 経済問題には、格差や貧困などがある。経済問題は、家計、市場経済、企業、金融が関わって起こっている。問題解決の方法には、市場価格の決定、企業や金融の配慮、社会保障の強化などが考えられる。

パフォーマンス課題：「経済政策を提言しよう！」
あなたは国会議員です。まもなく衆議院議員選挙が行われます。テレビFYでは選挙に向けて、経済政策に関する連続討論番組を行うことになりました。番組では、それぞれのテーマについて、考え方の違う経済政策を主張する議員が登場し、それぞれの政策を主張する討論会を行います。テーマは次の3種類です。
1．経済格差の縮小〜ワーキングプアの問題〜
　　A：さらなる自由競争を進める　　B：社会保障を強化する
2．環境政策
　　A：温暖化防止を最優先にする　　B：国際競争に打ち勝つことを優先する
3．食料政策
　　A：貿易の自由化をさらに強化　　B：食料生産を保護して食料自給率を向上
まず、自分が"国会議員"として登場したいテーマを選び、
(1)「何が問題なのか、その問題を生じさせている原因は何か」を社会のしくみから解説します。
(2) (1)の解説とともに、「どうすれば、問題を解決できるのか」の政策提言を行います。そして、
(3) 同じ問題に対して別の提言を行っている議員と論争するとともに、番組に参加している一般の視聴者からの意見や質問に答えてください。
(4) 最後に、討論会の後にその内容を生かし、必要な修正を加えて政策提言レポートを完成させてください。

出典：三藤あさみ「パフォーマンス課題に向けた指導のポイント――単元「経済」を中心に――」三藤あさみ・西岡加名恵『パフォーマンス課題にどう取り組むか――中学校社会科のカリキュラムと授業づくり――』日本標準、2010年、30-32頁。「本質的な問い」は西岡、同上書、86頁より引用。また、「永続的理解」は、三藤、同上書をもとに筆者が作成。

考を刺激する評価方法は、学習の成果を引き出すために必要ではあるが、評価方法を選択する決定的な要因ではない。評価方法は、主に児童・生徒の興味を念頭において設計されるべきではなく、求められる結果の達成を示す証拠が得られるように設計しなければならないのである（本講座第5巻第5章参照）。

第3項　ルーブリックの利用

　パフォーマンス課題を取り入れた際に、最も悩ましいのが採点だろう。パフォーマンス課題で生み出された作品は、○か×かでは採点できない。そのため、採点指針としてルーブリックが用いられる。

　ルーブリックとは、成功の度合いを示す数レベル程度の尺度と、それぞれのレベルに対応するパフォーマンスの特徴を記した記述語からなる評価基準表である。たとえば、上述した①のパフォーマンス課題で用いられたルーブリックは表6-3のようなものである。

　表6-3はこの課題だけを対象とした「特定課題ルーブリック」であるが、その他のルーブリックとして、次のようなものがある。

〈評価の観点について〉
・全体的ルーブリック…包括的に評価する
・観点別ルーブリック…複数の観点を設定して分析的に評価する

〈汎用性について〉
・特定課題ルーブリック…特定の課題だけで用いられる
・特定教科ルーブリック…特定の教科内容（理科の実験、数学的論証等）
・特定ジャンルのルーブリック…特定のジャンル（口頭発表、レポート等）
・一般的ルーブリック…多種類のパフォーマンスに適用できる

〈用いられる場面や期間について〉
・特定場面ルーブリック…特定の課題・内容・文脈に対応する
・長期的／発達的ルーブリック…長期的な成長を評価する

　こうした多様性を念頭に置けば、重要なのはルーブリックを完成させようとすることよりも、どの時点でどのようなルーブリックを用いるのか、すなわち児童・生徒のどのような能力をどのような期間で育成し評価していくのかを確認する点にある。ルーブリックはこれらの点について教師同士、教師と児童・生徒、児童・生徒同士、その他関連する人達が共通に認識しておくためのツールなのである。

　たとえば、パフォーマンス課題で評価しようとする思考力・判断力・表現力と

表6-2　ルーブリックの例

レベル	パフォーマンスの特徴
3	○水溶液の性質について、リトマス紙やBTB液によって酸性、アルカリ性、中性に分けられること、二酸化炭素など気体が溶けている水溶液や、塩酸など金属を変化させる水溶液があることをまとめている。 ○「混ぜるな危険」について、いろいろな水溶液を混ぜると有毒なガスが出る可能性があり危険なことや、混ぜると水溶液の性質が変わる可能性があることなどに関して自分の考えをまとめている。 ○「地球の水を守ろう」について、家庭排水にも気を付けないと川や海を汚す恐れがあることや、地球温暖化の原因となる二酸化炭素が多くなるとそれが海水に溶け性質が酸性となり海の生物にも影響が出ることなど、水溶液の性質と環境とのかかわりについて自分の考えをまとめている。 ◎水溶液について伝える意識をもち、わかりやすく説明をして、質問にもしっかりと受け答えしている。
2	○水溶液の性質について、酸性、アルカリ性、中性に分けられること、気体が溶けている水溶液や、金属を溶かす水溶液があることをまとめている。 ○「混ぜるな危険」について、いろいろな洗剤を混ぜると有毒なガスが出る可能性があり危険だということをまとめている。 ○「地球の水を守ろう」について、家庭排水にも十分に気を付けないと川や海を汚す恐れがあることに関して自分の考えをまとめている。 ◎水溶液の性質について、下級生にわかりやすく説明をしている。
1	○水溶液の性質について、酸性、アルカリ性などに分けられること、気体が溶けていたり金属を変化させたりする水溶液があることをまとめている。 ○「混ぜるな危険」「地球の水を守ろう」について自分の考えをまとめている。 ◎水溶液の性質についてまとめたことを読んで伝えている。

出典：井口桂一「『水溶液の性質って？』でパフォーマンス課題をデザインする」田中耕治編著『パフォーマンス評価──思考力・判断力・表現力を育む授業づくり──』ぎょうせい、2011年、95頁。ただし、一部加筆した。

いった能力が短期的に習得できるものではなく、長期的に育成する必要があると考えれば、それらの能力を評価するためには単元や学年を越えて成長を描き出す長期的ルーブリックが不可欠である。翻って考えると、長期的ルーブリックを示すことで、近視眼的な進歩や成果を常々求めてしまうことが防止できよう（本講座第5巻第5章及び第6章参照）。

第3節　指導と学習を構想する

第1項　単元全体の構成を考える

　目標と最終の評価が決定できれば、最終の評価課題に取り組むために必要な学習を考え、指導計画を立てる。最終課題が教科の本質に関わる「永続的理解」を評価するものであるならば、その単元を構成する複数回の授業は、全体を通して効果的に「本質的な問い」を追究し、「永続的理解」に到達するように編成されなければならない。そうした観点から単元の学習活動全体を見渡して、学習の内容と順序を考える。

　総括的評価としてパフォーマンス課題を置く単元の構成を、西岡は図6-4のように三つに分類する(6)。第一は、単元のまとめの課題に行きつくために知識やスキルなどの要素を学び、最後にそれらを組み合わせて使いこなす「パーツ組み立て型」である。第二は、同じような課題を繰り返す中で質を改善する「繰り返し型」、そして第三はこれらの「折衷型」である。

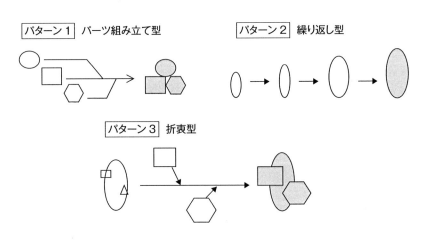

図6-2　単元の構成

出典：西岡加名恵『「逆向き設計」で確かな学力を保障する』明治図書、2008年、12頁。

第6章　教科における教育課程

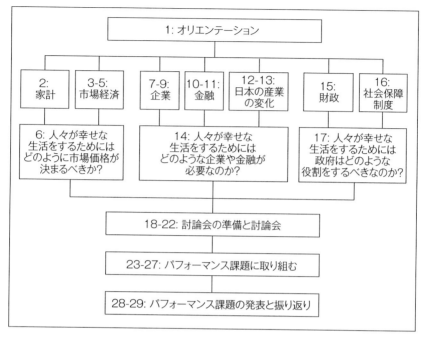

図6-3　単元「経済」における構造化
（注）数字は第何時の授業かを指す。
出典：西岡加名恵『教科と総合学習のカリキュラム設計――パフォーマンス評価を
　　　どう活かすか――』図書文化、2016年、133頁。

　たとえば、表6-1②のパフォーマンス課題を含む単元は、合計29時間のうち前半で「家計」「市場経済」「企業」「金融」「財政」といった基本的な内容を学習する。これらの内容が後半の討論会及び提言政策レポートにおいて生かされる。その構成は図6-3のように示され、前半は「パーツ組み立て型」で後半は「繰り返し型」という「折衷型」の構成である。

第2項　導入の工夫

（1）学習の見通しを示す

　学習の開始時に、単元を通して追究する「本質的な問い」や、単元の最後に

求められているパフォーマンスや評価規準を完全に明らかにし、児童・生徒がはっきりとした見通しを持てるようにする。単元末にパフォーマンス課題が位置づけられているのならば、その説明を行う。これは単に学習の道筋を示すだけではなく、意味のあるゴールと結びつけて途中の学習を意味づけ、常に自分の学習の進展を確認できる指標を与えることでもある。

（2）興味を引く

単元の最初に「本質的な問い」を投げかけるだけでは、これから学習する児童・生徒たちはその問いの必要性や重要性が認識しにくい。児童・生徒が関心を持ち楽しんで取り組みながら、自然に「本質的な問い」を探究するような授業にする工夫が求められる。興味を引き出すには、直観に反したり意外性がある事実を示して考えを刺激したり、身近な話題から始めたり、ある論点についての異なる観点や多元的な見方を示すことが有効である。

たとえば上述した「経済」の単元では、パフォーマンス課題の状況として近く行われる衆議院議員選挙を設定し、生徒の現実生活と結びつけて関心を引いている。また、初回オリエンテーションの授業で関連するテレビ番組の録画を視聴し、課題を検討する際に考慮すべき立場や状況などを例示して、議論の具体的なイメージを持たせている。

（3）問いを持たせる

多くの授業において、学習課題はあらかじめ教師が設定し、児童・生徒に提示する。教師が学習を促すために行う質問は「発問」と呼ばれ、授業づくりに不可欠な要素として研究が重ねられてきた。良い発問は、課題を明確かつ具体的に表し、児童・生徒が当然と考えていることに疑問を投げかけ、対立する意見や多様な考えを引き出す[7]。

教師が提示した学習課題であっても、それを児童・生徒自身も疑問に思いながら追究できれば主体的な学びにつながる。しかし本来的には、児童・生徒自身が対象に関心をもって自ら問いを立てながら学習を進め、自分で本質的な問いを立てられるようになることが望ましい。教科の重要事項や本質と結びつい

た「本質的な問い」を児童・生徒が考えだすことは困難に思えるかもしれないが、学習者の疑問を学習課題として取り上げる授業実践の蓄積や、「質問づくり」の方法の定式化などに注目できよう[8]。

第3項　授業展開

（1）知識やスキルを、使って身につける

どれだけ知識を持っていても、それらが断片的ならば実際には役に立たない。また、どんな重要な概念や原理も、現実の出来事を理解したり、行動の基盤として思考したりする際に用いられてこそ抽象的な状態から脱し、実感を伴って理解される。しかしながら学校では、様々な概念や考え方が教えられても、それらを現実の状況に応用する方法までは触れられないことが多い。このような現状を乗り越えるには、最終的に求められる「永続的理解」への到達に必要な知識の学習を、知識内容だけではなく、その内容を使う経験として計画する必要がある。

単元「経済」の実践例に戻ると、パフォーマンス課題の前提となる要素として「家計」「市場経済」「企業」「金融」「財政」といった基本的な内容を順に授業で学習する。ここで注目したいのは、上記の実践例が、基礎的な事項を学んだ後でそれらを応用するといった従来型の授業設計を採っていないことである。各授業では、重要な知識の確認とともに、生徒はパフォーマンス課題の草稿の一部の記述が求められた。たとえば市場経済についての授業の最後には、「より多くの人が経済的に豊かになるための日本の価格決定のしくみはどうあるべきでしょうか。消費者、生産者、政府という言葉を使って色々な角度から考えましょう」という問いが出された[9]。応用のイメージを持ちつつ基礎的な事柄を学び、最終のパフォーマンス課題で求められるように現実世界に適用して考えるという経験を具体的に提供しているのである。

（2）児童・生徒のつまずきや改善点を肯定的に捉え、やり直す機会を与える

人は新しい知識が提示されると、自分の既有知識と結びつけてそれを解釈し理解しようとする。この構成主義的学習観に立つと、児童・生徒は、教師が提

示する新しい知識を教師の意図通りに学ぶとは限らない。なぜなら、既有知識は個人によって異なるからである。学校で学ぶ教科内容は、生活経験をもとに構築された知識（生活的概念や素朴概念と言われる）と大きく異なる場合があり、その差異のために児童・生徒にとって理解困難な場合がある[10]。

それゆえ、科学的な正解を押し付けるだけではなく、児童・生徒の論理を明確にし、対話によって正しい認識との齟齬を埋めなくてはならない。その過程で、うまく理解できない児童・生徒が理解に到達するだけでなく、正解とされる考え方をしている児童・生徒が、その根拠を問い直し、より深い理解に至る場合もある。

また、明確な誤謬ではなくとも、児童・生徒の考えを把握してさらに良いものにするための改善点を明確にし、そこから発展させることは重要である。複雑な「永続的理解」は、何度も思考し捉え直すことを通して習得される。そのため児童・生徒には、自分の理解や作品を再考してやり直したり、練り直したりする機会が与えられなければならない。グループやクラスでの話し合いや発表、討論会などを通して、他人の考えを知り、自分の理解を再構築したり修正したりする時間がこれに当たる。自分とは異なる立場からの意見を聞いて多角的な視点を認識し、自分の主張を練り直すのである。

（3）協同での学習を促す

学級は、一人の教師の講義を同時に聞く児童・生徒たちの集まりではなく、学習する上で互恵的な協力関係がある学習集団である。日本の学校において伝統的に培われてきた教育方法の中には、作文を学級集団で読み合いつつ学ぶ生活綴方や、問題の答えを予想し仮説を丁寧に討論する仮説実験授業など、児童・生徒同士の関わりを生かした授業が多く存在する[11]。協同での学習によって、教科内容をよりよく学べるだけではなく、社会的スキルや協同学習の方法も身につく。仲間がいることで学習が動機づけられる効果も期待できる。

注意が必要な点は、発言力がある児童・生徒とそうではない児童・生徒の固定化を防ぐことである。全ての児童・生徒が対等に意見を表明でき、相互に受け止められる必要がある。そのような学習を作り出すために、グループで協力し

てこそ達成できるような、適切な学習課題が重要になる。

第4項　形成的評価

（1）学習の途中で到達度を確認し、次の指導を調整する

　前節では、単元の最終段階で行う評価（総括的評価）としてのパフォーマンス評価を扱ったが、そこに至るまでに概念の理解やスキルの習得が不可欠である。こうした知識やスキルの確実な習得のために、学習の途中で評価を行い、その結果をもとに指導や学習を調整する。すなわち、次の学習を調整するために行われる形成的評価である。それは、学習成果を測る「学習の評価」に対して、学習の質を上げる「学習のための評価」とも言われる[12]。

　個別の概念理解やスキルの習得を確かめるテストは、比較的単純で短時間に行える。ただしこうしたテストを作る際には、知識やスキルの中でも特に重要なものを見極めておく必要がある。それは、単純な知識やスキルの再生ではなく、文脈を越えて用いられるような概念の理解などである。たとえば計算に関しても、単に計算問題を出して演算ができるスキルを確かめるだけではなく、与えられた式を使って文章題をつくるように、演算の意味理解を確かめる問題を出すといった工夫が考えられる。

（2）自己評価を通して、学習者としての自立を促す

　児童・生徒はいつか学校を卒業し、一人の学習者として自立しなくてはならない。こうした前提に立つと、児童・生徒が自分自身の学習状況や進歩を評価できることが決定的に重要になる。自分の学習について、何がうまくいっていて、何がうまくいっていないのか、どうすればもっと良くなりそうかといったことを、冷静に考え把握しなければならない。

　ここでも参考になるのがルーブリックである。長期的な教育目標についても個別の課題についても、具体的な成功の基準が質的に明示されている。最終課題に取り組む前に評価基準を提示しておくことで、児童・生徒は課題に取り組む途中で自己評価し、調整できる。

　言うまでもなく、ルーブリック以外の方法でも自己評価は可能である。たと

えば、完成作品や実演の出来栄えや、そこに至る自分の学習を文章で評価させる方法がある。また、毎授業の最後にその授業での重要な学習事項や疑問点を各自が振り返って記すと、児童・生徒が自分の理解を確認し評価できる。そしてそれを蓄積して定期的に見直すと、自分の学習を客観化する機会になる。肝要なのは、児童・生徒による自分自身の考え方や学習過程の客観視である。そしてさらには、それらをより良い方向へと方向づけることである。

第5項　個に応じた指導

特別なニーズを持つ子どもたちが増えている現在、児童・生徒の多様性への対応が教師にとってますます重要になってきている。全ての学習者にとって有意義で効果的な学習をするために「個に応じた指導」が求められているのである。

その一方で、「永続的理解」は全ての児童・生徒に共通する教育目標である。能力や学習に関わる諸条件には差異があっても、教科の中核的な重要事項は変わらず、達成を目指す目標は同じなのである。そこに到達するため個に応じる必要があるのは、理解を構成する知識とスキル、学習のプロセス、そして完成作品の表現方法などに限定される。

知識とスキルについては、学習開始時の児童・生徒の状態が大きく違う場合に、学習の前に診断的評価を行い、補習的な学習を行うといった対応が可能である。また、学習進度や関心などに応じて学習する知識内容を変化させることもある。表6-1②のパフォーマンス課題では、討論会のテーマとして「経済格差の縮小」「環境政策」「食料政策」の3種類が用意され、各テーマについてAとBの異なる主張があり、生徒が選択できる。学習過程に生徒の選択を組み込んで個人の興味に応じる工夫をしている。

学習のプロセスについては、異なる難易度の学習材を使ったり、個別学習かグループ学習かを選択できるようにしたり、情報提示の方法を口頭、視覚、筆記など変化させることが考えられる。完成作品については、評価基準を共有できるのであれば、表現方法の多様性が許容されるだろう。

第4節　長期的な指導計画

　個々の単元設計が終わったら、複数の単元を包括的な「本質的な問い」によって関連づけ構造化していく。教科の教育課程全体を見渡せば、複数の単元を通して追究するような包括的な「本質的な問い」と「永続的理解」が明確で、これらに対応するパフォーマンス課題が繰り返し与えられることが重要である。複数の単元のパフォーマンス課題によって、一貫してその教科の「本質的な問い」に迫れるように設計するのである。

　図6-4に示すように、第一に教科を貫く包括的な「本質的な問い」があり、その中に領域ごとの「本質的な問い」があり、さらにその中に単元ごとの「本質的な問い」がある。そして単元の中に毎時間の「主発問」がある。レベルの異なるこれらの問いにつながりをもたせて設定しなくてはならない。このよう

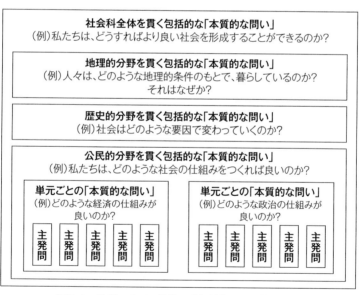

図6-4　教科における複数の「本質的な問い」の関連

（注）数字は第何時の授業かを指す。
出典：西岡加名恵『教科と総合学習のカリキュラム設計――パフォーマンス評価をどう活かすか――』図書文化、2016年、94頁。ただし、一部加筆した。

に繰り返し「本質的な問い」を探究する中で、次第に児童・生徒自身が問題解決の場面で、どのような「問い」を設定すべきかを自問できるようになることが期待されている。

ただしこうした単元の設計や、より長期的な教育課程の計画は、初めから完全に決定できるわけではない。一時間の授業でも、予想していなかった児童・生徒の反応や学習の展開があり、教師の思い通りにはいかないように、教育課程も計画した通りには行かないのである。

実際に授業を実施すると、児童・生徒が取り組んだ学習課題の成果や作品が出来上がり、児童・生徒からのフィードバックが得られる。学力調査など外部のデータが得られる場合もある。それらを参照して単元の設計を見直す。次の単元の目標、評価、そして学習を点検し改良するのである。教育課程の編成は、始めから厳密に定められるものではなく、実施しながら再構成されていく。そうした柔軟性を含みこむものとして、教師は、他の教師たち及び学習者たちと協同しながら計画と実施を繰り返していく必要がある。

おわりに

児童・生徒たちが現実的かつ学問的に価値ある学習をするには、どうすればいいのか。これが教育課程編成の中心課題であり、換言すれば、教育課程編成論の「本質的な問い」である。この問いへの答えは一つではない。具体的な指導方法や、とりあげるべき教育内容によっても変化する。それらを決定するには、各教科内容についての深い理解とともに、目の前の児童・生徒についての的確な把握が必須であり、これらは教師の専門性として求められる要件である。

本章で扱ったのは、上記の問いに対して、教師が広く共有できる解決のための一つの方法である。教育目標として現実的かつ学問的に価値ある「永続的理解」を設定し、それを導くような評価課題の設定を重視した上で、学習と指導を計画するという枠組みを示した。章の冒頭にも述べたように、慣例的には目標から学習活動を定め、評価を最後に付け加えがちであるのに対して、このアプローチは異なる手順をとっており、そのことから「逆向き設計」論とも呼ば

第6章　教科における教育課程

れる。ただし、根本的に肝要なのは手順の変更なのではなく、「本質的な問い」と「永続的理解」を明確化し、それを中心とした単元設計にある。

　検討した具体事例においては、評価課題がいかにインパクトを持って、知識やスキルの学習を現実的に意味づけ学問の本質に関連付けていたかが示されていた。そして長期的な教育課程の設計においては、さらに価値ある評価と学習を設計するために実施と再構成の重要性が示されていた。

　「本質的な問い」が、簡単には答えが出ない論争的な問いであることを鑑みれば、それを中心にした教育課程は、学び続ける学習者を育てる教育課程に他ならない。そして同時に、そのような教育課程編成の計画と実施を繰り返す教師は、「本質的な問い」を問い続け学び続ける教師に他ならないのである。教育は、時代や文化、教育観、国の施策、児童・生徒の気質、教師の価値観、学問の発展などによって絶えず変化する。こうした変化に対応しながら、教師はその専門性をもって教育の「本質的な問い」に取り組み、思考しつつ実践し続けなくてはならないのである。

〈注〉
(1) タイラー, R. W.著（金子孫市監訳）『現代カリキュラム研究の基礎——教育課程編成のための——』日本教育経営協会、1978年、iv頁（Tyler, R. W., *Basic Principles of Curriculum and Instruction*, University of Chicago Press, 1950, p.1)。
(2) 中央教育審議会「幼稚園、小学校、中学校、高等学校及び特別支援学校の学習指導要領等の改善及び必要な方策等について（答申）」2016年12月21日。
(3) ウィギンズ, G・マクタイ, J.（西岡加名恵訳）『理解をもたらすカリキュラム設計——「逆向き設計」の理論と方法——』日本標準、2012年、4頁。
(4) 文部科学省『小学校学習指導要領』ぎょうせい、2008年、55-56頁。
(5) ウィギンズ・マクタイ、前掲『理解をもたらすカリキュラム設計』190頁。
(6) 西岡加名恵『「逆向き設計」で確かな学力を保障する』明治図書、2008年、12頁。
(7) 吉本均『授業成立入門——教室にドラマを！——』明治図書、1985年。
(8) ロスステイン, D・サンタナ, L.（吉田新一郎訳）『たった一つを変えるだけ——クラスも教師も自立する「質問づくり」——』新評論、2015年。
(9) 三藤あさみ「パフォーマンス課題に向けた指導のポイント——単元「経済」を中心に

――」三藤あさみ・西岡加名恵『パフォーマンス課題にどう取り組むか――中学校社会科のカリキュラムと授業づくり――』日本標準、2010年、34頁。
(10) 堀哲夫編著『問題解決能力を育てる理科授業のストラテジー――素朴概念をふまえて――』明治図書、1998年。
(11) 日本作文の会編『日本の子どもと生活綴方の50年』ノエル、2001年。板倉聖宣『仮説実験授業』仮説社、1974年。
(12) 二宮衆一「イギリスのARGによる『学習のための評価』論の考察」『教育方法学研究』第38号、2013年、97-107頁。

〈推薦図書〉

ウィギンズ, G.・マクタイ, J.（西岡加名恵訳）『理解をもたらすカリキュラム設計――「逆向き設計」の理論と方法――』日本標準、2012年。

クラーク, S.（安藤輝次訳）『アクティブラーニングのための学習評価法――形成的アセスメントの実践的方法――』関西大学出版部、2016年。

ソルティス, J.・ウォーカー, D.（佐藤隆之・森山賢一訳）『カリキュラムと目的――学校教育を考える――』玉川大学出版会、2015年。

西岡加名恵編著『「資質・能力」を育てるパフォーマンス評価――アクティブ・ラーニングをどう充実させるか――』明治図書、2016年。

西岡加名恵・石井英真・川地亜弥子・北原琢也『教職実践演習ワークブック――ポートフォリオで教師力アップ――』ミネルヴァ書房、2013年。

ロスステイン, D.・サンタナ, L.（吉田新一郎訳）『たった一つを変えるだけ――クラスも教師も自立する「質問づくり」――』新評論、2015年。

第7章
探究力を育てる教育課程

はじめに

　2008（平成20）年版学習指導要領の公示に先立ち、中央教育審議会答申（2008年1月17日）[1]では、学校教育における学習活動を「習得」「活用」「探究」の3類型に分け、それぞれを位置づけた教育課程編成を行うことの必要性が提起された。また、「スーパーサイエンスハイスクール（以下、SSH）」（2002年度開始）や「スーパーグローバルハイスクール（以下、SGH）」（2014年度開始）事業の創設と実施に見られるように、探究力の育成を重視した教育課程編成などに関する研究開発を推進するための制度的な取り組みも進められている。さらに、2017年の学習指導要領改訂に向けた中央教育審議会「幼稚園、小学校、中学校、高等学校及び特別支援学校の学習指導要領等の改善及び必要な方策等について（答申）」（2016年12月21日。以下、「答申」）では、たとえば高等学校の教育課程に「地理探究」「理数探究」「総合的な探究の時間」などの新設が提案されるなど[2]、教育課程全体を通して探究力を育てることの重要性はますます高まってきている。

　探究力を育てる教育課程のあり方を検討し、具体的な教育課程編成を進める際には、特に、以下の三つの課題に取り組むことが重要になると考えられる。一つ目は、育成すべき探究力の内容の明確化である。学習者がどのような姿になれば探究力が身についたと判断するのか、すなわち、どのような教育目標を

設定するのかを明確にしなければ、教育課程編成ならびに指導の方向性が定まらず、探究力の育成は達成し得ないためである。二つ目は、探究力を育成するための教育内容・教科内容と学習活動を確実に位置づけた教育課程の編成である。どのような内容と活動をどのように配列し、どのような時数配当をもって、各教科・領域をどのように関連づけながら探究力を育成するのかを検討することが求められる。そして三つ目は、探究力の習得状況の評価方法の明確化である。学習者の探究力の習得の程度をどのように把握し、さらなる伸長に生かすのかを検討することが、学力保障の観点からも、また、説明責任（アカウンタビリティ）を果たすという観点からも求められよう。

　本章では、以上の三つの課題を念頭に置きながら、探究力を育てる教育課程を編成する際の留意点を明らかにするとともに、取り組みを進める際の具体的な方向性についての提案を行うことを目的とする。そのために、まず、探究力の内容をめぐる議論の整理を通して育成すべき探究力の内容を検討するとともに、探究力の育成をめぐる教育政策の動向を概観する（第1節）。次に、「総合的な学習の時間」をめぐる議論と実践の具体像を概観し、探究力を育成するための教育内容・教科内容と学習活動の教育課程への位置づけ方を検討する（第2節）。続いて、探究力の習得状況の評価方法と教育課程編成への生かし方を検討する（第3節）。そして最後に、教師に求められる役割について、若干の考察を行いたい（おわりに）。

第1節　探究力の内容とその育成をめぐる教育政策の動向

第1項　探究力の育成が求められる背景とその内容

　近年、グローバル化や情報化、多様化などの進展に伴う社会のめまぐるしい変化や、環境破壊や貧困・格差、平和構築などの諸課題の存在が顕在化している。こうした社会にあって、様々な文脈の中で、他者と協働して「正解のない問題」に対応する力や、生涯にわたって主体的・積極的に学び続ける力が求められるようになってきた。国際的な議論を経て提案されてきたOECD（経済協

力開発機構）による「キー・コンピテンシー」やATC21S（Assessment and Teaching of 21st Century Skills）による「21世紀型スキル」などは、その例である。また、日本においても、国立教育政策研究所による「21世紀型能力」や文部科学省による「学士力」（2008年）をはじめ、「人間力」（内閣府、2003年）、「就職基礎能力」（厚生労働省、2004年）、「社会人基礎力」（経済産業省、2006年）など、今後求められる力についての多様な提案がなされてきた（第5章参照）。

　このように近年、学校教育を通して、さらには学校教育を越えて育成することが求められている力の内容については多様な提案がなされている。ただし、これらの提案に関しては、基礎的な学力や専門的な知識・スキルの獲得とともに、それらを用いて他者と対話したり協力したりしながら課題の解決に取り組んだり、新たな考えや価値を生み出したりするために必要となる資質・能力の必要性が示されているという点に、一定の共通性を指摘することができる。

　以上を踏まえ、本章では、答えの見つかっていない課題の解決に向けて、他者と協働しながら、自発的かつ積極的に取り組むための知識やスキル、態度を総称するものとして探究力を捉え、論を進めていく。

第2項　探究力の育成をめぐる教育政策の展開

　前項で見たように、探究力の育成の重要性に関する議論は近年の社会の変化や状況を背景として盛んになってきている。しかしながら、探究力の育成をめぐる議論や取り組みは近年に始まったものではない。たとえば、大正自由教育期には、成城小学校における「特別研究」に見られるように、現代の総合学習とも通じる取り組みが実践されていた。また、戦後初期の新教育の時代には、1948（昭和23）年に結成されたコア・カリキュラム連盟（1953（昭和28）年に日本生活教育連盟へと改称）を中心に問題解決学習の重要性が強調され、コア・カリキュラム論や三層四領域論に代表されるように、教育課程編成に関する理論的な検討やそれに基づく実践も重ねられてきた（第3章参照）。さらに、1976（昭和51）年にまとめられた日本教職員組合による『教育課程改革試案』においても、改めて、総合学習の必要性が主張された。

国の教育政策においても、「探究力」の育成に関わる取り組みが進められてきた。まず、1977（昭和52）年改訂学習指導要領に端を発する「ゆとり教育」路線の中で、中央教育審議会第一次答申「21世紀を展望した我が国の教育の在り方について」（1996（平成8）年7月19日）において、「いかに社会が変化しようと、自分で課題を見つけ、自ら学び、自ら考え、主体的に判断し、行動し、よりよく問題を解決する資質や能力」、「自らを律しつつ、他人とともに協調し、他人を思いやる心や感動する心など、豊かな人間性」、「たくましく生きるための健康や体力」から成る「生きる力」のバランスのよい育成の重要性が提起された。そして、その育成に関して重要な役割を担うものとして、1998（平成10）年改訂（高等学校は1999年改訂）学習指導要領において「総合的な学習の時間」が新設された。

　その後、「知識基盤社会」における「生きる力」の育成という1998年改訂学習指導要領の理念を引き継ぎつつ、2003（平成15）年のOECDによるPISA（生徒の学習到達度調査）での順位の大幅な低下（いわゆる「PISAショック」）や2006（平成18）年に改訂された教育基本法などを踏まえて、2008年改訂学習指導要領が作成される。また、それに先立ち、先述の中央教育審議会答申（2008年1月17日）では、学力の3要素（「基礎的・基本的な知識・技能の習得」「知識・技能を活用して課題を解決するために必要な思考力・判断力・表現力等」「学習意欲」）と学習活動の3類型（「習得」「活用」「探究」）の重要性が確認された。加えて、教科学習に「習得」「活用」型の学習を、総合的な学習の時間を中心として「探究」型の学習を位置づけるとともに、互いを関連づけながら推進することの重要性が提起された。

　さらに、先述の「答申」では、育成をめざす資質・能力を「何を理解しているか、何ができるか（生きて働く「知識・技能」の習得）」、「理解していること・できることをどう使うか（未知の状況にも対応できる「思考力・判断力・表現力等」の育成）」、「どのように社会・世界と関わり、よりよい人生を送るか（学びを人生や社会に生かそうとする「学びに向かう力・人間性等」の涵養）」の三つの柱として整理し、その育成に向けた教育課程の見直しを行うことが提案されている（第2章、第5章参照）[3]。

第3項　現代社会の諸課題に取り組む教育活動に関する国際的な議論

　こうした国内での議論に加え、現代社会に存在している重大な諸課題に取り組むことをめざす教育活動に関する国際的な議論もまた、日本の教育政策に影響を与えている。特に、今後の教育課程編成のあり方を検討するうえで意識すべきものとして、ユネスコ（国際連合教育科学文化機関）が主導する「持続可能な開発のための教育（Education for Sustainable Development：以下、ESD）」に関する議論が挙げられる。

　ESDとは、「これら［環境、貧困、人権、平和、開発など］の現代社会の課題を自らの問題として捉え、身近なところから取り組む（think globally, act locally）ことにより、それらの課題の解決につながる新たな価値観や行動を生み出すこと、そしてそれによって持続可能な社会を創造していくことを目指す学習や活動」、つまり、「持続可能な社会づくりの担い手を育む教育」[4]と定義される教育活動である。2002（平成14）年に開催された持続可能な開発に関する世界首脳会議（ヨハネスブルグ・サミット）において日本政府が「国連持続可能な開発のための教育の10年」を提唱し、同年に開催された第57回国連総会において、2005（平成17）年からの10年（2005〜2014年）を「国連持続可能な開発のための教育の10年」とする決議案が採択された。こうして、2005年より「国連持続可能な開発のための教育の10年」が開始され、各国でESDの推進に関する取り組みが進められた。

　日本では、たとえば多田孝志や手島利夫らが、東京都江東区立東雲小学校での取り組みの内容の紹介や教育課程の検討と再編成などに関する提案を行っている[5]。また、国立教育政策研究所は、ESDで扱うべき持続可能な社会づくりの構成概念や学習指導で重視すべき能力・態度の例を挙げるとともに、その枠組みとも関連づけつつ全国の小・中・高等学校で行われた実践事例を取り上げ、既存の教科・領域の目標や評価の観点と関連づけながらESDの視点に立って単元開発や授業を行う取り組みのあり方や、実践を通して見えてきた成果と課題などを明らかにしている[6]。さらに、先述の「答申」においても、ESDの推進や持続可能な社会づくりの実現に向けた取り組みを進めることの重要性

が指摘されている。

「国連持続可能な開発のための教育の10年」関係省庁連絡会議による『我が国における「国連持続可能な開発のための教育の10年」実施計画（ESD実施計画）』において、「ESDの目標は、すべての人が質の高い教育の恩恵を享受し、また、持続可能な開発のために求められる原則、価値観及び行動が、あらゆる教育や学びの場に取り込まれ、環境、経済、社会の面において持続可能な将来が実現できるような行動の変革をもたらすことであり、その結果として持続可能な社会への変革を実現すること」(7)と示されていることからもわかるように、ESDとは一つの教科や領域としてではなく、教育課程全体を包括する基本方針として位置づけられるべきものである。そのため、今後の教育課程編成を進めるにあたり、ESDの主張や理念も踏まえることが求められよう。

なお、このESDは、開発教育や環境教育をベースとして生まれてきたものである。開発教育は、南北問題の深刻化に対する認識の広がりを背景として、貧困や格差の問題に取り組む教育活動として、ヨーロッパを中心に1960年代に実践され始めた。日本には1980年前後に紹介され、1982（昭和57）年に設立された開発教育協議会（2002（平成14）年に開発教育協会に改称）を中心に、その理論と実践の進展や普及が進められてきた。また、環境教育は1972年に開催された国連人間環境会議をきっかけとしてその重要性に対する認識が広まって以降、1975年に開始されたユネスコと国連環境計画（United Nations Environment Programme：UNEP）の共同プロジェクトである国際環境教育プログラム（International Environmental Education Programme）などを通して国際的に推進されてきた。日本においても、自然保護教育や公害教育などを源流としつつ展開されるようになり、学校内外において取り組みが重ねられてきた。ESDの主張や理念に基づく教育課程編成のあり方を検討する際には、これらの教育活動に関する豊かな蓄積にも学ぶことができよう。

第4項　高等学校を対象とした研究開発事業の取り組み

全ての小・中・高等学校を対象とする「総合的な学習の時間」の設置などの取り組みに加えて、特定の学校に特別な予算と裁量を与えることで、探究力の育

成をめざす教育課程の研究開発と実践の成果の蓄積を進める取り組みも行われてきた。その代表的なものとして、上述したSSH事業ならびにSGH事業が挙げられる [8]。

　SSHは、高等学校および中高一貫教育校を対象として、将来国際的に活躍し得る科学技術系人材等を育成することをめざし、原則5年間を指定期間として、理数系教育に関する教育課程等に関する研究開発や高大連携のあり方についての研究開発を行うことを目的として進められている事業である [9]。2002（平成14）年度に開始され、2016年度には200校が指定校となっている。各指定校では、実験や観察、フィールドワークなどを取り入れた「課題研究」などの科目を設定した教育課程開発、教員研修会、海外の学校との連携を通した学習活動の推進などの取り組みが進められている。

　SGHは、「急速にグローバル化が加速する現状を踏まえ、社会課題に対する関心と深い教養、コミュニケーション能力、問題解決力等の国際的素養を身に付け、将来、国際的に活躍できるグローバル・リーダーを高等学校段階から育成する」ことを目的とした事業であり、2014（平成26）年度に開始された。そこでは、国際化を進める国内の大学や企業、国際機関などと連携して、グローバルな社会課題を発見・解決し、様々な国際舞台で活躍できる人材の育成に取り組む高等学校などを指定し、5年間の指定期間の中で、質の高いカリキュラムの開発・実践に取り組むことがねらわれている。具体的には、めざすグローバル人材像を設定したうえで、探究型学習や論文作成、企業や海外の高校・大学等と連携した課題研究に関する意見交換やフィールドワーク、英語などによる研究成果の発表会の開催などが取り組まれている [10]。

　これらは学習指導要領によらない教育課程の編成や研究開発が可能な枠組みを設定して進められるものであり、指定校の取り組みをそのまま全ての学校に取り入れることは難しい。しかし、たとえば国内外の研究・教育機関や企業などと連携しながら研究課題の解決に向けた探究学習を進めるという取り組みからは、学校外の多様な専門家や組織と連携して教育活動を進めることの重要性や可能性が示唆される。このように、SSHやSGHの取り組みには、参考にすべき点が多く見られると言えよう。

第2節 「総合的な学習の時間」をめぐる議論と実践

第1項 「総合的な学習の時間」創設の背景と概要

　上述のように、「総合的な学習の時間」が教育課程上に正式に位置づけられたのは、1998（平成10）年改訂（高等学校は1999年改訂）学習指導要領においてである。導入の重要な要因となったのは、「国際化、情報化、科学技術の発展などによる社会の変化に主体的に対応できる資質や能力を育成するために教科等の枠を越えた横断的・総合的な学習をすること」と、「各学校が地域や学校の実態等に応じ創意工夫を生かして特色ある教育活動を展開できる時間を確保すること」の重要性が認識されたことであった。

　1998年改訂学習指導要領では、「総則」の中で、その取り扱いについて述べられた。そこでは、「自ら課題を見付け、自ら学び、自ら考え、主体的に判断し、よりよく問題を解決する資質や能力を育てること」と「学び方やものの考え方を身に付け、問題の解決や探究活動に主体的、創造的に取り組む態度を育て、自己の生き方を考えることができるようにすること」がねらいとして示されるとともに、各学校においてはこれらのねらいを踏まえ、学校の実態に応じた学習活動を行うものとされた[11]。その後、2008（平成20）年改訂学習指導要領では新たに「第4章（中学校／高等学校）」（小学校では第5章）として章立てされ、目標や内容などがより詳しく規定された（表7-1）。

　表7-1に示したように、総合的な学習の時間に関しては、包括的な目標や配慮すべき事項は示されているものの、その具体的な目標および内容については各学校において定めることとされている。これは、目標や取り扱うべき内容がより詳細に設定される傾向のある教科学習や他の領域と比較して、特徴的な点である。そして、各学校の裁量の幅が大きいからこそ、各学校が創意工夫を行って効果的で充実した横断的・総合的な学習や探究的な学習を進めることが求められているのであり、また、そうした実践が重ねられてきたのである（本講座第5巻第5章参照）。

表7-1　2008（平成20）年改訂学習指導要領に見る「総合的な学習の時間」の概要

目　標	横断的・総合的な学習や探究的な学習を通して、自ら課題を見付け、自ら学び、自ら考え、主体的に判断し、よりよく問題を解決する資質や能力を育成するとともに、学び方やものの考え方を身に付け、問題の解決や探究活動に主体的、創造的、協同的に取り組む態度を育て、自己の生き方を考えることができるようにする。
各学校において定める目標	各学校においては、上記の「目標」を踏まえ、各学校の総合的な学習の時間の目標を定める。
各学校において定める内容	各学校においては、上記の「目標」を踏まえ、各学校の総合的な学習の時間の内容を定める。
指導計画の作成と内容の取扱いに関して配慮すべき事項（一部のみ）	・たとえば国際理解、情報、環境、福祉・健康などの横断的・総合的な課題についての学習活動、生徒の興味・関心に基づく課題についての学習活動、地域や学校の特色に応じた課題についての学習活動、職業や自己の将来に関する学習活動などを行うこと。 ・問題の解決や探究活動の過程においては、他者と協同して問題を解決しようとする学習活動や、言語により分析し、まとめたり表現したりするなどの学習活動が行われるようにすること。 ・体験活動、観察・実験、見学や調査、発表や討論などの学習活動を積極的に取り入れること。 ・体験活動については、上記の「目標」「各学校において定める目標」「各学校において定める内容」を踏まえ、問題の解決や探究活動の過程に適切に位置付けること。 ・学校図書館の活用、他の学校との連携、公民館、図書館、博物館等の社会教育施設や社会教育関係団体等の各種団体との連携、地域の教材や学習環境の積極的な活用などの工夫を行うこと。

出典：文部科学省『中学校学習指導要領』東山書房、2008年をもとに、一部、省略や表現の変更を行うかたちで筆者作成。

第2項　「総合的な学習の時間」の教育課程上の位置づけをめぐる議論

「総合的な学習の時間」の教育課程上の位置づけについては、特に、教科学習との関係において論じられてきた。田中耕治は、その関係を、①「教育課程全体を『総合的な学習』化しようとする構想であって、そこでは『総合的な学習』とは区別される教科学習の独自性それ自体を批判または否定の対象とする立場」、②「教科学習の『総合性』を重視し、『総合的な学習』は事実上教科学

習の軽視または否定につながると考える立場」、③「教科学習の『総合性』には解消されない『総合的な学習』の『総合性』の独自性を認めた上で、両者の『相互環流』を構想しようとする立場」という三つの立場に整理している[12]。

一つ目の立場に立てば、教科が分立した教育課程で統一した人格形成を行うことの困難さや教科枠に閉じ込められた系統学習で学習者の学習を活性化させることの限界などが指摘され、教科学習の枠を取り払った教育課程を編成するという主張につながっていく。二つ目の立場からは、総合学習を進めることで教科学習が本来有する豊かな総合性が看過され、結果として教科学習の形骸化を招くのではないかという点が指摘される。そしてこれは、教科学習では特定の教科の限定的な内容のみを取り上げ、総合学習では教科学習で学んだ内容の総合化を図るというかたちの教育課程編成に陥ることへの危惧を生むことにもつながるため、教科学習の充実を図るというかたちでの教育課程編成を行うという主張につながる。そして三つ目の立場に立つと、総合学習はそれ独自で学習者に獲得させるべき質の学力を有していると捉え、それを教科学習と関連づけて育成することによって、総合学習で育成すべき力と教科学習を通して育成すべき力の双方を高めていくというかたちの教育課程編成が求められる[13]。

各教科の背景にある諸学問の幅広さや豊かさに鑑みれば、教科学習の目的を基礎的な知識やスキルなどの獲得に矮小化するのではなく、その幅広さや豊かさを実感し、また、新たな知の創造に取り組むという目的のもとに教科学習の充実を図ることは、教育課程編成における重要な課題である。すなわち、探究的な学習を「総合的な学習の時間」の専売特許として捉えるのではなく、教科学習においても実践可能なものと捉えたうえで、充実した教科学習を位置づけた教育課程編成を進める必要がある。

ただし、教科学習で扱うべき教科内容の量と配当時数との関係や、後に示すような優れた総合学習の実践事例の存在などを念頭に置く時、教科学習の充実に加えて、総合学習との効果的な相互環流、およびそれらを通した学力保障を可能にする教育課程編成を進めていくことが肝要であろう。そしてそのためには、総合学習で展開される探究学習によって身につけるべき学力の質とは何かを明確にすることと、それを教科学習といかに関連づけながら教育課程全体の

第7章　探究力を育てる教育課程

編成につなげていくのかを明らかにすることが重要な課題となるのである。

第3項　教育課程編成をめぐる議論

ところで、探究力の育成をめざした教育課程編成のあり方を論じる際には、「何のために」その教育活動が求められるのかについても検討する必要がある。この点もまた、教育課程編成の方向性に影響を与えるためである。

ここで参考になるのが、フィエン（John Fien）による環境教育の三つの類型の整理である。フィエンはハックル（John Huckle）らの論を援用しつつ、環境教育を「環境についての（about）教育」「環境を通しての（through）教育」「環境のための（for）教育」の三類型に分けて説明している(14)。「環境についての教育」とは、環境に関する事実や概念、一般論を教えることを主な目的とする教育を指す。具体的には、たとえば教科書や資料集などを用いて、そこに示されている内容の理解や習得をめざすものが挙げられよう。「環境を通しての教育」とは、学習に体験を付与することや、環境との直接のふれあいを通してそれに対する学習者の理解を深めることを主な目的とする教育を指す。具体的には、たとえば、自然の中で観察などを行うことによって生態系に関する理解を深めることをめざすものが挙げられよう。そして、「環境のための教育」とは、環境に関する意思決定と、問題解決の場面において問題を分析し、十分な情報を備え持ちつつ民主的な方法に参加するための知識や主体的関与、スキルに加えて、道徳的で政治的な気づきを伸ばすことを主な目的とする教育を指す。これについてはたとえば、地球温暖化という問題の解決をめざして情報収集や分析、意思決定、行動への参加などを行うこと、そしてその際に、その問題をめぐる言説や取り組みが誰のどのような意図を背景として提起されているのかという視点や、環境の質の維持や改善をめざした判断を行うという視点を踏まえることを重視したものが挙げられよう。

「about」「through」の教育と「for」の教育との重要な違いの一つとして、前者が教育活動や諸言説に埋め込まれた知識や価値観などの問い直しを必ずしも意図しないのに対し、後者ではその問い直しと再構築を意図する点を指摘することができる。フィエンの論は環境教育を念頭に置いて展開されているが、そ

の主張は、学校教育全体の、そしてそこで編成される教育課程の意味と意義を問い直すための重要な視点を提供していると言える。すなわち、学校を既存の社会の再生産装置として機能させるのか、より望ましい社会を創造するための社会の変革装置として機能させるのかという課題を提起しているのである[15]。

「正解」が見つかっていない課題の解決に取り組む探究学習を進めるにあたり、ESDの主張も念頭に置けば、「for」の教育を位置づけた教育課程編成を行うことが求められる。ただし、「for」の教育と「about」「through」の教育とは対立するものではない。なぜなら、知識やスキル、経験などがなければより良い意思決定や問題の分析、行動への参加などを行うことは困難であり、また逆に、実際に意思決定などを行う過程で、自身に必要な知識やスキルなどが自覚化され、その習得に向けた学習活動が促進されるという場合もあるためである。したがって、これら三つの性質を有する教育活動をどのように関連づけながら教育課程を編成するのか、そしてその際に、総合学習と教科学習それぞれをどのように位置づけるのかを検討することが必要となるのである。

第4項　探究力育成のための教育内容と学習活動の教育課程への位置づけ方

滋賀大学教育学部附属中学校（以下、附属中）では、1983（昭和58）年度に開始した「びわ湖学習」を1994（平成6）年度に「BIWAKO TIME」へと発展させ、現在まで、総合学習としての実践を重ねている。ここでは、附属中の実践事例をもとに、探究力育成のための教育内容と学習活動の教育課程への位置づけ方を検討する[16]。

「BIWAKO TIME」では、「『郷土である滋賀』を学習フィールドとし、調査研究活動を通して『学び方を学ぶ』こと」、具体的には、「各教科の学習で得た知識や体験を生かせるように、逆にBT［BIWAKO TIME］で学んだことを各教科での学習で生かせるように、『学び』をより活用できる力へと再編すること」が目的とされてきた。2015（平成27）年度は、4月末から11月半ばにかけて、24時間の授業時数、および、夏休みと秋休みを活用して実施された。表7-2は、五つの活動場面から成る学習の流れと学習内容の概要である。

第7章　探究力を育てる教育課程

表7-2　2015（平成27）年度の「BIWAKO TIME」の流れと概要

	学習の流れ （配当授業時数）		学習内容の概要
1	課題の発見と計画 （5時間）	①	全校ガイダンスを聞いた後、本年度に取り組みたい研究テーマを各自が考え、提出する。教師はそれをもとにグルーピングを行う。
		②③	領域ごと、グループごとに研究計画を考える。
		④⑤	教師との面談を行い、計画を改善する。
2	課題追究 （6時間）	⑥⑦	研究活動を始めるための準備を行い、活動を始める。
		⑧⑨	調査研究活動を行う。校外活動や夏休み中の計画を立てる。
		⑩⑪	調査研究活動を行う。研究の問いと仮説、具体的な研究計画を立てる。
	夏休み		夏休みならではの調査研究活動を行う。
	（4時間）	⑫⑬	調査研究活動を行う。研究の方向性について、担当教員との面談を行う。
		⑭⑮	調査研究活動を行う。
3	発表準備 （4時間）	⑯⑰	活動の成果をまとめ、領域別発表会の準備を行う。
		⑱	発表会の原稿をつくる。
		⑲	発表会のリハーサルを行う。
	秋休み		各自が任された発表の準備と練習を行う。
4	まとめと発表 （領域別：2時間） （代　表：2時間）	⑳㉑	領域別発表会（研究の成果を整理し、まとめを発表する場）を実施する。
		㉒㉓	反省とまとめの集会（各領域から代表のグループを選び、「学び方を学ぶ」に関わって、研究成果を整理し、交流する場）を実施する。
5	学習の反省とまとめ（1時間）	㉔	今年の研究をまとめ、今後の学習につながるようにする。

出典：北村拓也「第3章 総合的な学習の時間、特別活動等の研究　第1節 論理的に思考・判断・表現する総合学習『BIWAKO TIME』の実践（2年次）」滋賀大学教育学部附属中学校『平成27年度（2015年度）研究紀要 第58集』2016年、116-118頁（http://hdl.handle.net/10441/14747、2017年1月9日確認）をもとに筆者作成。

　「BIWAKO TIME」において生徒たちは、「自然」「社会」「文化」の3領域に分かれ、1年生から3年生までの異学年男女混合のグループで学習活動を進めている。グループ分けに際しては、話し合いの活発化や協力する意識の向上を

めざして、1グループあたり4人が基準とされている。また、社会に多種多様な考え方や価値観がある中で、意見の合意や見方・考え方の深化・拡大が重要であるという認識から、異学年合同、ならびに男女混合が基本とされている。

グループ分け以外にも、生徒の探究活動の深まりを保障するための様々な工夫がなされている。たとえば、学年ごとの目標を設定したり役割を意識させたりすることで、3年間を通した確かな学力の保障がめざされている。また、課題追究の場面では、収集する「事実」の真実性や必要性を吟味する機会をつくるために、人と関わり、質問したり意見を聞き取ったりする校外への訪問学習が必須課題とされており、生徒たちは、博物館や大学、行政機関を訪問したり地域住民の協力を得たりしながら研究活動を進めている。さらに、夏休みを挟むことで調査活動のための時間が十分に取られているほか、収集した情報を整理したり考察したりするとはどういうことかを教師が具体的に示すことで生徒の学習が支援されている。その他にも、テーマ設定や課題追究、発表準備の場面における思考ツールの活用や、教師と生徒との面談なども行われている。

附属中の実践事例からは、探究力育成のための教育内容と学習活動を教育課程に位置づけるにあたり、特に次の二点を意識することの必要性を指摘したい。

一つ目は、教育課程を構成する学習活動ならびにそこで身につけさせたい力を明確にしたうえで、それぞれの独自性と関連性を意識した教育課程編成を行うことである。上述のように「BIWAKO TIME」は、「学び方を学ぶ」という役割、具体的には、「『学び』をより活用できる力へと再編する」という役割を持つものとして教育課程上に位置づけられている。そして、生徒たちが、各教科と「BIWAKO TIME」のそれぞれで学んだことを他方での学習で生かせるようになることがねらわれている。また、異学年男女混合のグループ編成、校外での調査活動も含めた長期に渡る充実した課題追究を行う機会の設定、丁寧な準備を踏まえた発表と議論の機会の設定など、この時間なしには困難な学習活動も位置づけられている。このように、附属中では、「BIWAKO TIME」がなければ十分に保障することが難しい学習の質や活動とは何かを明確にしたうえで、それらを、教科学習を通して獲得される知識や体験などと関連づけるかたちで位置づけている。こうした取り組みによって、意図的かつ計画的に探究力

を育成することが可能になるのである。

　二つ目は、児童・生徒が優れた探究活動に触れるとともに、自他の学習を振り返り、試行錯誤を繰り返しながら、探究活動を経験する機会を保障することである。「BIWAKO TIME」では、異学年合同のグループ編成を行うことで上級生の知識や経験を下級生に伝えることや、発表および学習の反省の機会を複数設定することによって互いの探究活動の成果を振り返ったり改善したりすることが可能になっている。また、教師との面談を通して生徒が自身の進捗状況や改善点を把握し、その後の学習に生かすことも促されている。探究力は、教師の提示する事実の暗記やスキルの習得のみで身につけられるものではない。そのため、こうした取り組みを重ねることが重要になるのである。

第3節　探究力の習得状況の評価方法と教育課程編成への生かし方

第1項　探究力の習得状況の評価方法

　本章では、探究力を、答えの見つかっていない課題の解決に向けて、他者と協働しながら、自発的かつ積極的に取り組むための知識やスキル、態度を総称するものと捉えて論を進めてきた。この立場に立つと、探究力とは、ある単一の力で構成されるものではなく複数の力で構成されるものと捉えられる。また、その一つひとつの力はいずれも、個別の知識やスキルのみで構成されるものではなく、複数の知識やスキルなどを関連づけ、総合するかたちで構成されるものである。以上を踏まえると、探究力の習得状況を評価する際には、パフォーマンス評価を取り入れることが必要であると考えられる（第6章参照）。

　パフォーマンス評価とは、「知識やスキルを使いこなす（活用・応用・総合する）ことを求める問題や課題などへの取り組みを通して評価する評価方法の総称」である[17]。そこでは、現実の社会や生活とは切り離された状況や文脈の中で断片的な知識やスキルを問うのではなく、現実の社会や生活で直面しうる（あるいはそれに似せた）状況や文脈に即して課題を設定し、そこでパフォー

図7-1　ポートフォリオの例

出典：宮本浩子教諭（当時）提供。西岡加名恵『教科と総合学習のカリキュラム設計——パフォーマンス評価をどう活かすか——』図書文化社、2016年、183頁。

マンスを行わせることが重視される。

　さらに、パフォーマンス評価によって把握すべき探究力の習得の度合いは「○／×」「できる／できない」という二分法で評価可能なものではなく、その習得の度合いには、質の異なる複数の段階が想定される。そのため、探究力の把握に際しては、「ルーブリック」を開発し、活用することが効果的である。ルーブリックとは、「成功の度合いを示す数値的な尺度あるいは評語と、それぞれの数値や評語にみられる認識や行為の質的特徴を示した記述語からなる評価基準表」[18]のことである。ルーブリックを活用することにより、パフォーマンスの質の客観的な判断が可能になるのである（第6章参照）。

　また、探究学習の過程を丁寧に把握し、指導と学習の改善に生かすためには、ポートフォリオ評価法も有効である。ポートフォリオとは、「子どもの作品（work）や自己評価の記録、教師の指導と評価の記録などの資料と、それらを系統的に蓄積していくファイルや箱などの両方」を意味するものである（図7-1）。そして、ポートフォリオ評価法とは、「ポートフォリオづくりを通して、子どもが自らの学習のあり方について自己評価することを促すとともに、教師も子どもの学習活動と自らの教育活動を評価するアプローチ」である[19]。

ポートフォリオ評価法では、ファイルなどに学習の過程で生み出された一連の資料を蓄積し、適宜それを振り返ることで、児童・生徒の学習ならびに教師の指導の過程とその到達点を把握するとともに、その結果を児童・生徒の学習と教師の指導の改善に生かすことが目指される。この評価方法を用いることによって、学習の結果だけではなくその過程も重視した学習と指導を展開すること、児童・生徒が、他者から評価されるためのものではなく自身のものとして学習を捉える感覚を取り戻すこと、児童・生徒の学習に対するメタ認知を促すことが可能になる[20]。

こうしたポートフォリオ評価法の利点を生かすための指導のポイントとして、西岡は、①「学習者と教師の間で見通しを共有すること」、②「蓄積した作品を編集する機会を設けること」、③「定期的にポートフォリオ検討会を行うこと」の三つを挙げている[21]。ポートフォリオづくりの目的や意義、残すべき作品、時間や活用方法などについての見通しを共有することによって、自律的かつ効果的に、長期に渡る学習活動を進めることが可能になる。また、編集の機会やポートフォリオ検討会（ポートフォリオを用いて、児童・生徒と教師、場合によっては地域住民なども含めた学習活動の関係者が話し合う場のこと）を位置づけることによって、長期にわたる学習の成果と課題をそのプロセスとともに把握してその後の教育・学習活動に活かしたり、振り返りの過程が自己評価活動にもなって省察を促したりすることにもつながる。

このように、探究力の習得状況を把握するためには、探究力の内容ならびに想定される学習活動の特質に応じて適した評価方法を選択し、実践することが求められる（第6章及び本講座第5巻第6章参照）。

第2項　ルーブリックの試案とその活かし方

図7-2は、探究活動のプロセスとそこで求められる探究力の内容を踏まえて筆者が作成したルーブリックの試案である。そこでは、まず、探究活動のプロセスを「課題の発見」「調査・分析」「探究の成果のまとめ・発信」の3局面に分け、探究活動全体を通してこれら3局面を繰り返し経ることで学習者の探究力と学習活動の質が高まると想定している。そして、各局面で必要となる力をよ

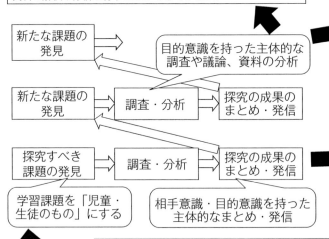

図7-2 探究活動のプロセスと探究力のルーブリック試案

出典：筆者自身の持つ研究・探究活動のプロセスとそこで求められる力のイメージをもとに、彦根市立城陽小学校（2013～2016年度）や彦根市立城西小学校（2015年度）での校内研修会などにおける実践や先生方との議論なども参考にしつつ、筆者作成。

第7章　探究力を育てる教育課程

資料収集	
資料の選択	収集方法の決定
複数の資料の中から、収集／活用すべき資料を、**より妥当な根拠に基づいて**自分なりに判断して選択することができている。	複数の収集方法の中から、**資料の内容や特性に応じて**、より適切だと考えられる方法を、**より妥当な根拠に基づいて**自分なりに判断して決定することができている。
複数の資料の中から、収集／活用すべき資料を、**根拠を持って自分なりに判断**して選択することができている。	複数の収集方法の中から、**より適切**だと考えられる方法を、**根拠を持って自分なり**に判断して決定することができている。
➡ **複数の資料の中から、収集／活用すべき資料を自分なりに判断して選択**することができている。	複数の収集方法の中から、適切だと考えられる方法を**自分なりに判断して決定**することができている。
他者から提案された資料を、その適否の判断なしに、収集／活用すべき資料であるとしている。	他者から提案された方法を、その適否の判断なしに用いている。
収集／活用すべき資料を選択することができていない。	資料の収集方法を決定することができていない。

成果発表	
➡ 発表資料のまとめ方	発表方法
聞き手を意識しながら参考資料の内容を踏まえたうえで自分の考えを示すとともに、**発表資料の内容をより効果的に伝えるための工夫を行うことができている。**	発表資料の内容を踏まえるとともに、聞き手の様子も確認しながら、**必要に応じて聞き手との双方向のコミュニケーションも図りつつ、より効果的かつ分かりやすいかたちで発表を行っている。**
参考資料の内容を踏まえたうえで自分の考えを示すとともに、**説明内容やその難易度などを、聞き手を意識して調整することができている。**	発表資料の内容を踏まえるとともに、**聞き手の様子も確認しながら、強弱をつけたり間を取ったりしつつ発表を行っている。**
参考資料の内容を踏まえたうえで自分の考えを示すかたちで、発表資料をまとめることができている。	発表資料の内容を踏まえて、自分なりに強弱をつけたり間を取ったりしながら発表を行っている。
自身の考えを連ねるかたち、あるいは参考資料の内容を抜き出すかたちで、発表資料を作成している。	発表資料を読み上げるかたちで発表を行っている。
発表資料をまとめることができていない。	発表を行うことができていない。

（なお、図の作成にあたっては、2016年6月20日に筆者が担当した彦根市小・中学校教頭会の研修会で筆者が作成・配布した資料を一部修正した。）

り具体的な構成要素に分けたうえで、それぞれの力の高まりの度合いを想定してルーブリックを作成した。

　ここで重要となるのは、まず、探究力を身につけた学習者の姿の具体的なイメージを明確にするということである。先述のように、探究力が身についた学習者の姿を明確にしなければ、教育課程編成ならびに指導の方向性が定まらない。ルーブリックを作成することによって、めざす学習者の姿を具体化することが必要かつ可能になる。そしてこれは、そうした学習者の姿を実現するために設定すべき教育目標の具体化や、取り組ませるべき学習テーマや学習課題の設定にもつながるだろう。ただし、学習者の実態や特徴は様々であり、それゆえ、設定すべき学習テーマや学習課題も一様ではない。したがって、実際に評価を行う際には、図7-2に示したかたちの一般的なルーブリックをもとに、対象とする学習者の実態や各単元で設定する学習テーマや学習課題を踏まえて、より具体的なルーブリックを作成することが必要となる。

　さらに、ルーブリックを教育課程編成に活かすにあたっては、これを評価の場面のみで使用するのではなく、単元設計や授業づくりにも活用することが重要である。たとえば、図7-2の「課題設定」について見てみると、設定したルーブリックの最上位に到達するためには、学習者は「社会的に意味や意義のある課題」とはどのような課題を指すのかを理解することが必要となる。同様に、「資料の解釈・分析」について見てみると、「妥当な根拠」とは何かを理解して示しながら資料の解釈や分析を行うことや、論理的に説明することなどが求められる。したがって、教育課程を編成するにあたり、こうした理解や資料の解釈と分析、論理的に説明する力の習得などを促すための学習の機会を位置づけることが必要になることが分かる。このようにしてルーブリックを活用することで、より望ましい段階へ学習者を到達させるために必要な学習の要素が明確になる。そして、そうした要素を位置づけた単元設計や授業づくりを行うことで、探究力の育成を確かなものとする教育課程編成につなげることができるだろう。

　なお、たとえば「論理的な説明」と言っても、学習者の発達段階に応じて、求められる質が異なるはずである。したがって、ルーブリックに示した文言の

意味する内容や姿を、対象とする学習者の発達段階に応じて具体化することも重要である（本講座第5巻第6章参照）。

第3項　自己評価ならびに相互評価の重要性

　前項で見てきたように、教育評価の機能を学習者の学力の実態把握のみと捉えるのではなく、教育目標や取り組ませるべき学習テーマの明確化、学習課題の設定、必要な学習の要素の明確化とそうした要素を位置づけた単元設計や授業づくりなどにも資するものと捉え、教育課程編成に生かすことが重要である。ここでは、それに加えて、自己評価ならびに相互評価の重要性にも触れておきたい。

　探究活動には、基本的に、「完成」はない。なぜなら、一つの課題の解決に取り組むことでさらに探究するべき課題が生まれたり、学習者や教師を中心として探究活動に関わる人々が互いの知見を共有し合い、議論を重ねることで互いの考え自体も深化させながらより良い解決策の模索を続けていくというプロセスを経たりするという性質を有するためである。この点に鑑みれば、教育評価に関して、教師が自身の設定した評価基準に基づいて学習者の学習の到達度を評価するということだけではなく、学習者同士が互いの成果や課題について指摘し合うことや、そうした他者との関わりも踏まえて各自が自身の学習の成果や課題を評価することも重要になる。したがって、こうした相互評価や自己評価の機会と、そうした評価能力自体を高める機会をいかに位置づけるのかという点も、教育課程編成の際に考慮すべき課題となる。

　その際、前項で示したルーブリックを児童・生徒にも公表して共有し、その内容の理解を促すとともに、ルーブリックに基づく自己評価や相互評価の機会を学習の過程に位置づけることは、一つの方途となる。また、前節で取り上げた「BIWAKO TIME」の取り組みなども、重要な方向性の一つを示唆するものになるだろう。

おわりに

　本章では、探究力を育てる教育課程を編成する際の留意点を明らかにすると

ともに、取り組みを進める際の具体的な方向性についての提案を行うことを目的としてきた。その際には特に、「育成すべき探究力の内容の明確化」、「探究力を育成するための教育内容・教科内容と学習活動を確実に位置づけた教育課程の編成」、「探究力の習得状況の評価方法の明確化」の三つの課題を念頭に置いて検討を進めてきた。その結果も踏まえて、最後に、探究力を育てるための教育課程を編成し、それを効果的に実践するための教師の役割に触れて、本章を終えたい。

探究活動において設定される課題は、特にそのレベルが高くなればなるほど、教師や各分野の専門家などにも「答え」は分からないものになる。そのため、「大人だから子どもよりもよく知っている」、「大人の方が良いアイディアを持っている」とは言い切れず、したがって、「教師＝教える人」「学習者＝教えられる人」という固定化された関係性の中でのみ学習を進めることはできない。また、教師が「正解」を持ち、最終的にそこに到達させるというかたちの指導を行うことも困難になる。したがって、教師には、教えるという役割だけではなく、学習者の学習を促進するという役割も求められることになる。

ただし、「正解」を有していないからといって指導ができないということではない。なぜなら、たとえば探究を効果的に進めていくための一定の「型」や「作法」を想定することは可能であり、そうした基本的なスキルやプロセスに十分に習熟させるための指導自体は可能だからである。したがって、探究力を育てるための教育・学習活動においては、教師は言わば「先輩研究者」という役割を果たすことが必要になると言えるだろう。

さらに、SSHやSGH、「BIWAKO TIME」の取り組みからは、探究力の育成に当たって、学校のみで、あるいは教師のみで取り組みを進めるのではなく、学校外の専門家や地域住民、国内外の他の学校などとも連携しながら取り組みを進めることの重要性が示唆される。この点を踏まえると、教師には、教育課程の編成や実践づくりの専門家として取り組みを企画・運営するコーディネーターとしての役割もまた、より一層求められると言えるだろう。

本論で見てきたように、探究力を育成するための教育課程を編成し、実践するための試みは、これまでにも多く重ねられてきている。また、探究力の育成

は、これまでに学校教育の場で進められてきた取り組みをより充実させ、確実なものにしていくという道の上に位置づけられるものである。以上を念頭に置き、国内外の事例にも学びながら、各学校の実態に合うかたちで多様な取り組みを進めることが求められよう。

〈注〉
(1) 中央教育審議会「幼稚園、小学校、中学校、高等学校及び特別支援学校の学習指導要領等の改善について（答申）」(2008年1月17日)。
(2) 中央教育審議会「幼稚園、小学校、中学校、高等学校及び特別支援学校の学習指導要領等の改善及び必要な方策等について（答申）」(2016年12月21日)。
(3) 同上。
(4) 文部科学省のウェブサイト内にある日本ユネスコ国内委員会のページ（http://www.mext.go.jp/unesco/004/1339970.htm、2017年1月9日確認）より。
(5) 多田孝志ほか『未来をつくる教育 ESDのすすめ――持続可能な未来を構築するために――』日本標準、2008年。
(6) 国立教育政策研究所教育課程研究センター編集・発行『学校における持続可能な発展のための教育（ESD）に関する研究最終報告書』2012年（https://www.nier.go.jp/kaihatsu/pdf/esd_saishuu.pdf、2017年1月9日確認）。
(7) 「国連持続可能な開発のための教育の10年」関係省庁連絡会議『我が国における「国連持続可能な開発のための教育の10年」実施計画（ESD実施計画）』(平成18年3月30日決定／平成23年6月3日改訂)、4頁（http://www.cas.go.jp/jp/seisaku/kokuren/keikaku.pdf、2017年1月9日確認）。
(8) 以下の記述に関しては、西岡加名恵・中西修一朗編『京都大学COC事業：地（知）の拠点整備事業「COCOLO域」 高等学校における「探究」の指導』京都大学、2015年も参考にした。
(9) SSHの具体的な事業内容等については、国立研究開発法人科学技術振興機構のSSHに関するウェブサイト（https://ssh.jst.go.jp/、2017年1月9日確認）に詳しい。
(10) この段落の記述は主に、文部科学省初等中等教育局国際教育課「(参考1) スーパーグローバルハイスクールについて」（http://www.mext.go.jp/a_menu/kokusai/sgh/__icsFiles/afieldfile/2016/03/31/1368807_01.pdf、2017年1月9日確認）に基づく。なお、具体的な事業内容などについては、SGHのウェブサイト（http://www.sghc.jp/、2017年1月9日確

認）に詳しい。
(11) 文部省『小学校学習指導要領』ぎょうせい、1998年。
(12) 田中耕治「教育課程の思想と構造」田中耕治ほか『新しい時代の教育課程 第3版』有斐閣、2011年、160頁。
(13) この段落は、同上論文、158-164頁を参考に、筆者の解釈も加えて記述した。
(14) フィエンの論については、フィエン，J.（石川聡子ほか訳）『環境のための教育——批判的カリキュラム理論と環境教育——』東信堂、2001年〔原著：1993年〕に基づく。
(15) こうした議論については、木村裕『オーストラリアのグローバル教育の理論と実践——開発教育研究の継承と新たな展開——』東信堂、2014年も参照されたい。
(16) 滋賀大学教育学部附属中学校の取り組みに関する以下の記述は、北村拓也「第3章 総合的な学習の時間、特別活動等の研究 第1節 論理的に思考・判断・表現する総合学習『BIWAKO TIME』の実践（2年次）」滋賀大学教育学部附属中学校『平成27年度（2015年度）研究紀要 第58集』2016年、116-123頁（http://hdl.handle.net/10441/14747、2017年1月9日確認）に基づく。
(17) 西岡加名恵「教育評価とは何か」西岡加名恵ほか編『新しい教育評価入門——人を育てる評価のために——』有斐閣、2015年、10頁。
(18) 石井英真「教育評価の立場」同上書、45頁。
(19) 西岡加名恵「教育評価とは何か」同上書、10-11頁。
(20) 渡辺貴裕「学力を把握するための方法」同上書、140頁。
(21) 西岡加名恵『教科と総合学習のカリキュラム設計——パフォーマンス評価をどう活かすか——』図書文化社、2016年、185-186頁。

〈推薦図書〉

天野正輝編著『総合的学習のカリキュラム創造——教育課程研究入門——』ミネルヴァ書房、1999年。

西岡加名恵『教科と総合に活かすポートフォリオ評価法——新たな評価基準の創出に向けて——』図書文化社、2003年。

フィエン，J.（石川聡子ほか訳）『環境のための教育——批判的カリキュラム理論と環境教育——』東信堂、2001年〔原著：1993年〕。

宮本浩子・西岡加名恵・世羅博昭『総合と教科の確かな学力を育むポートフォリオ評価法 実践編——「対話」を通して思考力を鍛える！——』日本標準、2004年。

和光小学校・和光鶴川小学校「沖縄に学ぶフォーラム2006」委員会編『沖縄に学ぶ子どもたち』大月書店、2006年。

第8章
価値観の形成と自立・協同のための教育課程

はじめに

　児童・生徒が、生き方、ものの見方・考え方、価値を探究するための学習をいかに構成していくか。本章では、特に道徳や教科外分野・特別活動を中心に、日本の教育課程が、このテーマをいかに位置づけてきたかをたどりながら検討を進める。

　テーマに用いた「価値観の形成」とは、一人ひとりの児童・生徒が、生き方や自然・社会・世界に対する見方・考え方を構成していく過程、よって立つ価値を探究する学習活動の過程を表現したものである。

　一方、「自立・協同」は、人の生き方と社会の在り方、個と集団の関係性に対する希望を含んだ象徴的な価値である。人が自立に向かう道のりは多様であり、生活的自立の様態も一律ではない。人々の自立を相互に保障する共同体の力を高めるもの、それが協同と自治であり、自立と依存を支える関係性の発展である。

　時に人の志向や内面に触れるような学習過程が、果たして公教育に必要かどうかは慎重に考えるべきだ。しかし、現実に私たちは市民として、政治（社会の諸課題をめぐる理解・判断・問題解決の過程）や倫理・道徳（人の行動やふ

まいをめぐる反省的思考と規範の探求）のように、人間と社会の基本に関わるテーマや価値観に根差した難題にたびたび遭遇する。児童・生徒も、学校の内外でその萌芽的な状況に直面し、経験を重ねて学び、成長していくはずである。

一般に価値観と言えば、何らかの閉じた信念の体系のように受け止められやすい。しかし、価値という表現自体、本来は自然・社会・世界に対する人々の希望や理想を示したものである。ここでは、ものごとに対する見方・考え方に対立や矛盾が生じる可能性を前提に、価値を客観的で自由な探究が可能な対象として捉えた上で、対話や議論、行動と省察の過程を大切にする学習の場を創造し、多様な価値への関心を高める方法を考えてみたい。

第1節　カリキュラムの新しい枠組み

第1項　道徳の「教科化」という展開

2015（平成27）年3月、文部科学省は、学校教育法施行規則の一部を改正し、関係条文の「道徳」を「特別の教科である道徳」に変更するとともに、小学校・特別支援学校小学部には2018年度から、中学校・特別支援学校中学部では2019年度から施行することとした。これにより学習指導要領についても、「道徳」や「道徳の時間」の表記が「特別の教科である道徳」、「特別の教科道徳」、「道徳科」などに変わり、総則や目標・内容ともに大幅に改訂された。なお、2017年の学習指導要領改訂に向けた中央教育審議会答申（2016年12月）では、小中学校の道徳については改めて道徳科の目標を改訂し直すのではなく、新学習指導要領が目指す「資質・能力の三つの柱」との関係について指導資料等で周知するとしている[1]。

生活科（1989（平成元）年）や「総合的な学習の時間」（1998（平成10）年）のように、教科・科目や領域（時間）の新設・再編はこれまでにもあった。しかし、1958（昭和33）年、賛否が対立する論議の中で特設されて以来半世紀余を経た道徳が、教科外から教科領域に位置を変えるという経過は類例のない事

態である。ここで、カリキュラムにおける教科や領域の成立根拠とは何かという基本問題が改めて浮かび上がったのである。

　この学習指導要領一部改正の直接の契機となったのは、教育再生実行会議の第一次提言「いじめ問題等への対応について」(2013（平成25）年2月）において、何よりも初めに「道徳を新たな枠組みによって教科化し、人間性に深く迫る教育を行う」と提起されたことである[2]。「教科化」自体は、前身の教育再生会議でも「徳育の教科化」としてうたわれていた。たとえば同会議第三次報告（2007年12月）は、「徳育を『教科』とし、感動を与える教科書を作る」として、「新しい教育基本法の下で、社会総がかりで、徳育の充実に取り組む」と提言した。

　ただし、道義に関する教科や修身科再生を指向する動きは、既に第２次世界大戦後間もない時期から始まっている。1951（昭和26）年1月、当時の天野貞祐文相に提出された教育課程審議会の「道徳教育振興に関する答申」は、「道徳教育振興の方法として、道徳教育を主体とする教科あるいは科目を設けることは望ましくない。道徳教育の方法は、児童、生徒に一定の教説を上から与えて行くやり方よりは、むしろそれを児童、生徒に自ら考えさせ、実践の過程において体得させて行くやり方をとるべきである」と主張し、「過去の教育の弊に陥る」こと、すなわち修身科に類似したものの復活を否定した[3]。

　その後も論議は続いたが、1958年改訂学習指導要領において、各教科とは別の教科外の枠組み、すなわち「道徳、特別教育活動、学校行事等」という形態により小・中学校に道徳を開設するに至ったのである。（障害児教育諸学校には1962年度以降順次開設）

　当時の文部省『中学校道徳指導書』(1958年）は、従前は学校の教育活動全体を通じて道徳教育を行うことを基本としてきたが、計画的な実施が困難であり、内面的自覚を深める点で効果が上がらなかったという理由をもって、特に道徳の時間を設けて学校における道徳教育の徹底を図ることになったと説明した。しかし、「目標と内容が比較的具体的に示され、しかも、毎週一定の時間をあてるということからいえば、形式上では教科に近いと見られる」とも述べており、教科とは異なる「時間」独自の意義は明確にされなかった[4]。この

点は、未解決の問題として残されたのである。

第2項 「教科化」の論理

(1)「教科化」の根拠をめぐって

「教科化」構想を具体化するため、2013年3月に設置された道徳教育の充実に関する懇談会の報告「今後の道徳教育の改善・充実方策について」（同年12月）では、道徳の時間の現状が「期待される姿には遠い状況にある」とした上で、道徳教育の内容（目標の精選と明確化）、指導方法（動作等を取り入れた指導や問題解決的な指導の充実、各教科等との関連づけの強化）、評価（多様な評価方法の活用）などに関する「改善の方向」を示した。ただし、この「報告」も言うように、「改善の方向」には、従来から指摘されてきたことや、学習指導要領総則等で留意事項となっていた内容が含まれている。

同懇談会では、「道徳の時間の指導方法に不安を抱える教師が多く、授業方法が、単に読み物の登場人物の心情を理解させるだけの型にはまったものになりがちである」、「現代の子供たちにとって現実味のある授業となっておらず、学年が上がるにつれて、道徳の時間に関する児童生徒の受け止めが良くない状況がある」といった課題も指摘された。これらは、教科化だけでは容易に解決し得ない道徳学習の本質に関わる問題である。

それにしても、なぜ教科でなければならないか。積年の様々な問題を解決して「停滞」から充実に向かうには、目標・内容は学習指導要領で定めるが、位置づけは教科外の一領域にとどまるという従前のカリキュラムの形を、まずは「新たな枠組み」（「特別の教科」化）によって変えることが必要と説明された。

「現実的な問題」として、「どうしても各教科が偏重され、道徳の時間が軽視されがちとなっているとの指摘があるが、こうした風潮を改め、関係者に道徳教育の重要性についても再認識と取組の充実を求める」という見方も示された。教科に並ぶことによって教育課程上の重みを確保し、社会や教育界に重要性を認識させる、検定教科書を使用することによって「一定水準を担保した道徳の授業」を実施し、目標や内容の体系化を図ることが可能になる、およそこのような論理が教科化の展開を支えている[5]。

第8章　価値観の形成と自立・協同のための教育課程

（2）学習の必然性を問うこと

　一般教科とは異なる「特別の教科」という枠組みを設けた理由としては、目標に沿って内容を系統的、組織的に指導する個別教科としての役割に加え、教育課程全体で取り組む道徳教育の要としての位置づけを持つという特殊性（二重の機能）があること、原則として学級担任が授業を行うこと、評価は数値でなく、個々の児童・生徒の道徳性のあり様を指導要録等に記述する方法に依ることなどが挙げられている。教育の目的である人格形成に関わる道徳教育、その要ということは、教育課程の中心的な位置を占める、まさに特別な存在ということである。

　しかし、「道徳の時間」をいかに総括して課題を見出すか、そもそも教科としての成立要件（存立可能性）をいかに説明できるのか。こういう基本課題に対する本質的な検討を残したまま状況が先行した。「偏重」とか「軽視」という傾向があるとすれば、それは教科であるか否かというよりは、当該の学習分野の意義が、学習者や指導者、そして社会にどのように理解されてきたかということにかかっている。道徳の時間を含む教育課程の運用をめぐる学校（教職員集団）としての取り組みや研究、自らの教育実践に対する省察の深まりと共有が、学習の意義を明確化するためには不可欠だ。この点に課題を残した状態で教科化が進んでも、のちに触れる「質的転換」は容易に実現しないだろう。

　教科として成り立つ場合も、その他の領域として時間の枠を確保する場合も、先ずはその分野・対象の学習に、子どもの発達にとって必然性があるかどうかを明確にする必要がある。学習の対象となる概念群（知識や技能の範疇（はんちゅう））を明確に抽出でき、組織化、系統化が可能なもの（これは主に教科としての成立条件）と、人の生活における諸経験のまとまりとして、一定の学習の組織化が可能なもの（たとえば総合的な学習の時間、特別活動など主に教科外分野に属する）に整理し、存立理由と編成指針を明瞭にしたカリキュラムを構成すること、こうした存在論的な検討を行うことが、教員にとって、また学校に基礎を置くカリキュラム論として最も重要なのである。

第2節　道徳教育の目標・内容・方法

第1項「質的転換」の方向性

（1）「考え、議論する」道徳科

　2016年12月の中央教育審議会答申は、道徳的な課題を一人一人の児童生徒が自分自身の問題と捉え、向き合う「考え、議論する道徳」への転換を図ることが、学習指導要領改訂の趣旨「主体的・対話的で深い学び」を実現することになるとしている。これは、同審議会教育課程企画部会が、先に発表した「論点整理」（2015年8月）の中で、道徳教科化による「質的転換」を次のように評価した点を引き継いだものである[6]。

　まずは、「考え、議論する」道徳科への転換が、アクティブ・ラーニングによる学習方法改善を「先取り」したという評価であり、併せて「これまで軽視されがちだったと指摘される従来の道徳の時間を検定教科書の導入等により着実に行われるように実質化するとともに、その質的転換を図ることを目的としている」とする捉え方である。後者は、教科化の動因をめぐるリアルな指摘でもある。

　「考え、議論する」道徳科という表現は、「小学校学習指導要領解説特別の教科道徳編」（中学校版も同様。以下「解説」と表記）において、「発達の段階に応じ、答えが一つではない道徳的な課題を一人一人の児童が自分自身の問題と捉え、向き合う『考える道徳』、『議論する道徳』へと転換を図る」と取り上げたことに由来する[7]。

　その前提になったのは、中教審答申「道徳に係る教育課程の改善等について」（2014年10月）の中の次の言明である。

　なお、道徳教育をめぐっては、児童生徒に特定の価値観を押し付けようとするものではないかとの批判が一部にある。しかしながら、道徳教育の本来の使命に鑑みれば、特定の価値観を押し付けたり、主体性をもたずに言われるままに行動するよう指導したりすることは、道徳教育が目指す方向の対極にあるものと言わなければならない。むしろ、多様な価値観の、時に対立がある場合を含めて、誠実

にそれらの価値に向き合い、道徳としての問題を考え続ける姿勢こそ道徳教育で養うべき基本的資質であると考えられる[8]。

同答申では、「社会のルールやマナー、人としてしてはならないことなどについてしっかりと身に付けさせることは必要不可欠」だが、その真の目的は道徳性を養うことにあり、「ルールやマナーの意義や役割についても考えを深め、さらには、必要があればそれをより良いものに変えていく力を育てることをも目指していかなくてはならない」と述べた。自立を支え、児童・生徒が価値を発見し創造できるような学習のあり方を探るためには、このような立場は重要な手掛かりとなる。

「考え、議論する」ことは、単に道徳科の授業スタイル、あるいは授業の分節などで用いる手立てにとどまらない。平素の学級の雰囲気や指導者の姿勢、教科・領域・学年に応じた「考え、議論する」ことへの習熟を目指す援助など、学習指導全体の方略によって定着していくものである。この指導が十分でないと、むしろ所与の状況に積極的に（過剰）適応したり、思索・思考が不十分なまま価値や論議内容に納得（同調）したりすることになり、道徳的価値も直接的に伝達・受容されていく可能性が大きい。

思索や迷いを経たとしても、自らの考え方や価値観を深めることがいかに難しいかを、価値に関わる学習のたびに児童・生徒も指導者も経験し、了解する。安易に、可視的で能動的な態度のみを求めるのでなく、時には沈黙をも含む人のふるまい方や、精神の深部で生じる思考と感情の過程を尊重する姿勢もまた、道徳性や価値意識の成長を支えるために不可欠なものである。

道徳的判断の発達に関する重要な研究成果を残したコールバーグ（Lawrence Kohlberg）らは、「公正な共同体としての学校」を目指す取り組み（Just Community Approach）と呼ばれる理論と実験・実践プログラムを開発した。生活課題や道徳問題の討論の場を設け、「民主的な意志決定の過程を通じて、その見解を集団行動のためのルールや規範へと転換」させる。教師は生徒間の討論を促し、指導的役割を果たすが、集団による討議の結果や民主的判断が尊重され、これを通じて公正な共同体づくりを図る実践である。

重要なのは、学校（内外）で現実に生じる道徳問題の討議を通して生徒の道徳的判断の発達を図るとともに、学校社会や学級に公正や正義を実現させるというリアルな取り組みであること、生徒自身による討議テーマの選定を含め、民主的な手続きの探求を通して、学校や学級にコミュニティとしての雰囲気を形成するという目的が明瞭なことである(9)。

　「考え、討議する」内容をどの範囲に広げて構想するか、必要な条件を学校や行政がいかに整えることができるか、取り組みに対する批評や評価の体制を、いかに確立していくか。これは、市民性の形成や主権者としての政治参加（日本国憲法前文に言う「政治道徳」の追求）にも、いずれつながる課題である。社会や生活の現実からテーマを取り出し、熟慮と討議を行き来しながら、価値に対する捉え方を尊重し合う学級の空気を作り出すことなど、形式的な模倣や時流に終わらない文字通りの質的転換が必要だ。

　なお、日本の学校教師たちにも、「討議づくり」の方法を含む集団形成と、児童・生徒の自主性や自治能力の形成とを結びつけて取り組む生活指導の長い伝統がある。日々の学級や学校、地域に生じる問題や児童・生徒による文化・交流活動を課題に（道徳に関わる課題も含まれる）、討議や活動の組織化を通じて協同の経験を積み上げる実践である。教育課程への位置づけはないが、時代に即した方法論の展開を図りながら、子どもの社会的な発達を支える教育実践論として引き継がれてきた。（本講座第7巻参照）

（2）「道徳的価値の理解」という学習過程

　2015年一部改正中学校学習指導要領では、道徳科の目標に「道徳的諸価値についての理解を基に、自己を見つめ、物事を広い視野から多面的・多角的に考え、人間としての生き方についての考えを深める学習を通して、道徳的な判断力、心情、実践意欲と態度を育てる」ことを掲げた。同学習指導要領「解説」でも、「道徳的価値に関わる事象を自分自身の問題として受け止められるようにする」（自覚）ことが強調され、「道徳性を養うには、道徳的価値について理解する学習を欠くことはできない」と言うほどに、価値の理解は、学習過程全体を支える基盤となる。

では、「道徳的価値を理解する」とはどういうことか。それは、「道徳的価値の意味を捉えること、またその意味を明確にしていくこと」であり、様々な体験や教材との出会いを手掛かりに、自己との関わりを問い直すことから本当の理解が始まる。学ぶべき道徳的価値が人間としての良さを表すものであることに気づき、「人間尊重の精神と生命に対する畏敬の念に根差した自己理解や他者理解」にもつながっていくというのである。

一方、この道徳的価値（道徳科の内容）をいかに選ぶか。学習指導要領における価値選択の考え方は、「発達の段階を考慮して、生徒一人ひとりが道徳的価値観を形成する上で必要なものを内容項目として取り上げている」とされる。そこでは、善きもの、正しいこと、人としての当為、崇高なものへの心の向け方などが、すでに「体系化」された項目として掲げられている。

しかし、価値理解への道のりが「心の葛藤や揺れ」から始まったとしても、到着点（学習指導計画で設定した目標）に向かってひたすら進めるのでは、本来の在り方には程遠い。押し付けたり、主体性をもたず言われるままに行動するよう指導したりすることは、「解説」でも戒めるところだからである。

道徳に関わる学習では、特定の価値・規範を前提として学習や思考が始まるというのではなく、判断すべき問題や状況を多面的・多角的に考えることによって、よりふさわしい価値判断の在り方や解決方法を探求することが基本となる。この探求の過程で、様々な道徳的価値に対する児童・生徒の理解や関心を深化させることが、道徳に係る学習過程の発展的な在り方である。

第2項　道徳教育の内容・価値をめぐって

（1）四つの視点と価値項目の意味

従来同様、「道徳科の内容」としては小学校19〜22項目、中学校22項目が、四つの視点（A：主として自分自身に、B：主として人とのかかわりに、C：主として集団や社会との関わりに、D：主として生命や自然、崇高なものとの関わりに、関すること）に配置された。主な改正は、各項目に「節度、節制」、「礼儀」、「社会参画、公共の精神」といったキーワードを対応させたことである。たとえば、小学校低学年の項目「先生を敬愛し、学校の人々に親しんで、学級

や学校の生活を楽しくすること」には「よりよい学校生活、集団生活の充実」が、中学校の項目「生命の尊さについて、その連続性や有限性なども含めて理解し、かけがえのない生命を尊重すること」には「生命の尊さ」がキーワードとなる。

キーワードという表現は、2014（平成26）年10月の中教審答申（前掲）で登場した。答申では、キーワードそのものを教え込むことのないよう留意を求めているが、意味内容を単に要約した語句というよりは、美徳や善などを端的に表す徳目（virtue）に近い。一人ひとりの心の持ち方や内面、自覚に収束させるという内容項目の扱いは、従前の道徳「授業」の特質でもあった。

関連や発展性を考慮し、実態に応じた適切な指導が大切とする一方、「四つの視点に含まれるすべての内容項目について適切に指導しなければならない」とか、「当該学年段階の内容項目の指導を全体にわたって十分に行うよう配慮する必要がある」（『解説』）とも強調される。このような位置づけの内容構成と、自発性、協同性、学びの自由さという特性をもつべきアクティブ・ラーニングとは、学習の過程で果たして整合するのだろうか。

教科化の過程では様々な論議や批判も生じたが、やはりこの内容項目・価値の扱いが焦点の一つとなった。中でも法曹団体の意見書では、「道徳の諸価値についての理解」という場合、特定の価値に限定せず、「多様な価値観の、時に対立がある場合を含めて、誠実にそれらの価値に向き合う」（中教審答申）という観点も含まれるのかどうかとか、「国家が、公教育の名のもと、一定の価値観を公定し、それを国民が身につけるべき道徳内容として、子どもに指導すること」は、一方的な観念や価値観を植えつけたり強制したりするおそれがあるといった懸念が表明された。

「これら憲法及び子どもの権利条約の原理に照らすと、公教育としての道徳教育は、……自らの生き方や考え方を探求して自分なりの価値観を確立することにより成長発達し、その確立した価値観に従い自らの幸福を追求していくことができるようになることを目標とすべきである。道徳教育の内容は、そのために子どもたちが思索を自ら深めていくための素材の提供の場であるべきである」という提起は、法理によるものとは言え、教育実践に対する問題提起とも

なっており留意すべき意見である。(10)

(2) 内容と目標をめぐる扱い

学習指導要領における内容の扱いは、「道徳の時間を要として学校の教育活動全体を通じて行う道徳教育の内容」とあったのが、「学校の教育活動全体を通じて行う道徳教育の要である道徳科においては、以下に示す項目について扱う」と道徳科に特化した記述に改正された（一方、「学校の教育活動全体を通じて行う道徳教育の内容」は道徳科の内容とする、という記述になった）。

以前から、各教科等の単元や授業目標などを道徳の内容項目と対照させて一覧表にする試みや、相当する価値を各教科等の学習指導案に掲げる例はあったが、領域間の連携とは必ずしもこのように直結させれば良い訳ではない。これでは、常に道徳の内容項目の観点からも教科等の学習内容が位置付けられるということになり、道徳特設以来「学校の教育活動全体」で実施するとしてきた道徳教育の基本的な在り方（各教科・領域がそれぞれの特性に応じて目標を達成することが、結果として円満な人格や道徳性の成長につながるという捉え方）を質的に変化させる可能性がある。

学校や研修の場で時に問題となってきた目標表現についても一つの修正があった。審議の過程で、長年、道徳の時間固有の育成目標としてきた「道徳的実践力」（「将来出会うであろう様々な場面、状況においても、道徳的価値を実現するための適切な行為を主体的に選択し、実践することができるような内面的資質」）の意味が理解されにくいこと、また、「道徳的行為」の指導は道徳の時間では扱わないといった考え方が教育現場にあるとの指摘があった。これは、内面的資質としての道徳的実践力が強調されるあまり、実践的な行動力の育成が軽視されがちだという批判的な見方によるもので、新・道徳科では「道徳的実践」へのつながりを意識して指導すべきと提起されたのである。

しかし、所定の時間や限定された環境において、価値の理解から自己の振り返りを経て道徳的行為までを視野に入れて扱うことは現実的でなく、当然ながら道徳性の成長は長期的な展望のもとに捉えるべきものであろう。道徳科を実践に結びつけることを急ぐあまり、可視的な結果としての行為や実践が評価に

影響を及ぼす可能性もある。教育評価の本質にもとづき、道徳教育の評価については十分な時間軸を備えた子ども理解と省察が必要である。

第3節　教科外分野（特別活動）の可能性

第1項　教科外分野の存在理由

(1) 教科・領域の相互連関と独自性

　教科外分野、ことに道徳、特別活動、生徒指導の3領域・機能の相互連関・浸透の強さは、日本の教育課程の顕著な特徴であった。三者融合の磁場を強め、要にあって共有される目標とは、自らに対する反省や帰責に向かいがちな「自己」という伝統的訓育概念である。

①特別活動の目標では、「人間としての生き方についての自覚を深め、自己を生かす能力を養う」こと（2008（平成20）年改訂中学校学習指導要領）。

②新・道徳科の目標では、「自己を見つめ、物事を多面的・多角的に考え、自己の生き方についての考えを深める学習活動を通して」道徳的判断力などを養うこと。

③生徒指導では、「自主的に判断、行動し、積極的に自己を生かしていくことができるよう生徒指導の充実を図る」（2008年改訂中学校学習指導要領）、「児童生徒自ら現在及び将来における自己実現を図っていくための自己指導能力の育成を目指すという生徒指導の積極的な意義」を踏まえ、学校教育全体を通じて充実を図ること（文部科学省『生徒指導提要』教育図書、2010年）。

　教科化後も、特別活動には道徳的価値に関わる内容が多く含まれているとの理由で「道徳教育との結びつきは極めて深い」（「中学校（小学校）学習指導要領解説特別の教科道徳編」）ことが改めて強調された。たとえば、特別活動における学級・学校の活動を、「日常生活における具体的な道徳的行為や習慣の指導をする機会と場」と捉え、道徳の内容である「自分勝手な行動をとらずに節度ある生活をしようとする態度」や「集団や社会の一員としてみんなのために

進んで働こうとする態度」を養うとする。

　従来も2008年改訂学習指導要領では、道徳の目標と内容にもとづいて「特別活動の特質に応じて適切な指導をすること」とし、「学級活動」において、自他の生命の尊重、法やきまりの理解、社会形成への参画、国際社会に生きる日本人としての自覚といった内容のほか、「悩みや葛藤など思春期の心の揺れ、人間関係の理解」など道徳教育の重点を踏まえて指導を図るよう求めていた。したがって、教科化の前後で両者の連関に際立った変化はないが、一教科としての道徳科が、教科外分野にも目標・内容の浸透を通じて広範で強力な影響を持つという構図に変化したということである[11]。

　なお、高校の特別活動については、1999（平成11）年改訂で目標に、「集団や社会の一員としてよりよい生活を築こうとする自主的、実践的な態度を育てるとともに、人間としての在り方生き方についての自覚を深め、自己を生かす能力を養う」と、道徳教育の目標につながる表現が採られた。2016年12月の中央教育審議会答申では道徳教育の改善方針に、「特別活動、特にホームルーム活動における話合いを通して、人間としての在り方生き方に関する考えを深めることが重要である」と記述された。

　しかし、活動内容を道徳教育や道徳科の目標に直接対応させることにより、活動の性格や評価の観点にもそれが反映して、特別活動独自の内容が持つ意義や、集団活動の豊かさが軽視されるようでは本末を誤る。心構えや内省のように自己に向かう思考回路も重要だが、特別活動では、集団を基盤に具体的な取り組みを通して、自主性や自治的な活動能力、企画運営や組織化に関わる能力、様々な人々との協同を発展させる力などを育成し、活動と内容（文化）の楽しさを共有することに主眼を置く。文化活動から学習環境の改善に関わる活動まで、形態も目あても自由な取り組みを児童・生徒が構想し、これを指導者が支えるという特別活動独自の学習過程を基本に据えることが必要だ。

　このような取り組みは、時数を与えられた特別活動（学級活動）の枠内にとどまるものでなく、本来は学校生活の時間空間を自在に活用する学習活動と経験をもとに展開するものであり、生きた現実や真実に近い状況を学校に通わせることにより、価値観の形成や自立、協同の体験を援助しようという実践論な

のである（教育の作用としては生活指導の原理に通じる）。

　もちろん、そこには、活動を進展させるための手立てを共に考える存在としての教師の役割、すなわち自らの「正しい答え」に依拠するのではなく、「学級に生起する問題を子どもと一緒に読み開いていく相互応答関係を意識的に作り出す教師の働きかけ」[12]が不可欠であることは言うまでもない。

　学級・学校を基盤に、生徒の自主活動を教師（集団）が支えた実践の蓄積は多い。たとえば、高校化学の教員であった小野英喜は、授業時数確保などの影響で教科外活動が制限されていく状況のもと、学友会（生徒会）から学校に対する要求活動、実施要項をもとに行う本格的な学友会選挙、質の高さを追求しながら自主活動と呼ぶにふさわしい文化祭や演劇に関わった実践をまとめている。学校教育目標をもとに全校的な取組みにするための努力、自主活動を発展させる教師の指導性の探求、次に生かすための職員会議での総括と生徒による自己評価まで、困難を切り開く現代の自主活動（特別活動）の可能性とともに、政治的教養の基礎とは何かをも明らかにした実践から学ぶことは多い[13]。

（2）教科以外の活動から特別活動へ
①「教科以外の活動」の生成

　戦後教育課程法制の生成過程において、1947（昭和22）年学習指導要領（試案）は「教科課程」として出発し、次の改訂で、各教科に加えて設けた「特別教育活動」（中・高校）や「教科以外の活動」（小学校）を含む「教育課程」となる。この特別教育活動や教科以外の活動が、改訂で廃された「自由研究」の一部を承継したと捉え、これを特別活動の原点とする説もある。教科外活動の意義について、1951（昭和26）年改訂学習指導要領一般編（試案）では次のように説明した。

　教育の一般目標のすべてを教科の学習だけでじゅうぶんに到達することは困難である。それゆえ、学校は教科の学習以外に、小学校においてはクラブ活動や児童会などの時間を設け、中等学校においては、特別教育活動の時間を設け、児童・生

徒に、個人的、社会的なさまざまな経験を豊かにする機会を提供する必要がある。……民主教育の目標は、こうした教科以外の活動によって到達される部面がきわめて大きいのである(14)。

特に小学校の「教科以外の活動」に関しては、教育を子どもの生活経験の発展と捉える当時の教育観が反映していた。1952年文部省作成の冊子『教科以外の活動の計画と指導』に次のように述べたところがある。

> 各教科は、それぞれの立場から、こどもの生活経験を組織づけたものといえる。しかし、それが組織的、計画的な学習であるかぎり、生活実践そのものであることはできない。ところが、学校におけるこどもの生活活動のうちには、教科の学習以外に、種々な生活実践そのものがある。〔中略〕したがって、教育課程が、こどもの生活経験を発展させることを目ざすならば、教科として組織しがたいこどもの学校活動をも、必然に教育課程のうちに包含しなければならなくなるだろう(15)。

「よい公民としての資質の育成」のためには、教科の学習に加えて、生活実践そのものから学ぶことに重要な意義があるという考え方、これは児童・生徒の生活経験から出発するという教科外活動の変わらぬ原理である。

「自由研究」は、教科の学習を深く進め、個性の赴くところに従って伸ばしていくための時間であったが、同時に、同好の者によるクラブ形式で学習を進める方法も例示されていた。ところが、単元学習など「学習指導法の進歩」により各教科でも興味や能力に応じた自由な学習が行われるようになり、指導の困難さ（たとえば児童の「研究題目の発見」）によって「ゆきづまりに逢着せざるをえなかった」ことなどを理由に廃止される。ただし、クラブ形式による活動と「当番の仕事や学級委員の仕事」は子どもの社会性の発達や実際生活を学ぶ点で有益として、「教科以外の活動」（特別教育活動）として再編成した、というのが1951年改訂時の説明であった。

②特別活動の内容と課題

小・中学校では後に道徳を設けたことから、教育課程の基本はおおむね各教

表8-1 小・中学校学習指導要領における教科外分野（特別活動）の構成

改訂年（告示）	小　学　校	中　学　校
1947（昭和22）年	自由研究（4年生から、70〜140）	自由研究（選択教科、35〜140。1949年まで）
1951（昭和26）年	教科以外の活動の時間（総時数内）	特別教育活動（ホームルーム、生徒会、生徒集会、クラブ活動等。70〜175）
1958（昭和33）年	特別教育活動（児童会活動、学級会活動、クラブ活動。適切な授業時数）※学習指導要領の構成＝各教科、道徳、特別教育活動、「学校行事等」	特別教育活動（生徒会活動、クラブ活動、学級活動。35）※学習指導要領の構成＝必修教科、選択教科、道徳、特別教育活動、「学校行事等」
1968（昭和43）年（小学校）、1969（昭和44）年（中学校）	特別活動（児童活動、学校行事、学級指導。適切な授業時数）※児童活動の内容構成（備考参照）は、1977年改訂版と同じ。	特別活動（生徒活動、学級指導、学校行事。50）※生徒活動の内容構成（備考参照）は、1977年改訂版も同じ。
1977（昭和52）年	特別活動（児童活動、学校行事、学級指導。1年生34、2・3年生35、4年生から70）	特別活動（生徒活動、学級指導、学校行事。70）
1989（平成元）年	特別活動（学級活動、児童会活動、クラブ活動、学校行事。時数の変更なし）	特別活動（学級活動、生徒会活動、クラブ活動、学校行事。35〜70）
1998（平成10）年	特別活動（学級活動、児童会活動、クラブ活動、学校行事。1年生34、2年生から35）	特別活動（学級活動、生徒会活動、学校行事。35）
2008（平成20）年	前回学習指導要領と同じ	前回学習指導要領と同じ
2017（平成29）年	前回学習指導要領と同じ	前回学習指導要領と同じ

注（　）内の数字は、年間授業時数を示す。1998年度改訂以降、時数は学級活動に充当。

科、道徳、特別（教育）活動によって構成されてきた（校種共通で1998年改訂から「総合的な学習の時間」を追加）。高校については、1951年改訂学習指導要領一般編（試案）で項を設けて道徳教育について触れたが、時間や単位を設けないまま推移した。なお、旧養護学校（精神薄弱教育）高等部以来、現在

第8章　価値観の形成と自立・協同のための教育課程

備　考
高校は文部省教科課程解説（1949年）でHR、特別課程活動等を推奨。
中学校は1949年改正で自由研究を廃止し特別教育活動新設。高校特別教育活動はHR、生徒集会、クラブ活動（各1）と生徒会で構成。単位外
高校は1956年改訂でHR、生徒会、クラブ各活動の構成に。さらに1960年改訂で高校学習指導要領も各教科、特別教育活動（週時数はHRに1）、「学校行事等」の構成に。
生徒活動（生徒会活動、クラブ活動、学級会活動）。高校は1970（昭和45）年改訂で名称を「各教科以外の教育活動」（HR1、生徒会活動、クラブ活動1、学校行事）に。
児童活動（学級会活動、児童会活動、クラブ活動）。高校（1978年改訂）も「特別活動」に。小中高名称を統一。
高校・特別活動（HR活動1、生徒会活動、クラブ活動1、学校行事）
高校（1999年改訂）・特別活動（HR活動1、生徒会活動、学校行事）※全校種で総合的な学習の時間を新設
高校（2009年改訂）も前回と同じ。

高校は週・単位時間。　　出典：筆者作成

の「知的障害者である生徒に対する教育を行なう特別支援学校高等部」の学習指導要領には道徳が設けられている[16]。

　特別（教育）活動は、領域自体の名称をはじめ、内容（生徒活動、特別課程活動、生徒会活動、学級指導、学級活動、学校行事等）の名称や区分の変遷が著しく、カリキュラムの領域としては仮設の状態が続いて不安定であった（表8-1参照）。

・児童・生徒の自主性や自治による活動を教師が指導するという基本が不安定なため、学校行事を学校が計画し実施するものと限定した経過（1958年改訂）に象徴されるような事態が生じた。（自主性と指導性の関係という課題）

・適応と成長及び健康安全、進路選択、人間としての在り方生き方など、道徳教育や生徒指導と重なる指導内容が付加されているため、児童・生徒の自発性を生かす観点よりも、時に教師が主導する内容として扱う傾向が生じた（たとえば、「学級指導」という授業の形態をとる内容など）。

・中学校では1969年改訂以降、高校は1989（平成元）年改訂で、「全生徒が文化的、体育的、生産的又は奉仕的な活動のいずれかの活動を行うこと」と規定されたが、教育課程外の部活動との関係や施設・指導体制が整わないなど

の事情から、いわゆる必修クラブ問題が生じた。部活代替という措置を経て、1998（平成10）年改訂により中・高校のクラブ活動は廃止された（小学校は継続）。

以上の経過を顧みると、特別活動は、児童・生徒の具体的な生活経験から課題を見出し、集団を基盤とする自発的、自主的な活動であるという原理を基に、学習内容を整理することがまずは必要だ。教科外分野においては、道徳に比重を（教科化後も）置きつつ相互滲透（統合）が進み、学習内容の独自性が不明確になりがちである。各領域や機能の特性を改めて理解して内容を構成し、実践を進める必要がある。（なお、教育課程統合の先例は、「全教科、全時間を統括する道徳的一元主義」（中内敏夫）と言われる国民学校令期にも見られる。団体訓練など「教科課程外の儀式行事等」（中等学校は「修練」）、いわば教科外教育が「学校教育の一領域であることが明示されるにいたった」時期であり、国民科修身（「教育に関する勅語の旨趣に基きて国民道徳の実践を指導し児童の徳性を養い皇国の道義的使命を自覚せしめるもの」）を中心に教科・教科外の一体化を進めた。統合の要は「皇国民の錬成」である）[17]。

第2項　価値観形成と自立・協同

（1）政治的教養——積み残されてきた課題——

日本国憲法の改正手続きに関する法律の成立（2007年5月）や公職選挙法改正（2015年6月）を経て投票権及び選挙権が満18歳以上に拡大されたことにより、主権者教育・市民性教育への関心が高まった。2015年10月、文科省は「高等学校等における政治的教養の教育と高等学校等の生徒による政治的活動等について（通知）」を発出し、教育基本法第14条第1項「良識ある公民として必要な政治的教養は、教育上尊重されなければならない」に基づき、公民科を中心に総合的な学習の時間や特別活動を活用して指導を行うよう求めた。

「現実の具体的な政治的事象」も扱い、実践的な指導を求める一方、「通知」は「政治的中立性の確保」や、「特定の見方や考え方に偏った取り扱い」にならないよう留意を求めている。細部に及ぶ制限を広げる動きもあるが、むしろ政治教育は年来の重要な課題であり、教科外分野も積極的な関与が必要になる

第8章　価値観の形成と自立・協同のための教育課程

だろう。

　2017年学習指導要領改訂で、高校に必履修科目「公共」（公民科）が新設される。選択科目の公民科倫理や政治・経済も市民的、政治的教養の形成に関わるが、「公共」は、「自立した主体として、他者と協働しつつ国家・社会の形成に参画し、持続可能な社会づくりに向けて必要な力」を育み、道徳教育の観点からは、倫理及び特別活動と共に「人間としての在り方生き方に関する中核的な指導場面として関連付けを図る方向で改善を行う」とされた[18]。

　英国シティズンシップ（市民性）教育の確立に関与したクリック（Bernard Crick）は、「若者の無関心」や「世代間対立」が深刻になっていく中で、行政は、より多くの時間を公民科目に割くべきと主張するが、政治や社会に懐疑的になっている若者に対し、「政治を様々な理想や利害の活気に満ちた対立として」教えず、「決まりきった規則の山」として押しつけるのであれば、政治への参加意欲も高まらず事態は直ちに悪化するだろうと述べている[19]。

　政治の在り方への関心や意識の深まりと、公共の意味を理解しつつ社会や共同体との関わり方を深く考察する力は、自立の基本指標である。模擬投票や制度の学習にとどめるのでなく、児童会、生徒会、ホームルーム活動その他特別活動の積み上げと、学校の内外に視野を広げた社会的、政治的経験（事実の理解、調査研究、社会参加など）が不可欠である。学年に応じて様々な政治と社会（世界）の現実を理解し、市民としての権利と公共的な責任の在り方を協同の活動の中で深めていくことは、価値観形成と相まって政治的教養を育てる重要な教育課題である。

（2）教科外活動の原点

　1950年代前半、新たな教育課程論の草創期にあって、特別教育活動や生活指導の理論化に努めた教育学者・宮坂哲文は、類型的としながらも、「特別教育活動の重点は市民的能力Citizenshipにある」と指摘していた[20]。学校や社会の現実を背景に、「子供たちが自分たちの身近な生活の中にある解決すべき問題を発見し、その解決のために正しく思考し計画し、行動するということは（学級会にせよ児童会にせよ）今の日本の社会及び学校にとって、きわめて重

要なことである」と。ここで「今の日本の社会」と述べたのは、当時の「日本人の自治能力」を念頭に置いてのことである(21)。

カリキュラム観の変化による、教科と教科外活動の位置付けをめぐる模索や、旧来の課外活動や自治会などをいかに包摂していくかといった探究の中で、1949（昭和24）年頃から特別教育活動という用語が登場する。宮坂の提起は、このような状況のもとで教科外分野にいかに独自の教育的意義を与えるかという検討の過程で示されたのである。

修身科停止や教育勅語無効化から未だ時を経ない段階で、道義に関する教科を設ける動きがあったことは先に触れた。勝田守一は、道徳の時間特設が、「どうすれば既成の価値や行動の方にはめ込むことになるのかを『考える』習慣」や、価値を唯々「内面化する」方向に導くとして批判し、「一定の状況における、具体的な条件の中で、その人間的真実を価値実現への洞察と総合的な知的な判断を通して貫く能力」を意味する「考える」ことを、道徳の本来のあり方として提起した。

> 道徳がほんとうに道徳としての価値を実現する場は、人間が自主的に、具体的な状況で、自分を含めた全体のための価値をできるだけ実現する行為とその過程なのである。その人間的な価値実現の側面でみられた行為とその過程を私たちは道徳と呼んでいる(22)。

これは、道徳的価値の伝達や内面化とは異なり、道徳性の育成や価値の実現に向かう学習の回路において必要な、今日にも通じる条件を示したものである。このようなリアルな状況において展開する道徳教育や教科外活動の在り方を探究することによって、人間的な価値や自立に向かう力を形成する教育課程を創造することが可能になるに違いない。

おわりに

現代社会の「道徳的疎外状況」が子どもたちの心身にも影響を及ぼし、決まりや校則に過剰に適応して「いい子」を演じながらも、「みずからの『好き嫌

い』感情を超えた基本的な価値基準をつかんでいないために、真の公共性や協同の意味を知らず、またそれへの関心を抱くことはきわめて少ない」と倫理学者の種村完司は指摘する。「個の自由と公共性にもとづく柔軟な行動原理である広義の『規範』」、すなわち、自己と他者の尊重に由来する「基本的な価値」意識を、子どもたちの活動や生活から生まれる内発的要求と結びつけていかに形成するかを第一義的な課題として捉えるべきと言うのである[23]。

本質的には、日々の生活や経験こそが価値に関する学習の題材であり、道徳的判断の機会でもある。自由な考察と対話を通して、生き方や人間的価値への関心を深める機会を提供することは、生活経験の場としての学校に備わった機能であり、特別活動の取り組みや、学校内外の人びととの共同の文化活動への参加や交流、そして学校教育に実生活を反映させることを目指す生活綴方や生活指導論にもこのような意義を認めることができる。

一定の場と時間（道徳科など）を設けて、生活経験の振り返りや対話、様々な生き方との出会いや自主的な表現活動に取り組むこと、時には多様なテーマによる討論なども有効である。こうした場を準備し、自立の様々なかたちや協同の意義をめぐって児童・生徒の考察を支えることは、教師の専門性の本質部分と言えるだろう。日本の教育課程において、道徳教育を含む教科外分野の形は未だ仮設状態にあり、なお実践的な探究が求められているのである。

〈注〉

(1) 中央教育審議会「幼稚園、小学校、中学校、高等学校及び特別支援学校の学習指導要領等の改善及び必要な方策等について（答申）」2016年12月21日、221頁。なお、政府の審議会等の提言や答申は、内閣官房や文部科学省のホームページを参照した（2017年1月29日確認）。

(2) 教育再生実行会議「いじめの問題等への対応について（第一次提言）」2013年2月26日、2頁。

(3) 広島大学図書館「森戸辰雄関係史料」（画像公開分）参照。（http://home.hiroshima-u.ac.jp/hua/catalog/morito/list.html、2017年1月29日確認）。

(4) 文部省『中学校道徳指導書』東洋館出版社、1958年、11頁。

(5) 道徳教育の充実に関する懇談会「今後の道徳教育の改善・充実方策について（報告）〜新しい時代を、人としてより良く生きる力を育てるために〜」2013年12月26日、2-15頁ほか。
(6) 中教審教育課程特別企画部会「論点整理」2015年8月、45頁ほか。
(7) 文部科学省「小学校学習指導要領解説特別の教科道徳編」2015年、2頁。
(8) 中央教育審議会「道徳に係る教育課程の改善等について（答申）」2014年10月21日、2-3頁。
(9) ヒギンス、A.「アメリカの道徳教育」、コールバーグ、L.（岩佐信道訳）『道徳性の発達と道徳教育　コールバーグ理論の展開と実践』麗澤大学出版会、1987年、145-170頁。
(10) 東京弁護士会会長高中正彦「道徳の『教科化』等についての意見書」2014年7月7日（http://www.toben.or.jp/message/ikensyo/post-368.html、2017年1月28日確認）、ほか。
(11) 「中学校学習指導要領」（2008年3月告示）東山書房、120-121頁ほか。
(12) 折出健二「『子ども集団づくり入門』の明日」『生活指導』No.700、2012年3月、明治図書、8-11頁。
(13) 小野英喜『学力保障と学校づくり』三学出版、2004年。
(14) 文部省「学習指導要領一般編（試案）」明治図書出版、1951年、15頁。
(15) 文部省『初等教育パンフレット2　教科以外の活動の計画と指導』牧書店、1952年、1頁。
(16) 国立教育政策研究所学習指導要領データベース等を参照。
(17) 中内敏夫『生活訓練論第一歩〔付〕教育学概論草稿』日本標準、2008年、29頁。国立教育研究所『日本近代教育百年史第5巻学校教育3』(財)教育研究振興会、1974年、910、988頁ほか。引用箇所は現代仮名表記に改めた。
(18) 中央教育審議会、前掲2016年12月の答申、136頁・221頁。
(19) クリック、B.（関口正司監訳）『シティズンシップ教育論　政治哲学と市民』法政大学出版局、2011年、29頁。
(20) 宮坂哲文『特別教育活動』明治図書出版、1950年、62頁。漢字は新字体を用いた。
(21) 宮坂哲文「小学校特別教育活動の原理」海後宗臣監修・宮坂哲文編『特別教育活動・兒童会』明治図書出版、1954年、33頁。
(22) 勝田守一「生活指導と道徳教育」『生活指導』No.4、1959年1月、2-10頁。
(23) 種村完司『コミュニケーションと関係の倫理』青木書店、2007年、87-90頁。

〈推薦図書〉

折出健二『市民社会の教育——関係性と方法——』創風社、2003年。

橋本紀子・木村元・小林千枝子・中野新之祐編著『青年の社会的自立と教育――高度成長期日本における地域・学校・家族――』大月書店、2011年。
牧野広義『人間的価値と正義』文理閣、2013年。
武藤孝典・新井浅浩編著『ヨーロッパの学校における市民的社会性教育の発展――フランス・ドイツ・イギリス――』東信堂、2007年。
ヤング, I. M.（岡野八代・池田直子訳）『正義への責任』岩波書店、2014年。

第9章
学校種間の教育接続と入試

はじめに

　子どもの発達が連続的である限り、発達の助成作用としての教育も連続的でなければならず、各学校段階の教育の制度や実践にも連続性が要請される。中央教育審議会（中教審）の「幼稚園、小学校、中学校、高等学校及び特別支援学校の学習指導要領等の改善及び必要な方策等について（答申）」（2016年12月21日）でも、教育課程の基本的な枠組みの一つとして「学校段階間の接続」が挙げられている。

　そこで本章では、学校種間の接続に関わる基本概念の定義と研究動向を踏まえた上で、幼小、小中、中高、高大という段階別に、学校種間の接続と入試に関する政策の変遷と、現状、取り組み、今後の課題を述べる。

第1節　学校種間の接続に関する基本概念と研究動向

第1項　学校種間の接続とは

　学校種間の接続（アーティキュレーション）とは、二つの異なる学校段階間の、区別されながらなおかつ連続的な関係のことを指す。学校段階間の目的、内容、方法の全てにおいて、急激な変化や不当なギャップ、無駄や重複をなく

し、移行をいかにスムーズにするかが、接続をめぐる根本的な問題である。

　教育学者・清水一彦は、学校種間の接続を、次の三つに分類している。それはすなわち、①構造的側面（6－3－3制といった学年区分など）、②内容的側面（カリキュラム、教育方法、教授組織、生徒の課外活動、入試など）、③運営的側面（教員間の情報交換や相互訪問、ガイダンスなど）である[1]。

　中等教育のマスからユニバーサルへ、高等教育のエリートからマスへの段階移行の進展とともに、接続の問題は、入試の一点に焦点づけられてきた。しかし、少子化によって受験競争が緩和される中、進学希望者を序列化・選別する入試の内容・方法だけではなく、接続の他の側面も注目されるようになった[2]。

　さらに最近では、「接続」という概念の代わりに、「溝（キャズム）」という概念も使われる。高大の関係について述べると、以前は、高校単位と大学単位を対象として、高大をいかにつなぐかという観点から接続のあり方が課題とされた。しかし、今や高校も大学も多様化し、学生個人の中で高校の教育課程と大学の教育課程をいかにつなげるかが課題となった。ゆえに、学生一人ひとりが高大間の「溝」を乗り越えることを可能にするシステムが問われている[3]。

第2項　入試の原理と機能

　入試のいかんによって、学校種間の接続は、スムーズにもなれば、不円滑にもなる。教育心理学者・増田幸一は、入試の原理として、次の三つを挙げている。一つ目は、公正保持の原理である。優劣の差が偶然に支配されず、正確かつ客観的に優劣が分けられる。二つ目は、素質重視の原理である。学校で習得した学力にとどまらず、素質的な知能や気質、性格も考慮して、受験者を全体として評価する。三つ目は、教育助成の原理である。上級学校の教育を受けるに足る能力などを備えている者をとることができるようにするとともに、下級学校の教育を阻害することなく、むしろ助成できるように運営する[4]。

　増田らが素質重視の原理を打ち出したのは、受験準備教育を抑制するためである。知識を問う学力検査のみで選抜を行うと、下級学校の教育が、暗記重視に偏重することが危惧されていた。ただし、素質に基づいて選抜することで評価の公正性が損なわれないのかについては、意見が分かれるところであろう。

すなわち、生得的な素質で評価すると、価値観も含めた人格評価につながり、出身階層や思想・信条にかかわらず、評価を公平に行うことができなくなる恐れがある。

　この問題は、今日的な課題につながっている。第5節で述べるように、近年の大学入試では、学力検査だけではなく、面接や小論文など、受験者の人格面にも関わる多様な選抜方法が導入されている。本田由紀は、意欲や独創性、対人能力などの、個人の人格や情動の深い部分に根ざした「ポスト近代型能力」は、家庭環境などの個々人の生育環境によって決まる部分が大きいと指摘している[5]。このように捉えると、面接や小論文などで評価されている力の多くは、生まれながらの素質的なものであり、受験者の努力ではどうにもならないものであるということになる。多様な選抜方法によって受験者の力を総合的に捉えることと、評価の公正性とをいかに両立させるかが問われている。

　また、もう一つの問題として、増田らが挙げた教育助成の原理を入試においていかに実現するのか、という課題がある。戦後の大学入試は、①能力・適性の原則（大学教育を受けるにふさわしい能力・適性）、②公正・妥当の原則、③高校教育尊重の原則という3原則に基づいて実施されてきた[6]。この三つは、素質重視の原理を除けば、増田らの3原則とほぼ重なると言えよう。

　しかしながら、戦後の入試の歴史を紐解くと、下級学校の教育を尊重し、助成するという原則は、あまり果たされてこなかったことが見て取れる。むしろ、進学率の上昇に伴い、激しい受験競争が、下級学校の教育を歪めてきた。その背景には、偏差値一元的価値観と経済主義的価値観に基づいた能力主義の考えが、社会と教育を支配しているという根深い問題がある[7]。

　教育学者・中内敏夫は、入試を選抜試験から資格試験へと転換することで、この受験の弊害は消失すると論じている。授業を成り立たせるための最低必要事項を身につけたものは全員入学とすることで、受験競争は、子ども間の敵対的競争ではなく、協力的競争に転生するという[8]。だが、資格試験化はまだ実現にはいたっていない。下級学校の教育を助成する入試を具現する方途が求められている。

第3項　学校間接続に関する研究動向

（1）幼小連携

　幼小連携とは、「幼児教育と小学校教育の接続を達成するために、保育所・幼稚園と小学校が相互に協力すること」である(9)。幼小連携実践は、第二次世界大戦後から既に、一部の園・学校で行われてきた(10)。しかしながら、幼小連携に関する教育学研究が展開されてきたのは、主に2000年代以降である。

　藤井穂高は、近年の研究の特徴として、次の2点を挙げている。一つ目は、発達の連続性に関する心理学に基づく研究が増えている点である。二つ目は、「小1プロブレム」の解消を目的とした研究が散見される点である。小1プロブレムとは、小学校1年生の教室で、児童が学習に集中できない、教師の話が聞けずに授業が成立しないなど、学級がうまく機能しない状況を指す(11)。

　一前春子は、①保幼小連携の効果の認識と、②保幼小連携の必要性の認識、③移行期に育つ力についての認識、に関する研究の成果をまとめている(12)。

　また、幼小連携政策に関する研究(13)や、幼小連携の取り組みの特徴を抽出する研究(14)もなされている。

（2）小中連携・一貫教育

　小中連携教育と小中一貫教育については、文部科学省の「小中一貫教育等についての実態調査」（2014年度）において、次のように定義されている。小中連携教育は、「小・中学校が、互いに情報交換や交流を行うことを通じて、小学校教育から中学校教育への円滑な接続を目指す様々な教育」であるのに対して、小中一貫教育は、「小中連携教育のうち、小・中学校が目指す子供像を共有し、9年間を通じた教育課程を編成し、系統的な教育を目指す教育」である。本論では、両者をまとめて「小中連携・一貫教育」と表す。

　小中連携・一貫教育研究は、1950年代から既になされてきた。小柳和喜雄は、研究動向として、①一貫カリキュラムや教育方法の工夫、②子どもの発達・変容、③連携・一貫に関わる歴史的・原理的考察、④保護者・地域のかかわりや意識の変化、⑤教師の意識の変化がテーマとなっていることを明らかにしてい

る(15)。また、小中連携・一貫教育の取り組みの特徴を抽出している(16)。

近年では、小中連携・一貫教育校の実態調査が盛んになされている(17)。さらに、コミュニティ・スクールや学校統廃合との関係性を扱った研究(18)や、レッスンスタディやカリキュラム・マネジメントと関連づけた研究(19)も見られる。

(3) 中高一貫教育

中高一貫教育とは、中学校教育と高校教育とを、入試を課すことなく接続し、6年間の一貫した教育を行うことである。制度上独立した既存の中学校と高校において、様々な教育活動において相互に協力する「中高連携」という概念もあるが、本稿では中高一貫教育に絞って論じる。

中高一貫教育に関しては、1990年代末から2000年代前半にかけて、一貫教育の「時間的ゆとり」の功罪や、学校体系上の意味、接続関係、教育課程、地域性に関する研究がなされてきた(20)。2000年代後半には中高一貫教育の実態調査(21)が数多くなされたものの、2010年代に入ると研究は鈍化している。

安藤福光・根津朋実は、中高一貫教育校の先行研究において、①一部の公立校が「エリート校」化し、受験機会が中学校へと早期化する、②高校入試がないために「中だるみ」で学習意欲が低下する、③中高の教員間で文化が異なるため連携に支障が出る、という3点が論点であることを示している(22)。

(4) 高大接続

高大接続とは、高校教育と大学教育の間の移行を意味する言葉である。「高大連携」という言葉も使われるが、これは高大接続の一部をなす概念である。高大連携は、入試や教育課程などの制度を所与として、大学の講義や情報を高校生に提供するなど、高校と大学が教育上の協力を行うことを指す。他方、高大接続は、入試や教育課程、入学前教育、リメディアル教育、初年次教育といった、様々な移行の仕組みにおける高大間の関係を示す概念である。

高大接続をめぐっては、受験競争の問題が、既に1950年代から議論されてきた。選抜制度のみならず、教育課程や教育内容の接続も研究テーマにされたのは、高等教育進学率が5割に達した1980年代以降である。1990年代に入る

と、大学入試と高校教育の多様化を受けて、リメディアル教育（補習教育）の議論が盛んになる。近年の高大接続問題は、教育システム全体の設計にまで及ぶ広範な議論を呼び起こしつつある[23]。2000年代後半以降は、高校生の進路意識・進路選択の特徴やその規定要因、大学入試の選抜方法が学生の大学適応や学業成績、卒業時の就職に与える影響に関する研究が蓄積されている[24]。

第2節　幼小連携

第1項　幼小連携に関する政策の変遷

　幼小連携政策は、幼児教育を小学校教育に近づけるのか、それとも、小学校教育を幼児教育に近づけるのか、という点で揺れ動いてきた[25]。たとえば、1971（昭和46）年の中教審答申「今後における学校教育の総合的な拡充整備のための基本的施策について」では就学時期の早期化が提言されたのに対して、1989年改訂の小学校学習指導要領では、幼稚園との接続を考慮した「生活科」が、小学校低学年に新設された。

　このように議論はあったものの、幼小連携が強く要請されるようになったのは、「小1プロブレム」が注目されるようになってからである。1999（平成11）年ころから、東京都中央区立有馬幼稚園・有馬小学校を皮切りに、連携実践が試みられてきた。

　こうした展開を踏まえ、2005（平成17）年の中教審答申「子どもを取り巻く環境の変化を踏まえた今後の幼児教育の在り方について」では幼小連携が主題とされ、「学校教育の始まりとしての幼児教育」という捉え方が提唱された。

　2008年の幼稚園教育要領と小学校学習指導要領で幼小連携の必要性が謳われたことにより、連携実践はさらに広がりを見せている。幼稚園教育要領では、幼稚園教育が、小学校以降の生活や学習の基盤の育成につながることに配慮するように示された。他方、小学校学習指導要領では、生活科を中心とした「スタートカリキュラム」の編成が推奨された。スタートカリキュラムとは、幼稚園や保育所などの遊びや生活を通した学びと育ちを基礎とした、小学校入

学時における合科的なカリキュラムである。
　近年では、「学び」を強調した議論が進められている。文部科学省が2010年に設置した「幼児期の教育と小学校教育の円滑な接続の在り方に関する調査研究協力者会議」では、幼児期は学びの芽生えの時期であり、そこから小学校における自覚的な学びの時期への円滑な移行が求められると示された。
　さらに、2014年の教育再生実行会議の提言は、3〜5歳児の幼児教育を段階的に無償化し、義務教育開始年齢を5歳に前倒しすることを提案している。

第2項　幼小連携の取り組みの現状

　幼小連携の取り組みは、主として教育行政の主導で展開されている。連携実践の形態は、次の五つに大別できる。①情報交換会、②相互訪問・参観、③合同実践、④実践交流、⑤連携カリキュラムに基づいた実践改善[26]。
　文部科学省の2012年度幼児教育実態調査によると、児童と交流を行った幼稚園は全体の75.8％であり、小学校教員と交流を行った幼稚園は全体の72.2％であった。一方、幼小の接続を見通した教育課程の編成・実施が行われていない市町村は81.5％である。年数回の授業、行事、研究会などの交流があるが、幼小の接続を見通した教育課程の編成・実施は行われていない市町村が62.1％を占めている。幼児と児童の交流や教員同士の交流は普及しているものの、幼小の連携カリキュラムの開発は十分に行われていないことがわかる。

第3項　東京都品川区の第一日野グループにおける幼小連携カリキュラムの実践

　しかしながら、幼小の連携カリキュラムを開発する実践の試みも見られる。第一日野グループの例を見てみよう。第一日野グループとは、保幼小連携の研究学校（園）として、東京都品川区教育委員会が2009・2010（平成21・22）年度に指定した2園1校（保育園・幼稚園・小学校）のグループを指している[27]。
　ここでは、①コミュニケーションに関する0〜12歳のタテのカリキュラム、②園の最終学年9月〜3月のアプローチカリキュラム、③小学校1年生4月〜7月のスタートカリキュラム、④人・モノ・こととかかわる力に関する0〜12

歳のヨコのカリキュラム、の四つの連携カリキュラムが設計されている。

　第一日野グループの特徴は、子どもの姿を教員同士で語り合う丁寧な交流の中から、カリキュラムを策定・改善する方向性を見出だしていることにある。カリキュラム作成が連携のゴールなのではなく、カリキュラムは子どもの状況に応じて常に進化していくものだという共通理解が図られている。開発1年目は、子どもの発達段階や実態をふまえ、目指す子どもの姿や保幼小の段差を小さくする手立てを話し合うことにより、カリキュラムのおおよその形が作られた。2年目は、研究保育と授業を通して、カリキュラムに修正が加えられた。

第4項　幼小連携をめぐる課題

　教育学者・酒井朗は、幼小連携をめぐる課題として、次の2点を指摘している。

　一つ目は、幼小連携の明確な定義である。何のための連携かが不問なまま、連携活動自体が目的と化す傾向がある(28)。どんな隔たりに着目した連携により、子どもの成長にとってどのような成果が得られたかを明示する実践研究が蓄積されることで、幼小連携の目的が明らかになっていくことが期待される。

　二つ目の課題は、子どもが経験する学習の総体を見すえたカリキュラム編成である。早期教育やカリキュラムの前倒しの主張は、上位の学校段階の教育の方がより高度であるという仮説に立っている(29)。小学校の就学準備教育として幼児教育のカリキュラムを構成するのではなく、大人になるまでの長期的なスパンの中で、それぞれの段階でどんな学習を経験することが子どもにとって望ましいか、という視点からカリキュラムを設計することが求められる。

第3節　小中連携・一貫教育

第1項　小中連携・一貫教育に関する政策の変遷

　小中連携・一貫教育については、中教審の2005（平成17）年の答申「新しい時代の義務教育を創造する」以来、その重要性が長らく指摘されてきたもの

の、制度化はなされてこなかった。そのため、小中連携・一貫教育の取り組みの方法は、次の三つであった[30]。

　一つ目が、1976（昭和51）年度に設けられた「研究開発学校」制度の活用である。指定された学校には、学習指導要領等の現行の基準によらない教育課程の編成が認められる。取り組みの代表例が、広島県呉市立中央学園である（2000年度〜）。

　二つ目が、「教育課程特例校」制度の活用である。2003年度から、学習指導要領等に基づかない教育課程を編成できる「構造改革特別区域開発学校制度」が始まった。2008年度からは、「教育課程特例校」として手続きが簡素化された。代表的な実践例が東京都品川区である。独自の「小中一貫教育要領」を策定し、「市民科」や小学校1年生からの英語教育に取り組んでいる。

　三つ目が、制度上の特例を利用しない取り組みである。東京都三鷹市をはじめ、全国の多くの市町村がこの手法を活用して一貫教育を導入している。

　こうした中、文部科学省の「小中一貫教育等についての実態調査」（2014年度）などにより、小中連携・一貫教育について、「中1ギャップ」の緩和や学力向上などの成果が挙がる一方で、教職員の負担軽減などの課題もあることが明らかになった。「中1ギャップ」とは、児童が中学校への進学において、新しい環境での学習や生活に不適応を起こすことである（いじめや不登校、暴力行為の大幅増加など）。そこで、取り組みの環境整備のため、2014年の中教審の答申「子供の発達や学習者の意欲・能力等に応じた柔軟かつ効果的な教育システムの構築について」では、小中一貫教育の制度化が勧告された。

　これを受けて、2015年に学校教育法等が一部改正され、「義務教育学校」が創設された（2016年施行）。義務教育学校では、一人の校長のもと、原則として小中免許を併有した教員が、9年間の教育目標を設定し、9年間一貫した教育課程を編成する。一貫教育に必要な教育課程の特例の活用が認められている。入試は実施されない。一方で、独立した小・中学校が、義務教育学校に準じた形で一貫教育を施せるよう、「小中一貫型小学校・中学校（「併設型小学校・中学校」及び「連携型小学校・中学校」）」も措置されている。

第2項　小中連携・一貫教育の現状と取り組み

　文部科学省の「小中一貫教育等についての実態調査」(2014年度) によると、小中一貫教育を実施している自治体は12％、小中連携教育のみ実施している自治体は66％と、小中連携・一貫教育の取り組みは全国的に広がっている。

　ただし、教育課程の取り組み状況は多様である。9年間の教育目標の設定と、9年間の一貫カリキュラムの編成の二つをともに行っているのは、実施校の約4分の1である。一貫教育の軸となる独自の教科・領域を設定しているのは、実施校の約3割である。また、実施校の約3割は4－3－2の学年段階の区切りを設けているが、実施校のおよそ7割は6－3以外の区切りを設けていない。

　学校施設の形態やマネジメント体制も多様である。施設一体型で、一人の校長が小・中学校を併任し、一体的なマネジメントが行われている実施校が約1割である一方、ほとんどのケースでは、小・中学校の施設が分離または隣接しており、それぞれの学校の校長が連携しつつマネジメントしている。

　取り組み内容として最も多いのは合同行事の実施であり、約7割の実施校が取り組んでいる。さらに、中学校教員が小学校で指導する、または小学校教員が中学校で指導する「乗り入れ授業」は4割弱の実施校で、小学校段階からの教科担任制は約5割の実施校で行われている。

　幼小段階と同様に、合同行事や実践交流などの小中連携は進んでいるが、一貫カリキュラムの構築や、独自の教科・領域の設定、学年区分の変更といったカリキュラム開発を行っている自治体はまだ少数であることがわかる。

　カリキュラム開発に踏み込むポイントの一つは、教育委員会のサポートである。広島県呉市は2007（平成19）年度から、全中学校区で、学習指導要領の枠内での小中一貫教育を進めている。各学校が一貫カリキュラムの開発に取り組みやすくするために、教育委員会が一貫カリキュラムの試案を作成している。試案では、課題となる単元を重点的に指導できるように、前期（1～4学年）、中期（5～7学年）、後期（8～9学年）で必要な指導を明確にしているとともに、反復（スパイラル）や乗り入れ授業による指導を取り入れている[31]。

第3項　小中連携・一貫教育の課題

小中連携・一貫教育をめぐっては、次の二つの課題が指摘できる。

一つ目の課題は、小中連携だけではなく、小中一貫教育も進めるべきかどうかを検討することである。教育学者・山本由美は、小中一貫教育に対して、学校統廃合を進め、子どもの選別・競争を促進する、新自由主義的教育改革に過ぎないと批判している(32)。一方、河原国男ほかは、都市部周辺型と離島・山間部型の小中一貫教育は異なり、大都市の公立小・中学校を代表事例として一貫教育一般を論ずるのは適切さを欠くと述べている(33)。今後は、小中一貫教育の是非を、子どもの学びの実態に照らして検証することが必要である。

二つ目の課題は、小中教員間の意識のずれを解消する手立てを検討することである。小中間の「段差」は、小中教員間の意識差に由来する、と言われる(34)。呉市では、小学校と中学校をつなぐ研究主任の教員を、「小中一貫教育推進コーディネーター」として任命している。管理職ではなく同じ教員の立場であるため、コーディネーターは、職員室などでの日常的な会話から他の教職員の意識を吸い上げたり、情報共有を図ったりできる(35)。このように、小学校と中学校の教員をつなぐ立場の教員を配置することは、解決策の一つと言える。

第4節　中高一貫教育と高校入試

第1項　中高一貫教育に関する政策の変遷

現在につながる中高一貫教育制度化をめぐる議論は、図9-1のように高校進学率が急上昇した1960年代後半に始まる。1971（昭和46）年の中教審答申「今後における学校教育の総合的な拡充整備のための基本的施策について」では中高一貫教育の試行が提言されたが、教育関係者の理解が得られず、実施は見送られた。さらに、1985年の臨時教育審議会の「教育改革に関する第一次答申」では、教育需要の多様化に対応すべく、選択の機会の拡大が謳われ、「6年制

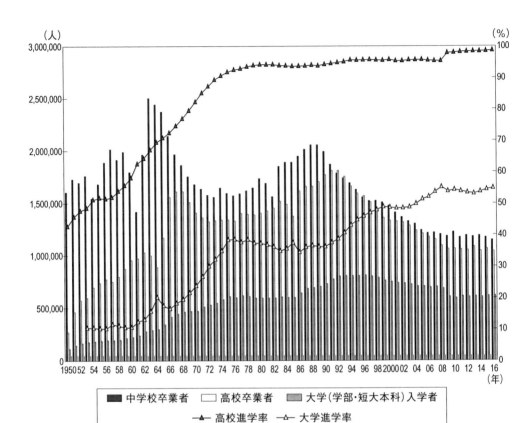

図9-1　戦後の高校進学率・大学進学率および
戦後中学校・高校卒業者数と大学入学者数の変遷

(注) 1. 統計は『学校基本調査報告書』の数値に基づく。
　　 2. 大学（学部・短大本科）進学率は3年前の中学校卒業者を母数としている。
　　 3. 高校（通信制を除く）進学率の数値は一部『産業教育調査』『教育統計資料集』などを参考にした。

出典：木村元「入試改革の歴史と展望」田中耕治編著『新しい教育評価の理論と方法　I　理論編』日本標準、2002年、199頁の図に2001年以降のデータを追加した。

中等学校」の設置が提言された。だが、受験競争の低年齢化やエリートの早期選別などの危惧が示され、この提言も実現には至らなかった[36]。

ところが、「ゆとり教育」政策が打ち出される中、1997（平成9）年の中教審第二次答申「21世紀を展望した我が国の教育の在り方について」を契機として、中高一貫教育は制度化へと動き出す。第二次答申では、学校生活を「ゆとり」あるものにすることで、生徒の能力や適性に応じた教育ができるようになるとして、中高一貫教育の選択的導入が提言された。また、第二次答申は、中高一貫教育校が「受験エリート校」化し、受験競争の低年齢化を招かないよう、入学者を定める際に学力検査を行わないように要請している。

これに基づいて、1999年に中高一貫教育制度が実施され、学校設置者が、次の三つの実施形態から選んで設置することとされた。子どもや保護者は、従来の中学校・高校だけではなく、中高一貫教育校を選択することも可能になった。

①中等教育学校：同一の設置者が、一つの6年制の学校を設置・運営する。
②併設型：同一の設置者が、独立した中学校と高校を併設する。併設中学校から高校へ進学する場合には、入学者選抜を課さない。
③連携型：既存の市町村立中学校と都道府県立高校などが、教育課程の編成や教員・生徒の交流などで連携し、6年間の計画的・継続的な教育を行う。

第2項　中高一貫教育の現状

中高一貫教育校は、どの生徒も選択できるよう、全国で500校の設置が目標とされた。毎年設置数は増加しており、2013（平成25）年度では全国で450校（中等教育学校50校、併設型318校、連携型82校）の一貫教育校が設置されている[37]。

中高一貫教育の取り組みは、制度化前の1994年度に開校した宮崎県立五ヶ瀬中学校・高校を皮切りに展開されてきた[38]。

教育学者・本所恵は、中高一貫教育の取り組みを、次の三つに区分けしている[39]。第一に、教科学習や進路指導において、中高6年間を長期的な視点で見渡せることを生かす取り組みである。教育課程の基準の特例を活用した高校から中学校への教育内容の移行や、相互乗り入れ授業などを行うことで、生

活・学習上のギャップを少なくし、段階的なステップアップをはかっている。第二は、生徒の年齢差が広がることを生かした、異学年生徒の交流や協働である。第三として、特に公立連携型の学校で、地域との結びつきを生かす取り組みが数多くある。

第3項　第二次世界大戦後の高校入試の歴史

　新制高校が始まった1948（昭和23）年以降の高校入試は、選抜なしの全入を原則としていた。定員超過の場合のみ、中学校からの報告書で選抜していた。

　しかし、1950年代に入って高校進学希望者が増加したことを受け、1956年には、定員超過の場合は入学者選抜における学力検査の実施が認められるようになった。さらに1963年には、高校進学率が約67％となり、定員超過か否かにかかわらず、学力検査の実施が義務化される。こうして、希望者の全入の原則から、「適格者主義」に基づく選抜の原則へという転回がなされた。

　1960年代後半から70年代にかけては、学力検査一辺倒の高校入試に向けた受験競争の過熱化が社会問題となる。そこで1966年には、学力検査では測りえない総合的多面的能力を評価するために、内申書（正式には調査書）重視の方針が打ち出された。また、選抜方法は各都道府県に委ねられることになった。

　1980年代に入ると、入学者選抜方法の多様化が展開される。高校進学率が約94％に達した1984（昭和59）年には、「適格者主義」の原則が転換され、高校入試は各学校の裁量で行うことになり、受験機会の複数化が可能となった。

　1990年代以降は、高校教育の多様化に対応し、入試の多様化傾向がさらに強まる。学力検査を実施しない選抜や推薦入試の実施も可能とされた。推薦入試とは、出身中学校長の推薦に基づき、内申書を主な資料として判定する選抜法である。1999（平成11）年度からは、中高一貫教育導入に合わせ、内申書と学力検査のいずれをも用いず他の方法で選抜することもできるようになった[40]。

　2001年度の指導要録改訂を受け、ほぼ全国レベルで、内申書にも「目標に準拠した評価」が採用されている。そのため、近年の高校入試では、内申書よ

りも当日の学力検査を重視する傾向が生まれている。中学校教師が行う「目標に準拠した評価」の信頼性に対して、高校は不信感をもっているのである⁽⁴¹⁾。

第4項　中高一貫教育と高校入試の課題

中高一貫教育と高校入試をめぐっては、次の二つの課題が指摘できる。

一つ目の課題は、学校体系における中高一貫教育校の位置づけを再検討することである。制度化から20年近くがたち、中高一貫教育は定着した感がある。しかし、一貫教育校の特色を見てみると、「次世代のリーダーを育成」「確かな学力の定着」といった言葉が目立つ。一貫教育校が入試として行っている「適性検査」では、「学力検査」に類する問題が出題されている⁽⁴²⁾。中高一貫教育校が「受験エリート校」化しているのであれば、制度的必要性が問われる。

二つ目の課題は、中学校教育と高校教育との接続の中に入試を位置づけることである。中学校の学習指導要領では思考力・判断力・表現力が重視されているものの、高校入試では選択式など知識の再生を測る問題が多く、根拠に基づいて自分の考えを述べる力を求める問題は少ない⁽⁴³⁾。高校入試は、中学生の学習目標になるものであり、また高校での学習を導く糸口になるものである。教育としての入試という観点から、高校入試で問う力を再検討すべきである。

第5節　高大接続と大学入試

第1項　第二次世界大戦後の大学入試の歴史

1949（昭和24）年に新制大学が発足した際の大学入試では、入試を教育の一環として積極的に捉え、学力検査だけではなく、進学適性検査（知能検査）や高校の内申書などによる総合的な評価が行われていた。しかし、1955年度に進学適性検査が廃止されると、各大学学部による独自の学力検査が中心となっていく。学力検査では、選択回答式などの客観テスト方式が主流であった。

この学力検査に関して、文部省（当時）の主導のもと、共通テストが導入さ

れる。一つ目は、財団法人能力開発研究所による進学適性能力テストである。このテストは1963（昭和38）年度から実施されたものの、参加する大学が少なく、1969年度に廃止された。

　二つ目の共通テストは、1979年度から始まった共通第一次試験（共通一次）である。共通一次は、各大学学部の個別試験に対する一次試験であった。1990（平成2）年度に共通一次が大学入試センター試験（センター試験）に改組された後は、国公立大学だけではなく、私立大学も参加できるようになる。共通一次では5教科7科目の試験が共通に課されたが、センター試験は1教科1科目でも利用でき、センター試験の成績だけで合否を決めることもできるようになった。共通一次とセンター試験はともに、マークシート方式の試験である。

　1980年代以降は大学入試の多様化が進み、18歳人口が減少する1990年代にはその動向に拍車がかかった。客観テスト方式の学力検査だけではなく、小論文や面接などの多様な選抜方法が採用されるようになった。特に私立大学では、受験者獲得という経営的な発想から、推薦入試や入試科目の軽減などが行われた[44]。さらに2000年代になると、大学進学率（図9-1参照）が50％を超え、「大学全入時代」を迎える中、アドミッション・オフィス（AO）入試という新しい選抜方法も普及した。AO入試とは、入学希望者の意志で出願でき、詳細な書類審査と丁寧な面接などを組み合わせることで、入学希望者の能力・適性や学習意欲などを総合的に判定する選抜方法である。

第2項　高大接続の現状

　大学入試の多様化政策を受け、学力検査を課さない非学力選抜が普及している。大学入学難易度が下がるにつれ、一般入試での入学者の割合が減り、推薦入試やAO入試などの割合が増えている。推薦入試・AO入試・内部進学の割合は、偏差値60以上の大学では16.1％であったものの、偏差値40未満の大学では68.6％であった。この推薦入試やAO入試では、大学入学難易度が下がるほど、学力検査が課される割合が減少している。大学全体でも、学力検査を課す割合は、推薦入試で約2割、AO入試で約1割である（2006年度）[45]。

　さらに多くの大学で、学力検査に課す教科・科目の数が減少している。1956

年度の私立大学の総募集人員のうち、95％には3教科以上の受験が課され、4教科入試も17.3％、5教科入試も6.0％を占めていた。だが、2009（平成21）年度の私立大学入試でセンター試験以外の学力検査が課された募集人員のうち、3教科入試は48.3％にとどまり、2教科入試が23.1％、1教科2科目と1科目入試が25.7％を占めている。4教科以上を課す入試はほとんど見られない[46]。

こうした非学力選抜や少数科目入試の拡大に対しては、高校教育のやせ細りや空洞化につながっていると指摘されている。受験に出る科目が限られていることで、高校教育の受験シフトが強まり、さらには大学進学率の増加により、かつての非進学校にまで受験シフトがもたらされているという[47]。

第3項　高大接続システム改革

上述したように、一部のAO入試や推薦入試は「学力不問」の状況にあり、また大学入試全体が知識の暗記・再生や暗記した解法パターンの適用の評価に偏りがちである。この現状を改善すべく、2016年以来、高校教育改革、大学教育改革、大学入試改革を一体的に行う、高大接続システム改革が進んでいる[48]。

そこでは、①十分な知識・技能、②それらを基盤にして答えが一つに定まらない問題に自ら解を見いだしていく思考力・判断力・表現力などの能力、③これらの基になる主体性を持って多様な人々と協働して学ぶ態度という「学力の3要素」をすべての学習者が獲得すべく、学びのプロセスを多面的に育み、評価することが重視されている。そのため、学びの履歴の活用が推奨されている。

「高等学校基礎学力テスト（仮称）」が2019年度から試行実施、2023年度から実施予定であるが、このテストでは資質・能力の一側面しか捉えられない。ゆえに、高校の日々の活動を通じて幅広い資質・能力を多面的に評価し、指導の改善につなげることが求められている。生徒の日常的な活動の履歴と成果を蓄積・活用できるよう、指導要録や調査書の電子化が検討されている。

大学入試では、知識に偏重せず、「学力の3要素」を多面的に評価することが目指されている。各大学の入学者受入方針（アドミッション・ポリシー）に基づいて、「大学入学希望者学力評価テスト（仮称）」（2020年度から実施予定）

や、自らの考えに基づき論を立てて記述させる評価方法、調査書、活動報告書など、様々な選抜方法を活用することが勧告されている。

実際に、学びの履歴を入試に活用する事例も生まれている。筑波大学のAC入試では、高校までの探究の成果や自己推薦書をもとに面接が行われている。九州大学の「21世紀プログラム」では、勉学以外の活動に関する活動歴報告書や、講義を受講して書くレポート、グループ討論、小論文、面接で選抜がなされている。京都大学の特色入試では、「学びの報告書」「学びの設計書」「調査書」の審査と、課題、口頭試問が課されている[49]。東京大学や大阪大学でも推薦入試を導入し、高校在学中の論文や受賞歴などの学びの実績で選抜している[50]。

大学では、高校までの多様な学習の履歴と、大学での学びの履歴である学修ポートフォリオなどを接続させ、大学での学修に活かすことが期待されている。

第4項　高大接続をめぐる課題

高大接続をめぐっては、次の二つの課題が指摘できる。

一つ目の課題は、入学者受入方針を、高校生が理解できるかたちで具体的に示すことである。荒井克弘は、高校教育を大学入試に接続するのではなく、大学教育へと接続するためには、結果としての選抜基準ではなく、高校生がそれに向けて努力する目標としての入学基準が示される必要があると指摘している[51]。新潟大学では、入試問題にこそ入学者受入方針が体現されるという考えのもと、過去の入試問題を高校生に解かせ、問題の解説を行うというヴァーチャル入試体験を行ってきた[52]。このように、入試を悪者視するのではなく、教育の一環としての入試という視点をもつことが、改善の一つの鍵となる。

二つ目の課題は、大学入試の新しいしくみである「大学入学希望者学力評価テスト（仮称）」の作問者を検討することである。このテストは、大学に接続するのに必要な高校教育の達成度を把握するために設計された[53]。類似の制度として、フランスでは、中等教育修了認定と大学入学資格を授与するバカロ

レア試験が実施されてきたものの、試験で問われる学力が高校の教育目標と異なるために、高校教育が歪曲されてきた。大学教員に加えて多様な高校の教員が作問に参画することで初めて、高校の教育目標を規準とする接続が実現された[54]。このことを鑑みると、高校での学力達成を評価するには、目標準拠型のテストを構築するだけではなく、専門学科や総合学科も含む多様な高校の教員が作問に参加することも重要だと言える。

おわりに

　幼小、小中、中高、高大の学校種間の接続に関する今後の課題としてそれぞれ挙げたものの中には、他の学校段階間にも通じるものが多いことに気づく。すなわち、連携・一貫教育の目的を意識することや、子どもの人生全体に照らして各学校段階のカリキュラムの意味を問うこと、一貫教育や一貫教育校の是非の検討、各学校段階の教員間の意識をすり合わせること、教育の一環としての入試のあり方の探究が、共通の課題として指摘できる。学校種間の接続をめぐっては、学校段階間ごとに議論がなされる傾向があるものの、子どもの発達には区切りはない。各学校段階間の接続に関するこれまでの理論的・実践的知見を結集し、幼児教育から高等教育に至る教育システム全体の接続のグランドデザインを描くことが、これからは求められる。（本講座第13巻第8・10章参照）

〈注〉
(1) 清水一彦「教育におけるアーティキュレーションの概念と問題性」『清泉女学院短期大学研究紀要』第5号、1987年、24頁、29-32頁。
(2) 天野郁夫「日本のアーティキュレーション問題」『IDE現代の高等教育』第408号、1999年、9-12頁。
(3) 荒井克弘「高大接続の日本的構造」日本高等教育学会研究紀要編集委員会編『高大接続の現在（高等教育研究第14集）』玉川大学出版部、2011年、10頁。
(4) 増田幸一「総論」増田幸一・徳山正人・斎藤寛治郎『入学試験制度史研究』東洋館出版社、1961年、19-21頁、24頁。

(5) 本田由紀『多元化する「能力」と日本社会——ハイパー・メリトクラシー化のなかで——』NTT出版、2005年、ii頁、23-24頁。
(6) 佐々木享『大学入試制度』大月書店、1984年、8頁。
(7) 堀尾輝久「入試競争の背景——能力主義と学歴主義——」日本教育学会入試制度研究委員会編『大学入試制度の教育学的研究』東京大学出版会、1983年、20頁。
(8) 中内敏夫「大学入学試験制度改革への道」全国到達度評価研究会編著『子どものための入試改革——「選抜」から「資格」へ——』法政出版、1996年、210-211頁。
(9) 酒井朗「保幼小連携の原理的考察」酒井朗・横井紘子『保幼小連携の原理と実践——移行期の子どもへの支援——』ミネルヴァ書房、2011年、66頁。
(10) 井口眞美「幼保小接続期の保育・教育をつなぐ視点の開発（その２）——幼小連携研究の変遷と現状——」『実践女子大学生活科学部紀要』第52号、2015年。
(11) 藤井穂高「幼小連携論の動向と課題」『教育制度学研究』第13号、2006年。
(12) 一前春子「保幼小連携研究の動向——取り組みの効果と移行期に育つ力の認識——」『共立女子短期大学文科紀要』第59号、2016年。
(13) 福元真由美「幼小接続カリキュラムの動向と課題——教育政策における２つのアプローチ——」『教育学研究』第81巻第４号、2014年。
(14) 小柳和喜雄「幼小・小中連携教育および一貫教育等に関する調査研究」奈良教育大学教育学部附属教育実践総合センター編『教育実践総合センター研究紀要』第18巻、2009年。
(15) 小柳和喜雄「異校園種連携研究における研究動向——小中一貫・小中連携教育を中心に——」奈良教育大学教育学部附属教育実践総合センター編『教育実践総合センター研究紀要』第17巻、2008年。
(16) 小柳、前掲「幼小・小中連携教育および一貫教育等に関する調査研究」。
(17) たとえば、次の文献を参照。田仲誠祐・古内一樹・関谷美佳子・千葉圭子・神居隆・細川和仁・浦野弘「秋田県内の小中連携教育及び小中一貫教育の進展についての一考察——経営資源の有効活用と教育課程の編成に関する課題——」『秋田大学教育文化学部教育実践研究紀要』第38号、2016年。
(18) 西川信廣・牛瀧文宏『学校と教師を変える小中一貫教育　教育政策と授業論の観点から』ナカニシヤ出版、2015年。
(19) Nguyen Huyen TRANG・倉本哲男「小中連携教育におけるLesson StudyとCurriculum Managementに関する実証的研究——Project Management論構築の基礎研究——」『佐賀大学文化教育学部研究論文集』第17集第２号、2013年。
(20) 澤田裕之「『公立中高一貫教育の選択的導入』に関する研究動向レビュー」『日本高

校教育学会年報』第12号、2005年。
(21) たとえば、次の文献を参照。工藤文三「中高一貫教育校における教育課程の基準の特例の活用について」『国立教育政策研究所紀要』第138集、2009年。
(22) 安藤福光・根津朋実「公立小中一貫校の動向にみる『カリキュラム・アーティキュレーション』の課題」『教育学研究』第77巻第2号、2010年。
(23) 中村高康「ユニバール化の課題としての『高大接続』」中村高康編『大学への進学選抜と接続』玉川大学出版部、2010年、286-289頁。
(24) 大膳司「高大接続に関する研究の展開――2006年から2013年まで――」広島大学高等教育研究開発センター編『大学論集』第46集、2014年。
(25) 酒井朗「保幼小連携に関する政策の流れ」酒井・横井、前掲『保幼小連携の原理と実践』、13-24頁。
(26) 上野ひろ美・鳥光美緒子「カリキュラムにおける保幼小接続の問題」日本教育方法学会編『現代カリキュラム研究と教育方法学　新学習指導要領・PISA型学力を問う（教育方法37）』図書文化社、2008年、123頁。
(27) 秋田喜代美・第一日野グループ編著『保幼小連携――育ちあうコミュニティづくりの挑戦――』ぎょうせい、2013年。
(28) 酒井朗「保幼小連携に関する政策の流れ」酒井・横井、前掲『保幼小連携の原理と実践』、24-25頁。
(29) 酒井朗「教育方法からみた幼児教育と小学校教育の連携の課題――発達段階論の批判的検討に基づく考察――」『教育学研究』第81巻第4号、2014年、9頁。
(30) 高橋興『小中一貫教育の新たな展開』ぎょうせい、2014年、24-26頁。
(31) 天笠茂監修、呉市教育委員会編著『小中一貫教育のマネジメント――呉市の教育改革――』ぎょうせい、2011年。
(32) 山本由美「なぜこの問題が出てきたのか」山本由美・藤本文朗・佐貫浩編『これでいいのか小中一貫校――その理論と実態――』新日本出版社、2011年。
(33) 河原国男・中山迅・助川晃洋編著『小中一貫・連携教育の実践的研究――これからの義務教育の創造を求めて――』東洋館出版社、2014年、3-5頁。
(34) 安藤・根津、前掲「公立小中一貫校の動向にみる『カリキュラム・アーティキュレーション』の課題」61頁。
(35) 天笠監修、呉市教育委員会編著「進化を続ける呉の小中一貫教育」、前掲『小中一貫教育のマネジメント』、17-18頁。
(36) 田中洋「公立中高一貫校の現状」『琉球大学教育学部紀要』第68集、2006年、275頁。
(37) 文部科学省『高等学校教育の改革に関する推進状況』2014年。

(38) 梶間みどり「中等教育改革における『中高一貫教育』と『中高連携教育』の意義と課題——『特色ある学校』づくりと『効果的な学校』の視点——」『日本教育経営学会紀要』第40号、1998年、112頁。
(39) 本所恵「中高連携」日本教育方法学会編『教育方法学研究ハンドブック』学文社、2014年、410頁。
(40) 木村元「入試改革の歴史と展望——教育評価の制度的枠組みと入試制度の展開から——」田中耕治編著『新しい教育評価の理論と方法 第Ⅰ巻 理論編』2002年、194-206頁。
(41) 田中耕治「『目標に準拠した評価』をめぐる現状と課題——内申書問題が提起するもの——」『教育目標・評価学会紀要』第18号、2008年、3頁。
(42) 坂野慎二「学校体系における中等教育段階の意義と機能」『教育学研究』第77巻第2号、2010年、48頁。
(43) 関口貴之「高校入試問題から考える批判的思考力——批判的思考力が日本に定着しなかった理由の一考察——」『横浜国大国語研究』第32号、2014年、145-150頁。
(44) 木村元「戦後入試制度の歴史」全国到達度評価研究会、前掲書、251-254頁。
(45) 山村滋「高校と大学の接続問題と今後の課題——高校教育の現状および大学で必要な技能の分析を通して——」『教育学研究』第77巻第2号、2010年、28頁。
(46) 佐々木隆生『大学入試の終焉——高大接続テストによる再生——』北海道大学出版会、2012年、15-16頁。
(47) 荒井克弘「入試選抜から教育接続へ」荒井克弘・橋本昭彦編著『高校と大学の接続 入試選抜から教育接続へ』玉川大学出版部、2005年、42-43頁。
(48) 高大接続システム改革会議「最終報告」2016年3月31日。
(49) 西岡加名恵『教科と総合学習のカリキュラム設計——パフォーマンス評価をどう活かすか——』図書文化社、2016年、212-214頁。
(50) 読売新聞教育部『大学入試改革——海外と日本の現場から——』中央公論新社、2016年、203-211頁、228-229頁。
(51) 荒井、前掲「入試選抜から教育接続へ」22-44頁。
(52) 中畝菜穂子「入試問題を用いた高大連携——新潟大学ヴァーチャル入試体験——」東北大学高等教育開発推進センター編『高大接続関係のパラダイム転換と再構築』東北大学出版会、2011年、65-67頁。
(53) 佐々木、前掲『大学入試の終焉——高大接続テストによる再生——』48-53頁。
(54) 細尾萌子「フランスのバカロレア試験で問われる学力と高校の教育目標との連続性——地理の試験問題と教科書の分析を通して——」『教育目標・評価学会紀要』第20号、

2010年。

〈推薦図書〉

荒井克弘・橋本昭彦編著『高校と大学の接続　入試選抜から教育接続へ』玉川大学出版部、2005年。

酒井朗・横井紘子『保幼小連携の原理と実践――移行期の子どもへの支援――』ミネルヴァ書房、2011年。

佐々木享『大学入試制度』大月書店、1984年。

全国到達度評価研究会編著『子どものための入試改革――「選抜」から「資格」へ――』法政出版、1996年。

高橋興『小中一貫教育の新たな展開』ぎょうせい、2014年。

第10章
学校における
カリキュラム・マネジメント

はじめに

　本章の課題は、日本において2000（平成12）年以降に急速に教育関係者の耳目を集めるようになったカリキュラム・マネジメントの理念と方法を明らかにすることである。カリキュラム・マネジメントとは、学校の教育計画であるカリキュラムを、その実施主体である教職員が、在籍する児童・生徒らの実態や課題に即して、作り、動かし、変えようとする営みである。関連する文献等では、「カリキュラム」と「マネジメント」の間に「・（ナカグロ）」がある場合（カリキュラム・マネジメント）と、ない場合（カリキュラムマネジメント）が併存しているが、本論では引用によるものを除き、学習指導要領等の公的文書での記述に準拠し、「カリキュラム・マネジメント」を用いることにする。

　まず、近年の日本の教育課程行政においてカリキュラム・マネジメントの理念と方法が注目されるようになった背景と、中央教育審議会の議論におけるカリキュラム・マネジメントの提唱の水準を整理する（第1節）。次に、カリキュラム・マネジメントの全体像を表す「モデル」をもとに、その構成要素と実践過程を明らかにする（第2節）。そして、実際に各学校においてカリキュラム・マネジメントを実践し、学校の抱える諸課題を解決していくために踏まえるべ

き視点について論じる（第3節）。

第1節　カリキュラム・マネジメントの提唱

第1項　教育課程管理からカリキュラム・マネジメントへ

　本来、各学校のカリキュラム（教育課程）は、学習指導要領等の国家的な基準に基づきながらも、各学校の実態や課題に応じて、その構成員である教職員の権限と責任のもとで、計画・実施されるべきものである（教育課程編成）。とはいえ、日本においては、第2次世界大戦直後の限られた一時期を除いて、各学校でカリキュラムを編成するという発想は、必ずしも優勢ではなかった。学校教育に関わる公的な文書等において、自律的な編成・運営（マネジメント）を前提とする「カリキュラム」という語ではなく、国－都道府県教育委員会－市町村教育委員会－各学校という垂直構造のもとでの管理・執行（アドミニストレーション）を前提とする「教育課程」という語を長く用いてきたことは、その表徴であると言えるだろう。

　しかしながら、教育課程の編成に関する規制緩和（弾力化・大綱化）が進んだ1990年代の終わりごろから、公教育の均質化を企図する従前までの教育課程管理の考え方に変わって、各学校の自主性、自律性、独自性、個別性に根ざした教育課程の編成・運営が期待されるようになった。学習指導要領においては、1998-1999（平成10-11）年版から「総則」の中で「創意工夫を生かした特色ある教育活動を展開する」（傍点は引用者）という文言が書き加えられた。また、2003（平成15）年の中央教育審議会答申では、各学校において「創意工夫に満ちた特色ある教育課程の編成・実施」を促進することが提言された[1]。

　ちょうど時期を同じくして、教育研究サイドからも、各学校における自主的・自律的な教育課程編成を求める声が上がった。その先駆者の一人である中留武昭は、「管轄の教育委員会から、主として教育課程（カリキュラム）、人事・予算等の権限を大幅に委ねられて、主体的にマネジメントを遂行していくことのできる学校」を「自律的学校」と規定するなどして、教育課程行政にお

けるカリキュラム・マネジメントの理念と実践の重要性を指摘した[2]。

　教育課程行政サイドと教育研究サイドのこうした提起を背景に持ちつつ、各学校の教育課程の編成に関する実践上のインパクトを与えたものは、1998 − 1999年改訂学習指導要領で新設された「総合的な学習の時間」であったと言えよう。「総合的な学習の時間」は、その設置の経緯から、各学校で創意工夫を凝らして特色ある展開を行うことを端的に要請する。このため、学習指導要領においても、各教科、道徳、特別活動での規定とは異なり、「時間」としての設置の主旨とねらいが「総則」に概括的に示すだけにとどめられた。各学校はまさしく、「地域や学校、児童の実態等に応じて」、特色ある「総合的な学習の時間」の教育課程を編成・運営することを求められたのである。

　ところが、長きにわたって教育課程を管理・執行することに尽力してきた多くの学校では、理念・方法の両面において「総合的な学習の時間」を十全に消化することができなかったと言われている。一方で、のちになってカリキュラム・マネジメントと呼ばれるようになる教育課程の新たな理念と方法にいち早く転換することができた学校は、「総合的な学習の時間」の編成・運営を通して、学力形成・人間形成の両面で高い教育成果を上げるようになっていった。「総合的な学習の時間」は、各学校の教育課程のマネジメントの質を判断する上での、いわば「試金石」になったのである。

第2項　教育課程行政とカリキュラム・マネジメント

　教育課程行政が「特色ある教育課程」を編成する重要性を謳（うた）うだけで、各学校がその期待通りそれを実行できるわけではない。教育課程を編成・運営するためには、一定の方法論を修得し、そのための経験と技術を体得した教員の存在が欠かせない。

　そこで文部科学省は、独立行政法人教員研修センターとともに、2004（平成16）年より、「特色ある教育課程を円滑に編成するための指導者の養成を目的とした研修（カリキュラム・マネジメント研修）」の実施を開始した。その第1回実施要項には次のように記されている。「学習指導要領の下、各学校において教育課程を適切に編成し、組織的・計画的に取組を行うことが重要であるこ

とを踏まえ、各学校において編成されたカリキュラムを評価・改善し、より良いカリキュラムを編成するための必要な知識等を修得させ、各地域において本研修内容を踏まえた研究の講師等としての活動や各学校への指導・助言等が、受講者により行われることを目的とする」[3]。本研修は、国家的なプロジェクトとして、カリキュラム・マネジメントの理念と方法を掲げる先駆けとなった。

その後、教育課程行政の流れはカリキュラム・マネジメントの必要性をさらに加速させる。2008（平成20）年１月に公表された中央教育審議会「幼稚園、小学校、中学校、高等学校及び特別支援学校の学習指導要領等の改善について（答申）」では、「学校教育の質を向上させる観点から、……各学校においては……教育課程や指導方法等を不断に見直すことにより効果的な教育活動を充実させるといったカリキュラム・マネジメントを確立することが求められる」ことが指摘された[4]。

また、より教育課程編成の実際に一歩踏み込んだ提起としては、改訂された「総合的な学習の時間」の指導計画の策定のアプローチとして、「学習指導要領解説　総合的な学習の時間編」の中で指摘が加えられた。

　　各学校においては、この時間［総合的な学習の時間］の指導計画を踏まえ、意図的・計画的な指導に努めるとともに、目標及び内容、育てようとする資質や能力及び態度、具体的な学習活動や指導方法、学校全体の指導体制、評価の在り方、学年間・学校段階間の連携等について、学校として自己点検・自己評価を行うことが大切である。そのことにより、各学校の総合的な学習の時間を不断に検証し、改善を図っていくことにつながる。そして、その結果を次年度の全体計画や年間指導計画、具体的な学習活動に反映させるなど、計画、実施、評価、改善というカリキュラム・マネジメントのサイクルを着実に行うことが重要である[5]。

なお、後に文部科学省から公刊された「総合的な学習の時間」の指導資料集においては、上記の視点から、各学校における「総合的な学習の時間」の編成の具体的方法が提示されている[6]。

2017（平成29）年の学習指導要領改訂の議論においては、それまではやや部分的な議論にとどまっていたカリキュラム・マネジメントが、一気に教育改

革論議の表舞台に登場する。アクティブ・ラーニングやチーム学校と並んで、改訂学習指導要領を特色づける主要キーワードとして位置づけられることになった。

　改訂論議の端緒となる2014（平成26）年11月の「初等中等教育における教育課程の基準等の在り方について（諮問）」では、「学習指導要領等に基づき，各学校において育成すべき資質・能力を踏まえた教育課程を編成していく上で，どのような取組が求められるか。また，各学校における教育課程の編成，実施，評価，改善の一連のカリキュラム・マネジメントを普及させていくためには，どのような支援が必要か」と諮問し、学習指導要領改訂の議論におけるカリキュラム・マネジメントの重要性が示唆された[7]。

　その後、2年あまりの議論を経て、2016（平成28）年12月に公表された中央教育審議会「幼稚園、小学校、中学校、高等学校及び特別支援学校の学習指導要領等の改善及び必要な方策等について（答申）」では、新しい学習指導要領等の考え方を共有し、「新しい教育課程の考え方」にもとづいて「学校教育の改善・充実を実現」するための方策として、カリキュラム・マネジメントの重要性が明記された。

　　教育課程とは、学校教育の目的や目標を達成するために、教育の内容を子供の心身の発達に応じ、授業時数との関連において総合的に組織した学校の教育計画であり、その編成主体は各学校である。各学校には、学習指導要領等を受け止めつつ、子供たちの姿や地域の実情等を踏まえて、各学校が設定する学校教育目標を実現するために、学習指導要領等に基づき教育課程を編成し、それを実施・評価し改善していくことが求められる。これが、いわゆる「カリキュラム・マネジメント」である[8]。

　また、同答申では、校内の一部の教職員の仕事として認識されがちな教育課程（カリキュラム）編成の営みを、全ての教職員の関与を求めるものと位置づけた。

　このように、「カリキュラム・マネジメント」は、全ての教職員が参加すること

によって、学校の特色を創り上げていく営みである。
　このことを学校内外の教職員や関係者の役割分担と連携の観点で捉えれば、管理職や教務主任のみならず、生徒指導主事や進路指導主事なども含めた全ての教職員が、教育課程を軸に自らや学校の役割に関する認識を共有し、それぞれの校務分掌の意義を子供たちの資質・能力の育成という観点から捉え直すことにもつながる。[9]。

　以上のように、2000（平成12）年以降、学習指導要領の改訂（一部改正）の議論と歩調を合わせながら、学校におけるカリキュラム・マネジメントの重要性の指摘は年を追うごとに強まってきた。1958（昭和33）年の「告示」以後、学習指導要領の法的基準性の要請が強まる中で、各学校における教育課程の「独自性」よりも「共通性」を重んじてきた日本の教育課程行政のトレンドは、カリキュラム・マネジメントの理念の提唱に伴い、大きな転換点に差し掛かろうとしている。

第2節　カリキュラム・マネジメントの全体像

第1項　カリキュラム・マネジメントの概念規定と説明モデル

　2000年代初頭、特色ある教育課程の編成・運営が叫ばれるようになったときに、理念の大枠はさておき、具体的な方法や手続きについては、教育行政サイド、教育研究サイドともに、必ずしも明確にされていなかった。カリキュラム運営に関する教職員（とりわけ管理職及び主任層）の「意識改革」が叫ばれたり、そのための環境整備（校内組織整備や校内研修体制の確立など）の必要性が指摘されたりしたが、いずれも各学校の教育課程にとっての「外堀」を埋める試みにとどまり、「本丸」である教育課程の編成にはなかなか及ばなかった。
　追求すべき課題は大きく二つあった。一つは、教育課程を編成・運営すること、別の言い方をすれば、カリキュラムをマネジメントすることとは一体何かという、カリキュラム・マネジメントの理念に関わる事柄である。もう一つは、各学校がカリキュラム・マネジメントの理念にもとづいて学校運営を行うこと

とは、具体的に何をどうすることかという、カリキュラム・マネジメントの内容・方法に関わる事柄である。「総合的な学習の時間」が完全実施になった2002（平成14）年以降、これらの事柄について研究・実践を深めることが求められていった。

まず、カリキュラム・マネジメントの理念に関しては、主に教育経営学の専門家から、注目すべき提言がなされた。中留武昭はカリキュラム・マネジメント論の草創期において、次のように定義付けを行っている。「各学校が教育目標の達成のために、児童・生徒の発達に即した教育内容を諸条件とのかかわりにおいてとらえ直し、これを組織化し、動態化することによって一定の教育効果を生み出す経営活動である」[10]。

また、天笠茂は、学校運営の質を規定する各種の文化性の側面に注目し、次のように言う。「自らの専門性を教科や学級・学年に置く組織文化や、教科経営や学年経営の組み合わせとするマネジメントのスタイルからの転換を促し、学校としての協働をはかる組織文化の形成をめざすのがカリキュラム・マネジメントである」[11]。

さらに、中留研究室で教育経営学を修め、現代のカリキュラム・マネジメントの理論と実践を牽引する田村知子は、カリキュラム・マネジメントの理論と実践に関わるトータルな把握を目指し、次のように説明している。「学校の教育目標を具現化するために、評価から始まるカリキュラムのマネジメントサイクルに、組織文化を含めた学校内外の諸条件のマネジメントを対応させ、これを組織的に動態化させる課題解決的な営み」[12]。

提唱者の研究的な出自によって重点の置き所は違うが、おおむね「カリキュラム」「組織（文化）」「動態化（ダイナミズム）」「目標達成・課題解決」というキータームが重なって論じられていることがわかる。以上のようなカリキュラム・マネジメントの概念規定の次に求められたのが、各学校が自立的にカリキュラムを編成・運営するための、言い換えれば、カリキュラムを「実践」するための、内容と方法を明らかにすることであった。各学校のカリキュラムを中心に据えて、その教育活動的な側面（教育の目標・内容・方法）と教育経営的な側面（教育の制度・組織・文化）を統合的に捉えようとするカリキュラム・マ

ネジメントの野心的な試みは、全体としてどのような理論的枠組を持つものであるのか。このことについて、田村は、米国のカリキュラム論をベースにしながら、2004年前後からカリキュラム・マネジメントの構成要素の措定とモデル化の研究に取り組んだ。田村が提唱する「カリキュラムマネジメント・モデル」（以下「モデル」と略す）は、数度の改訂を重ねながら、各学校におけるカリキュラムの編成・運営のあり方を説明するモデルとして深化してきた。カリキュラム・マネジメントの研究と実践とを架橋するアゴラとして、積極的な活用が進められようとしている。

第2項　カリキュラム・マネジメントの構成要素

以下では、図10-1に示した「モデル」にもとづいて、カリキュラム・マネジメントの構成要素を詳述していくことにしたい。

まず、「モデル」では、教育経営学の知見に基づき、カリキュラム編成・運営に関するステイクホルダーを「学校内」（ウチ）と「学校外」（ソト）とに大別する。「学校内」では、「リーダー（オ）」が中心になって「教育活動」と「経営活動」が展開されている。一方で「学校外」では、「家庭・地域社会等」（カ）と「教育課程行政」（キ）の学校関係者が、当該学校の教育・経営活動を「規定」したり「支援」したりしている。カリキュラムは、この大枠の中で編成・運営される。

旧来、カリキュラムは学校にとって「所与」の存在であった。学習指導要領などの教育課程編成に関する国家的な基準や、各種の教科書・指導書、さらには所轄の都道府県／市町村教育委員会の通達や指導等によって、各学校はすでにパッケージ化されたカリキュラムを持たされていた。かかるカリキュラムを「慣例・慣習」に従って「踏襲」し、各年度の状況に応じて部分的な「修正」を加えながら、重大な「落ち度」のないように「適切に」執行するというのが、教育課程管理の考え方であった。

しかしながら、カリキュラム・マネジメントでは、カリキュラムを「開発」的なものと捉える。各学校でカリキュラムが沸き起こってくる契機は何か。法令や学習指導要領等に対する遵法精神ではない。そうではなくて、各学校に渦

第10章　学校におけるカリキュラム・マネジメント

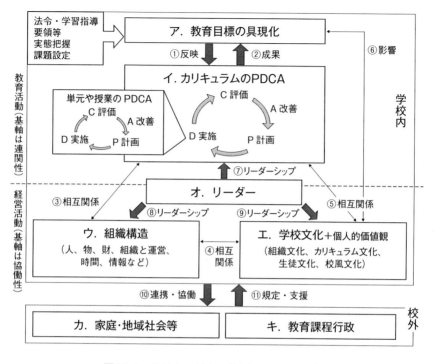

図10-1　カリキュラムマネジメント・モデル

出典：田村知子「カリキュラムマネジメントの全体構造を利用した実態分析——システム思考で良さ、課題、レバレッジ・ポイントを探ろう——」田村知子・村川雅弘・吉冨芳正・西岡加名恵『カリキュラムマネジメント・ハンドブック』ぎょうせい、2016年、37頁。

巻く困難や課題が、ある種の必然性をともなって、その学校独自のカリキュラムを突き動かすのである。

　各学校の課題は多層的・多面的な様相を呈している。その中核にあるのが、子どもたちの健全な成長を阻む諸課題（教育課題）であろう。認識や学力に関わる課題、人間性や社会性に関わる課題、あるいは子どもを養護する家庭や地域社会にまで広がる課題がここには含まれる。さらに、それを取り囲むように、教職員の健全な教育活動の従事を阻む諸課題（経営課題）がある。職員室

の人間関係をめぐる課題、学校全体の教育活動を規定する意欲・やる気をめぐる課題、校内組織の成熟さをめぐる課題など、学校内の課題のみならず、学校外の利害関係者との関係性をめぐる課題もここに含まれる。

カリキュラム・マネジメントは、カリキュラムという教育資源を用いながら、かかる諸課題の解決を図ろうとする営みである。

ただし、課題を課題のままにしておいても、カリキュラムは十全に起動・機能しない。学校内外に無秩序に乱立する諸課題に対して、課題解決の緊急性と重要性を切り分けながら、教職員が一丸となって取り組むべき課題（教育課題・経営課題）を具体化・焦点化する過程を経て、特定の学校年度で解決可能な形にまで絞り込むことによってはじめて、各学校のカリキュラムとの接点を見出すことができる。この一連の営みこそ、「教育目標の具現化」（ア）と呼ばれるものである。

「モデル」に示された「教育目標」とは何か。それは、各学校の組織的なアイデンティティとして学校要覧等に掲載している学校教育目標そのものではない。学校教育目標は多くの場合、学校教育の不易の目標とされる「心」（豊かな心）・「技」（確かな学力）・「体」（健やかな力）のバリエーションとして表明されるものの、こうした包括的で一般的な教育目標は、「モデル」が言う「教育目標」として定位しづらい。そうではなくて、各学校が教職員を挙げて取り組むべき教育・経営課題について、「何を」「どのように」解決することを目指すかという視点から具体化・焦点化をはかったものが「教育目標」であると言える。

教育目標が明確になって、初めて各学校のカリキュラムは動き出す。たとえば、A小学校が「学校の委員会活動や教室の係活動などの機会に、子どもたちが自分たちの力でその課題を明らかにし、仲間とともに協働的に課題解決に取り組めるような"主体性"を育む」ことを「教育目標」として設定したならば、A小学校の教職員は、その実現（達成）のために、どういった教育活動が効果的であるかを検討するはずである。もちろん、「各学級担任の日常的な声かけ」でその目標が実現するかもしれない。しかし、それはきわめて偶発性が高く、かつ各担任の個人の指導力に相当程度規定されるため、ほとんどの場

合、A小学校全体でその目標の実現を企図することにはならない。そうだとすれば、何か特定の計画的・継続的な教育活動を案出し、その実施を通して、学校が言うところの「主体性」を育んでいくことが求められる。そこでA小学校は「運動会の計画・準備と実施」を選択するかもしれない。同様に「主体性」育成の課題を抱える近隣のB小学校は「総合的な学習の時間」の教育計画を選択するかもしれない。その具体的な選択と構成は各学校に委ねられるわけであるが、ともあれ、そこにあらわれてくる「ひとまとまりの教育活動」こそがまさしく、「主体性」を育むためのその学校の「カリキュラム」なのである。

　このように、「特定の教育目標」を達成するために生み出された「特定のカリキュラム」は、「特定の教育・経営課題」を解決するために、動態的に「計画・実施・評価・改善」される。これがいわゆる「カリキュラムのPDCA」(イ)と呼ばれてきたものである。カリキュラム運営におけるPDCAサイクルの適用は、カリキュラム・マネジメントの理論化よりもやや先行して、2002（平成14）年前後から提唱されるようになったが、学校組織マネジメントや学校経営・学校評価の文脈で論じられたこともあってか、その主張はやや「目標の組織的管理」という側面に傾斜する傾向にあった(14)。ただ、カリキュラム・マネジメントにおける「カリキュラムのPDCA」は、その概念規定が示唆するように、「学校の教職員が、いかに各学校に固有の教育・経営課題を明確化・共有化し、それらを具体的な教育目標として設定し、カリキュラムという教育資源を通して、こうした課題の解決をはかるか」という「教育目標を規準にしたカリキュラムの組織的な実践」という側面をとりわけ重視していると考えるべきであろう。

　こうした「カリキュラムのPDCA」を、「年間指導計画」や「グランドデザイン」といった学校文書に落としこむだけではなく、実際に継続的に実践し、成果を上げていくためには、校内の教育関係者（教職員、児童・生徒、ならびに保護者・地域住民）による組織的な関与が欠かせない。このため「モデル」では、カリキュラムの経営の司令塔となる「リーダー」（教務主任や研究主任などのいわゆるミドルリーダーが相当）の存在の重要性とともに、こうした「リーダー」の働きの質を大きく規定する「組織構造」(ウ)と「学校文化」

(エ)に対するマネジメントの必要性をも指摘する。

　カリキュラムの組織的運営といった場合に、まず学校関係者の頭に思い浮かぶのは、「学校組織の機能化」「校務分掌の効率化」「校内研究・研修体制の整備」といった「組織構造」に関わることであろう。こうした視点に則った学校経営を行うことで、強靭な校内組織をもった学校を確立することは、各学校のカリキュラム・マネジメントの「基礎体力」として欠かせない部分である。

　しかしながら同時に、「各学校の組織全体を規定する文化や風土」、「カリキュラムに関する学校関係者の期待・信頼」といった「学校文化」を耕すことも、カリキュラム・マネジメントの枠組みにおいて重要視されるところである。「カリキュラムをめぐる関係者のマインドをいかにポジティブなものに変えていくのか」という課題は、カリキュラム・マネジメントの「出発点」であり、同時にその「終着点」でもある。ある学校が実践したカリキュラムが、いかに・その・学校・の教育的・経営的課題を解決したのか、言い換えれば、いかにその学校に在籍する児童・生徒に力をつけたのか、また、いかにその学校の教室や職員室での教育活動の計画・実施を健全化したのか、についての具体的な成果を・その・学校・の関係者で共有・共感することを通してはじめて、カリキュラムは「その・学校・のもの」として、持続的に編成・運営されていくようになるのである。

第3項　カリキュラム・マネジメントの5局面

　さて、ここまで紹介してきた「モデル」は、学校教育の経営的、方法的、社会的側面が複雑に入り混じったカリキュラム・マネジメントという営みの構成要素と全体構造を示すために提起されたものであった。その意味でこの「モデル」は、カリキュラム・マネジメントの理念に基づく学校経営・カリキュラム経営の枠組み（すなわち「カリキュラム・マネジメントとは何か」）を示すものであり、かかる経営の実践（すなわち「カリキュラム・マネジメントはどのように進むか」）の総体を示すものでは必ずしもない。「モデル」には各所に「矢印」の記載があり、それぞれの項目ごとの影響関係や因果関係が示されているが、それらはカリキュラム・マネジメント総体としての「流れ」を示し得るも

第10章　学校におけるカリキュラム・マネジメント

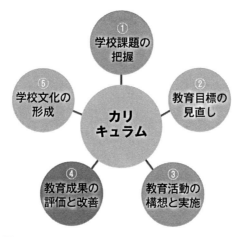

図10-2　カリキュラム・マネジメントの5局面

出典：赤沢早人『カリキュラム・マネジメントによる学校教育活動の改善「いい学校」の創り方(改訂版)』平成20-21年度科学研究費補助金若手研究(B)「カリキュラム・マネジメントの実効化に関する実証的研究」研究成果物、2012年を一部改変。

のではない。また、「矢印」に添えられた丸数字（①〜⑪）についても、この番号順にマネジメントが進むということでもない。

そこで、以下では、「モデル」にマネジメントの「実践」という視点から補助線を引くことで、前項で整理したカリキュラム・マネジメントの諸要素が実践においてどのように「動く」のかという点を明らかにしたい。このことについて、本論では次の5点をカリキュラム・マネジメントの主要な局面として提案する（図10-2）。局面とは、各学校がカリキュラム・マネジメントの理念に基づいて学校運営を行う際にしばしば直面する実践的課題場面であり、基本的には①から⑤の順番で推移することを想定している。以下、順を追って説明する。

まず、「①学校課題の把握」は、各学校が人的・時間的・物的・金銭的リソースを投入して解決すべき教育・経営課題を教職員間で具体化・共有化・焦点化する局面である。学校には解決すべき課題が山積している。ある教員が独力で当日

中に解決すべき類のものから、数年にわたって組織的に取り組む必要があるものまで、その質は実に多様である。この局面では、どの課題が当該学校のボトルネック（難関）であるのかを見定めるために、学校にある多様な課題を教職員間で相互理解し、ある学校年度で解決を目指す課題を「学校課題」としてラベリングすることが求められる。多くの学校では、年度末に行われている「反省」「振り返り」「引き継ぎ」といった取組がこの局面に対応する。

「②教育目標の見直し」は、①で明確化された学校課題に対応する教育目標を設定したり、現行の教育目標を修正したりする局面である。たとえばある学校が児童の実態を踏まえて「児童の主体性の育成」を学校課題として設定したとしても、そのことから即座に対応するカリキュラムが生み出されるわけではないことは、すでに前項で述べたとおりである。教育的側面にあっては、「児童のどんな主体的な姿を理想とし、それをいつまでに実現するのか」という切り口（アウトカム）から、一方で経営的側面にあっては、「主体的な児童の姿の実現のために、教職員は、何を、いつまでに、どうやって実施するのか」という切り口（アウトプット）から、当該年度の教育活動に関わる具体的なゴールを設定せねばならない。これらのゴールを、この局面では「教育目標」と一括している。通常、新年度当初の年間指導計画の策定と組織的承認の過程がこの局面に対応しているが、多くの学校で十分に機能していないのが現実である。

「③教育活動の構想と実施」は、②で張り巡らされた教育目標（アウトカム、アウトプット）に準拠して、さまざまな具体的方針、取組、手立てが計画・実行される局面である。学校は、「各教科」「総合的な学習の時間」「道徳」「特別活動」のような、学習指導要領において具体的な目標・内容・時間が設定されている「領域」的なアプローチのみならず、「生徒指導」「生活指導」「学級経営」「部活動」のような「機能」的なアプローチまでも含めた、ありとあらゆる具体的なカリキュラム資源を構想し、案出し、投入することを日常的に繰り返す。広い意味では、始業式の日から終業式の日まで、学校が教育活動を実践している全ての時間が、この局面に対応していると言えよう。

「④教育成果の評価と改善」は、かように学校の日常生活に敷衍する教育活

動の価値を、所期の教育目標を規準にして判断する局面である。学校はきわめて多様で多層な教育活動を同時進行で動かしているため、往々にして、それぞれの教育活動を「どのように管理し、執行するか」という視点にとらわれるあまり、「そもそもこの活動は何のために、何を目指して行われてきたものであったか」という視点を見失いがちになると言われる。「何のために何をしてきたか、その結果はどうであったか」を振り返る視座が、いわゆる評価（教育評価）と呼ばれるものである。学校の教職員は、日常的に、あるいは特定の時期に、自らの教育活動を評価し、その成果の見取り（価値づけ）を行うとともに、より良い教育活動の実現とより高い成果の達成をめざして、教育活動を調整し続けなければならない。一般的には、おのおののカリキュラムの終末段階や学期末など、「区切り」の時期に行われる「まとめ」や「振り返り」の取組がこの局面に対応している。

　①〜④の局面を通して、カリキュラムは当該の児童・生徒のために据えられた教育目標を達成し、教育的な成果を上げていくことが期待される。このことと同時に、教職員に向けられた経営課題の解決も図られるようにしなければならない。「⑤学校文化の形成」は、児童・生徒の成長を通して、教職員をはじめとした学校関係者が共通に持つ考え方や行動様式（いわゆる学校文化）をポジティブなものに組み替える局面である。教育成果を評価する④の局面は、たんにカリキュラムの教育成果を学校外（保護者、地域社会、教育課程行政等）に説明するという、外部証明（アカウンタビリティ：説明責任）のためだけに設けられているのではない。また、児童・生徒の教育的な成長を検証し、カリキュラムの改善に結びつける（教育改善）ためだけにあるのでもない。これらと並行して、学校内のカリキュラム編成・運営をめぐる文化性を耕す目的があることを、私たちは改めて確認する必要がある。

　以上のように、カリキュラム・マネジメントをめぐる主要な五つの局面は、各学校が、実際にカリキュラムをつくり、動かし、変える際に立ち現れるある意味で日常的な出来事である。今、試みに、田村の「モデル」と対応させながらこの局面を図示すると、図10-3のようになるだろう。

　各学校のリーダーは、カリキュラム・マネジメントにおけるかかる局面を想

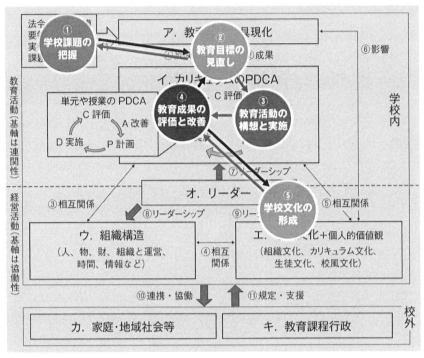

図10-3　カリキュラムマネジメント・モデルと5局面の関連
出典：図10-1（233頁）を踏まえて筆者作成。

定しながら、各学校におけるその実践の状況に見通しを持ち、教職員の行う教育活動の目標・内容・方法を調整したり、促進したりすることが求められる。

第3節　カリキュラム・マネジメントの実効化

第1項　カリキュラム・マネジメントと教職員のキャリアステージ

　前節では、田村が提起した「モデル」に沿って、カリキュラム・マネジメントの構成要素とその実践過程について明らかにしてきた。本節ではさらに、各

学校においてカリキュラム・マネジメントを学校文書上に「表現」するだけでなく、それを本当に実践することを通して、教育・経営課題を解決することができるようになるために踏まえるべき三つの視点について論じることにしたい。

視点の第一は、カリキュラム・マネジメントの実践を担う各学校の教員のキャリアステージである。教育活動に関するマネジメントを管理職や主任クラスという一部の学校リーダーの占有物にすることなく、すべての教員の関与と参画を求めることはカリキュラム・マネジメントの理念の一つの核をなしていることは第1節で整理したとおりである。これをたんに理念やスローガンに留めることなく、実際に各学校においてすべての教員がカリキュラム・マネジメントに関与・参画するための方法に落としこむことが、カリキュラム・マネジメント実践を実効化させるための最初の課題であると言えよう。

よく知られている通り、学校の教員は、一般的な官僚組織や会社組織と異なり、水平的な組織構造のもとで、相当に大きな裁量を認められながら、個業的な形態で職務を遂行している。一般に「鍋蓋型組織」と呼ばれる教員の職務形態は、近年の職階制の制度的導入等にかかわらず維持されているし、教職という仕事の特殊性に鑑みれば、今後も基本的には維持されていくことになるだろう。大学を卒業して入職したばかりの新卒教員も、教職経験30年を超えるベテラン教員も、管理職でなければ、等しく担任を持ち、校務を分掌し、受け持ちの児童・生徒に教育指導を行う。各学校においては、こうした条件のもとで、カリキュラム・マネジメントを実践していくことが求められる。

もちろん、教員組織が「鍋蓋型」であり、管理職をのぞくほとんど全ての教員がフラットに職務を遂行しているからといって、すべての教員に同じ質の働きが期待されているというわけでもない。一般に教員は、その職務経験によって「若手教員」「中堅教員」「ベテラン教員」というキャリアステージを経ることが想定されているし、それぞれのステージに応じた職能開発が論じられている[13]。カリキュラム・マネジメントの実効性を論じる際には、こうした教員のキャリアステージを見通しながら、それぞれの教員の関与や参画のあり方を具体的に構想することが求められる。

表10-1 カリキュラム・マネジメントとキャリアステージの関係

キャリアステージ	キャリア課題	関与・参画（例）
若手教員 教職経験 1-10年程度	教科指導・学級経営・生徒指導のための力量（個業としての職能）を高めるとともに、その実践を行う	○担当者（教科・学級・分掌等）としてのカリキュラムの運営に携わること ○担任している児童・生徒の成長イメージの具体化・明確化をはかること ○若手教員なりに校内の分掌に貢献すること
中堅教員 教職経験 11-20年程度	カリキュラム・マネジメントの理念と方法に基づき、リーダーとして各学校でのカリキュラムを編成・運営する	○学校・学年・分掌を見通したカリキュラムの運営を行うこと ○カリキュラムを通した児童・生徒の成長の全体計画を策定すること ○既存の学校組織や学校文化を活用して組織的な協働体制を構築すること
ベテラン教員 教職経験 21年程度以上	中堅教員がカリキュラム・マネジメントに関する職能を充分に発揮できるように、後方支援や側方支援をする	○より質の高い教育成果の実現に向けたカリキュラムのモニタリングと改訂を行うこと ○教育における「不易と流行」を踏まえた上で児童・生徒のよりよい成長の明確化をはかること ○学校文化の醸成をはかるとともに、校外の学校関係者との関係構築を行うこと

出典：赤沢早人「若手教員が育ちベテラン教員が活きる『カリマネ』」村川雅弘・田村知子他『「カリマネ」で学校はここまで変わる！』ぎょうせい、2013年をもとに筆者作成

　表10-1は、各ステージにおけるカリキュラム・マネジメントへの関与と参画のあり方について整理したものである。各学校のカリキュラムを具体的に動かすという性質上、どうしてもミドルリーダーとしての中堅教員に業務と責任が偏りがちなカリキュラム・マネジメントを持続的に機能させていくためには、

第10章　学校におけるカリキュラム・マネジメント

すべてのステージの職能の特質やキャリア課題を踏まえた関与と参画のあり方を構想していく必要があるだろう。

第2項　「カリキュラム・マネジメント業務」の三つの柱

　カリキュラム・マネジメントの実効化を規定する第二の視点は、各学校の教員がカリキュラム・マネジメントの理念と方法に基づいて教育活動を行う際に、その業務としてなすべきことに関わっている。すでに前節において、カリキュラム・マネジメントの展開としての主要な5局面については詳述したが、ここでは、それぞれの局面が各学校のカリキュラムの編成と運営にあたって示唆しているものという観点から、局面の展開を捉え直すことにしたい。

　カリキュラム・マネジメントに基づいて各学校の教員が遂行すべき業務は、以下の三つの柱に集約される。

　一つ目の柱は、ひとまとまりの教育活動という意味でのカリキュラムを実際に計画・実施すること、すなわちマネジメントすることである（カリキュラムのマネジメント）。各学校の教員は、学校固有の諸課題から導き出された教育目標を達成するために、グランドデザインを設計し、年間指導計画を作成し、授業時間数を計上し、時間割を策定し、行事日程を決定する。こうした各種の教育計画に基づき、具体的な教育活動を計画し、準備し、実施し、反省・引き継ぎを行う。こうした業務をただルーチンの作業としてこなすのではなく、教育目標に基づいて意図的・組織的に実施することが、カリキュラム・マネジメントの理念では強く求められている。

　二つ目の柱は、各学校で展開されるカリキュラムを通して、児童・生徒の教育的な成長をマネジメントすることである（カリキュラムを通したマネジメント）。カリキュラムを編成・運営することによって達成を目指す教育目標（goal）は、一般に学校で見られるような包括的・抽象的な目的（aim）と区別して設定しなければならない。また、具体的に焦点化された教育目標であればこそ、カリキュラムの実践の過程で、その実現状況を評価することが可能になる。学校教育における目標と評価はコインの裏表の関係にある。これは1時間の授業の中で目標と評価を対応させるということだけを指すのではなく、カリキュラム

243

というよりマクロな営みにおいても、同様のことを実現する必要がある。しかしながら、現実の各学校でのカリキュラムの編成・運営では、こうした視点は見過ごされているか、意識はされていても実際に機能していない場合が多い。

三つ目の柱は、各学校のカリキュラムの目標・内容・方法を機能させていくために、カリキュラムを動かす組織・文化・環境をマネジメントすることである（カリキュラムのためのマネジメント）。たとえカリキュラムが完全無欠のものであっても、職員室の人間関係がガタガタしていたり、カリキュラムを動かす組織が未熟であったりすれば、おそらくそのカリキュラムがめざすように児童・生徒は成長しないだろう。カリキュラムそのものを機能させていくために、個業的な職務形態をとりがちな教員同士に連携・協働を促すための組織を構成し、文化を醸成していく必要がある。また、個業的であるがゆえに教室内や学校内に閉塞しがちになる教育活動の営みを学校外の関係者に開きながら、彼らとの連携・協働を促していくための手立ても講じなければならない。

以上の三つの柱を、前節で取り上げた５局面と対応させると、次のように整理できるだろう。とりわけカリキュラム・マネジメントの実際の展開においては時系列的に推移しない第２の柱については注意が必要である。

［柱１］カリキュラムのマネジメント ……… ③教育活動の構想と実施
［柱２］カリキュラムを通したマネジメント …… ①学校課題の把握
　　　　　　　　　　　　　　　　　　　　　　②教育目標の見直し
　　　　　　　　　　　　　　　　　　　　　　④教育成果の評価と改善
［柱３］カリキュラムのためのマネジメント …… ⑤学校文化の形成

また、こうしたカリキュラム・マネジメント業務としての三つの柱を学校ぐるみで遂行していくためには、前節で述べた教員のキャリアステージとの関係を考慮しなければならない。表10-2は教員のキャリアステージと三つの柱の対応関係を模式化したものである。

日本の教職は「鍋蓋型」の組織構造を取っているがゆえに、初任者であっても退職間近であっても、管理職でなければ三つの柱のすべての業務に携わることを要請される。一方で、ステージによってより中心的に役割を果たすことが期待される業務もあるだろう。表中で網掛けした部分（①－Ａ、②－Ｂ、③－

表10-2　キャリアステージとのカリキュラム・マネジメント業務の関係

業務の三つの柱 キャリアステージ	A:カリキュラムのマネジメント	B:カリキュラムを通したマネジメント	C:カリキュラムのためのマネジメント
①若手教員	①－A	①－B	①－C
②中堅教員	②－A	②－B	②－C
③ベテラン教員	③－A	③－B	③－C

出典：筆者作成。

C）は、ステージごとの職能に応じた「得意分野」である。各学校の教員は、それぞれのステージの職能に応じて、主体的にカリキュラム・マネジメント業務を遂行することが求められている。その自覚化と実行のためには、各学校や所轄の教育委員会が各種の研修（集合研修、校内研修、個人研修）の機会をマネジメントすることも肝要であろう。

第3項　カリキュラムの目標・評価の探究

　視点の第三は、とりわけ2017（平成29）年改訂学習指導要領下でのカリキュラム・マネジメントの実践にとって喫緊の課題になる事柄である。第1節第2項で整理したとおり、2016年12月に公表された中央教育審議会答申では、次世代の児童・生徒に求められる資質・能力を確かに育成していくための方策として、カリキュラム・マネジメントの理念を提唱している。カリキュラムを通した児童・生徒の資質・能力の育成とは、すなわち、カリキュラム編成・運営においてその目標・評価の系を探究することにほかならない。

　既に前項で述べたとおり、カリキュラム・マネジメント業務の主要な柱の一つが、このカリキュラムの目標・評価に関わる事柄（カリキュラムを通したマネジメント）である。一般に学校教育における目標・評価の実践的探究は、教育内容や指導方法の議論に比べると立ち遅れているため、私たちは早急に、日本の学校教育の現状に即しつつ、カリキュラム編成・運営のレベルにおけるその具体化をはかる必要があるだろう。

表10-3 カリキュラムマネジメント チェックリスト（個人用、一部）

下記の項目にについて、「ひじょうにあてはまる」とお考えの場合は4を、「だいたいあてはまる」とお考えの場合は3を、「あまりあてはまらない」とお考えの場合は2を、「全くあてはまらない」とお考えの場合は1を選択してください。

学校代表者用と共通 NO	質問項目	ひじょうにあてはまる	だいたいあてはまる	あまりあてはまらない	全くあてはまらない	モデルへの位置づけ
1-3	私は、学校全体の学力傾向や課題について、具体的に説明できる。	4	3	2	1	ア
1-5	私は、学校の教育目標や重点目標について、その意味を具体的に説明できる。	4	3	2	1	ア
1-7	私は、学校の教育目標について、児童・生徒にも、折にふれ理解を促している。	4	3	2	1	ア
2-3	私は、学級経営案を作成する際、目標や内容が学校経営計画、学年経営案と連動するよう作成している。	4	3	2	1	イ－P
2-8	私は、年度当初に教育課程を計画する際、評価規準や方法、時期なども合わせて計画している。	4	3	2	1	イ－P (C)
2-9	私は、学校の年間指導計画を活用して指導を行っている。	4	3	2	1	イ－D(P)
2-10	私は、年間指導計画を、児童・生徒の実態に応じて、柔軟に変更しながら実施している。	4	3	2	1	イ－D(P)
2-11	私は、学校の教育目標や重点目標を意識して授業や行事に取り組んでいる。	4	3	2	1	イ－D(ア)
2-12	私は、教科書や指導書に沿って授業を行うのに手一杯になりがちである。（逆転項目）	4	3	2	1	イ－D
2-13	私は、各教科等の教育目標や内容の相互関連を意識して、日々の授業を行っている。	4	3	2	1	イ－D

出典：田村、前掲「カリキュラムマネジメントの全体構造を利用した実態分析」49頁。

　その際、まずは先行的に実践的研究が進められるのは、工学的アプローチに基づくカリキュラム・マネジメントの目標・評価の仕組みづくりであろう。実際に田村は、前節で詳述した「カリキュラムマネジメント・モデル」にもとづく各学校でのカリキュラム・マネジメント実践の質を判断する方法として、表10-3のような「チェックリスト」を開発している。

　一方で、カリキュラムというマクロな教育的営みを構想する以上は、上述のような工学的アプローチと並行して、いわゆる羅生門的アプローチに属するゴール・フリー評価（目標にとらわれない評価）の発想にも配慮が求められるだろう[14]。根津朋実は、スクリヴァン（Michael Scriven）によって開発されたゴール・フリー評価論をカリキュラム評価に応用し、所期の教育目標にとらわれず「開発したカリキュラムそれ自体を評価する営為」として、上記の田村

表10-4 特別活動のカリキュラム評価のためのチェックリスト（一部）

項　目	概　要	評　点
1　評価しようとする特別活動の実践は、どのようなものですか。		／10
2　どうしてこの実践を行なうとしたのですか。		／10
3　この実践は、誰に直接働きかけるのですか。また、間接的には誰に影響を及ぼしますか。		／10
4　この実践を行う上で、必要な「もの」「こと」（場所や機材、知識等も含む）は何ですか。		／10
5　この実践の目標（ねらい）は何ですか。		／10
〜〜〜〜〜〜〜〜〜〜〜〜〜〜〜〜	〜〜〜〜〜〜〜〜〜	〜〜〜〜
11　1〜10の評点を足すと、何点ですか。		／100
12　この実践のどこを直すとよくなりますか。また、どこが優れていますか。		
13　この実践は、どのように外部に報告・発信されますか。		
14　以上の1〜13の評価結果を、他に評価する人は誰ですか。		

使用法
・各チェックポイントとも、短文で回答する。
・判断の根拠としたデータを適宜添付することが望ましい。
・チェックポイント1〜10については、各10点満点で点数もあわせてつける。
・その総計をチェックポイント11として加算し、かつコメントを付す。
・チェックポイント1〜11までは必須であり、12〜14は任意である。
・記入日、評価者、感想を記入する。

出典：根津朋実「『特別活動の評価』に関する課題と方法——チェックリスト法の提案——」『筑波大学教育学系論集』35、2011年、62頁。

らの工学的アプローチとは趣旨を異にする「チェックリスト」を提唱している（表10-4）。

カリキュラム・マネジメントがたんなる「書類上の手続き」ではなく、実際

に児童・生徒の資質・能力を育成する方法として機能するために、私たちは今後、これら先行的に開発されている目標・評価のツールを参照しながら、各学校において、実効的なカリキュラム目標・評価の計画を立案していかねばならない。制度化が進んでいる学校評価のあり方についても、こうしたカリキュラムの観点から議論を深めていく必要がある。

おわりに

カリキュラム・マネジメントは、日本ではきわめて「若い」分野である。研究・実践の蓄積はまだ少なく、実践の具体のレベルで言えば、必要な情報が十分整理されていないところも多い。

一方で、本章で述べてきたように、2020年以降の日本の教育状況に鑑みると、この分野の発展が強く要請されているところである。まさしく我々はいま、理念、実践の両面において、日本におけるカリキュラム・マネジメントの発展を「つくり、動かし、変えていく」主体となることが求められている。

〈注〉
(1) 中央教育審議会「初等中等教育における当面の教育課程及び指導の充実・改善方策について（答申）」2003年10月。
(2) 中留武昭編著『カリキュラムマネジメントの定着過程――教育課程行政の裁量とかかわって――』教育開発研究所、2005年、109頁。
(3) 独立行政法人教員研修センター「特色ある教育課程を円滑に編成するための指導者の養成を目的とした研修（カリキュラム・マネジメント研修）研修用冊子」2004年、1頁。
(4) 中央教育審議会「幼稚園、小学校、中学校、高等学校及び特別支援学校の学習指導要領等の改善について（答申）」2008年1月、144頁。
(5) 文部科学省「小学校学習指導要領解説　総合的な学習の時間編」2008年9月、26頁。
(6) 文部科学省『今、求められる力を高める総合的な学習の時間の展開』2010年11月（小学校編・中学校編）、2013年7月（高等学校編）。
(7) 文部科学大臣「初等中等教育における教育課程の基準等の在り方について（諮問）」2014年11月。

(8) 中央教育審議会「幼稚園、小学校、中学校、高等学校及び特別支援学校の学習指導要領等の改善及び必要な方策等について（答申）」2016年12月、23頁。
(9) 同上答申、24頁。
(10) 中留武昭・田村知子『カリキュラムマネジメントが学校を変える』学事出版、2004年、11頁。
(11) 天笠茂「カリキュラムを核にした協働——カリキュラム・マネジメントの3つの側面——」小島弘道編著『学校経営』学文堂、2009年、71頁。
(12) 田村知子編著『カリキュラムマネジメントを促進する教員研修の企画・運営ガイド』パナソニック教育財団・平成23年度先導的実践研究助成研究成果物、2012年。
(13) 中央教育審議会初等中等教育分科会教員養成部会「これからの学校教育を担う教員の資質能力の向上について〜学び合い、高め合う教員育成コミュニティの構築に向けて〜（答申）」2015年12月など。
(14) カリキュラム開発における工学的アプローチ／羅生門的アプローチおよび目標に準拠した評価／目標にとらわれない評価（ゴール・フリー評価）の詳細については、田中耕治『教育評価』（岩波書店、2008年）の第3章「教育評価論の位相と展開」を参照。

〈推薦図書〉

ぎょうせい編『学校ぐるみで取り組むカリキュラム・マネジメント（新教育課程ライブラリVol.5）』ぎょうせい、2016年。

田村知子・村川雅弘・吉冨芳正・西岡加名恵『カリキュラムマネジメント・ハンドブック』ぎょうせい、2016年。

田村知子『カリキュラムマネジメント——学力向上へのアクションプラン——』日本標準、2014年。

中留武昭・曽我悦子『カリキュラムマネジメントの新たな挑戦——総合的な学習における連関性と協働性に焦点をあてて——』教育開発研究所、2015年。

村川雅弘・田村知子他『「カリマネ」で学校はここまで変わる！——続・学びを起こす授業改革——』ぎょうせい、2013年。

索引

【ア行】

アウトカム …………………………………… 238
アウトプット ………………………………… 238
青木誠四郎 …………………………………… 106
アカウンタビリティ（説明責任）… 154, 239
アクティブ・ラーニング ……… 52, 119, 182
新しい能力 …………………………………… 117
アップル（Michael W. Apple）…………… 16
アドミッション・オフィス（AO）入試
  ……………………………………………… 216
異化と同化 …………………………………… 112
生きる力 ………………………………… 47, 116, 156
一枚ポートフォリオ ………………………… 99
一般から特殊へ ……………………………… 85
稲葉宏雄 ……………………………………… 97
イリッチ（Ivan D. Illich）………………… 14
ウィギンズ（Grant P. Wiggins）
  …………………………………… 100, 122, 132
ウィリス（Paul Willis）…………………… 16
上田薫 ………………………………………… 73
梅根悟 ………………………………………… 68
「永続的理解（enduring understandings）」
  ……………………………… 100, 122, 134, 136-139
大田堯 …………………………………… 40, 72
教えて考えさせる授業 ……………………… 100

【カ行】

開発教育 ……………………………………… 158
科学的リテラシー …………………………… 114
学習指導案 …………………………………… 131
学習指導要領 …… 8, 31, 67, 91, 133, 153, 190, 206, 226
学問と教育の結合 …………………………… 108
学力 ……………………………………… 40, 105
　新しい――観 ………………… 46, 75, 116
　――の三要素（3要素）… 54, 116, 217
　――保障 ……………………………… 48, 96
　――モデル …………………………… 105
　確かな―― …………………………… 48, 116
仮説実験授業 ……………………………… 91, 146
課題解決学習 ………………………………… 90
価値観 …………………………………… 126, 177
学級 …………………………………………… 146
学級活動 ……………………………………… 189
学校課題 ……………………………………… 238
学校教育目標 …………………………… 97, 234
学校統廃合 …………………………………… 211
勝田・梅根論争 ……………………………… 69
勝田守一 …………………………… 69, 108, 196
課程主義 ……………………………………… 22
加熱と冷却の構造 …………………………… 43
カリキュラム ………………………………… 7
　一貫―― ……………………………… 210
　学問中心――（discipilne-centered curriculum）…………………………… 88
　隠れた―― …………………………… 15

251

──改造運動……………………35, 41
──のマネジメントサイクル……231
──のPDCA………………………235
──スタート……………………206
カリキュラム・マネジメント
　　……………………33, 54, 225, 244
環境教育……………………158, 163
観点別学習状況の評価……………54
キー・コンピテンシー……50, 113, 155
キーワード………………………186
基礎学力……………………37, 49
基本性……………………………111
基本的指導事項……………………97
義務教育学校……………………209
「逆向き設計」……………100, 122, 132
客観テスト…………………136, 215
キャリアステージ………………241
教育改善…………………………239
教育科学研究会…………………108
教育課題…………………………233
教育活動的な側面………………231
教育課程…………………………1, 7, 8
　　──管理………………………232
　　──行政………………………226
　　──特例校……………………209
　　──編成………11, 81, 131, 226
『教育課程改革試案』………75, 91, 155
教育経営的な側面………………231
教育再生実行会議………………179
教育成果…………………………238
教育と科学の結合………………23
教育と生活の結合………………106
教育内容の現代化…………41, 87

教育の生活化……………………34
教育目標………………21, 105, 132, 234
　　──の分類学…………………110
教育評価……………112, 173, 239
教科以外の活動…………………190
教材研究…………………………135
協調的問題解決…………………115
共通性……………………………42
共通第一次試験（共通一次）……216
協同………………………126, 177, 184
協同学習…………………………146
京都モデル………………………110
ギンタス（Herbert Gintis）………15
経営課題…………………………233
経験………………………………63
経験主義……………1, 60, 65, 67, 106
　　はいまわる──………………69
計測可能…………………………109
系統学習…………………………38
系統主義…………………21, 82, 108
研究開発学校……………………209
言語活動…………………………51
原理や一般化………………122, 134
コア・カリキュラム連盟（コア連）
　　………………………68, 70, 73, 155
工学的接近（アプローチ）…13, 44, 246
「公共」（公民科）…………………195
高校入試…………………………214
考査………………………………33
構成主義的学習観………………98, 145
構造（structure）…………………89
高大接続…………………………205
　　──システム改革……………217

高等学校基礎学力テスト（仮称）… 55, 217
行動主義的学習観……………………… 98
校内組織…………………………… 236
校内研修…………………………… 230
公民的資質の形成…………………… 42
コールバーグ（Lawrence Kohlberg）…… 183
ゴール・フリー評価………………… 246
国立教育政策研究所………………… 117, 157
子ども中心主義……………………… 61
個に応じた指導…………………… 48, 148
コンテンツ・ベース………………… 118
コンピテンシー・ベース…………… 118

【サ行】

佐伯胖………………………………… 18, 98
佐藤学………………………………… 18, 98
三層四領域…………………………… 36, 69
三面鏡型モデル……………………… 94
シーケンス…………………………… 21
資格試験……………………………… 203
シカゴ大学附属小学校（デューイ・スクール）……………………………… 65
滋賀大学教育学部附属中学校……… 164
重松鷹泰……………………………… 73
自己…………………………………… 188
思考力・判断力・表現力等…… 52, 119, 156
自己教育力…………………………… 46
仕事（occupation）………………… 65
資質・能力………………… 51, 113, 132
　育成すべき——を踏まえた教育目標・
　内容と評価の在り方に関する検討会
　……………………………………… 118
　「——」の要素と階層 ……………… 120

持続可能な開発のための教育　→　ESD
自治的な活動能力…………………… 189
悉皆調査……………………………… 40
質的転換……………………………… 182
シティズンシップ（市民性）教育…… 195
指導要録……………………………………… 9
柴田義松……………………………… 94
社会科……………………………… 67-70
　——の初志をつらぬく会………… 72-73
社会構成主義的な学習観…………… 52
ジャクソン（Philip W. Jackson）…… 15
自由研究……………………………… 191
習熟…………………………………… 109
重大な観念（big ideas）………… 100, 123
「習得」「活用」「探究」………………… 156
修得主義……………………………… 22
授業書………………………………… 94
受験競争……………………………… 203
主体的・対話的で深い学び……… 52, 53
主知主義……………………………… 107
小1プロブレム……………………… 204
情意………………………… 110, 111, 123
小中一貫教育………………………… 204
小中連携教育………………………… 204
初期社会科…………………………… 67
職業的陶冶…………………………… 39
職能開発……………………………… 241
自立………………………………… 126, 177
ジルー（Henry A. Giroux）………… 17
新幹線授業…………………………… 72
新教育………………………………… 61
　——運動…………………………… 61
新教育指針…………………………… 32

進歩主義（progressivism）……………… 81
推薦入試………………………………… 214
水道方式…………………………………… 85
数学教育研究協議会（数教協）………… 84
数学的リテラシー……………………… 114
スーパーグローバルハイスクール（SGH）
　　　………………………………… 153, 159
スーパーサイエンスハイスクール（SSH）
　　　………………………………… 153, 159
スクリヴァン（Michael Scriven）……… 246
スコープ…………………………………… 21
生活科……………………………… 178, 206
生活単元学習………………… 37, 68, 84
生活綴方………………………………… 146
政治的教養……………………………… 194
接続（アーティキュレーション）……… 201
説明責任　→　アカウンタビリティ
全国到達度評価研究会（到達研）……… 96
総合学習……………………… 74, 123, 162
総合的な学習の時間… 47, 123, 156, 160, 227
創発的アプローチ……………………… 115
組織構造…………………………… 236, 241
組織文化………………………………… 231

【タ行】

大学入学希望者学力評価テスト（仮称）
　　　………………………………………… 218
大学入試………………………………… 215
大学入試センター試験（センター試験）… 216
代行説……………………………………… 96
大正自由教育…………………… 82, 155
態度……………………………………… 107
　　──主義…………………………… 110

──層…………………………………… 108
代表的観念（representative ideas）……… 88
タイラー（Ralph W. Tyler）……………… 13
　　──原理………………………… 13, 131
竹内常一………………………………… 18
田中耕治…………………………… 111, 161
田中統治………………………………… 18
多様性…………………………………… 42
探究する力……………………………… 123
探究的な活動…………………………… 48
単元………………………………… 21, 68, 131
地域教育計画…………………………… 71
地域に根ざす教育……………………… 92
知識・技能……………………………… 119
知の構造…………………………… 122, 134
中 1 ギャップ…………………………… 209
中央教育審議会………………… 9, 119, 153
中高一貫教育…………………… 205, 211
中等教育学校…………………………… 213
デューイ（John Dewey）………… 63-67, 107
転移……………………………… 100, 107
討議づくり……………………………… 184
統合的・文脈的アプローチ…………… 119
到達目標…………………………… 97, 110
道徳
　「考え、議論する」──科………… 182
　　──教育の充実に関する懇談会…… 180
　　──的価値の理解……………… 184
　　──的実践力…………………… 187
　　──的判断の発達……………… 183
　　──の「教科化」……………… 178
　特別の教科　──……………… 126, 178
遠山啓…………………………………… 84

特色ある教育課程の編成・実施………226
特別活動………………… 23, 41, 126, 188
特別教育活動………………………35, 190
特別の教科……………………………181
独立行政法人教員研修センター………227
読解リテラシー………………………114
読解力……………………………… 50

【ナ行】

内申書（調査書）…………………9, 214
中内敏夫……………………… 109, 203
長尾彰夫……………………………… 17
仲本正夫……………………………… 93
鍋蓋型組織……………………………241
奈良女子大学文学部附属小学校（奈良女附小）
………………………………………… 73
21世紀型スキル ………………115, 155
21世紀型能力 …………………117, 155
『にっぽんご』………………………… 86
日本社会の基本問題………………… 70
日本生活教育連盟（日生連）…… 69, 155
入学者受入方針（アドミッション・ポリシー）
………………………………………217
入試……………………………………202
認識の能力……………………………108
認知……………………………………110
年数主義……………………………… 22
能力主義…………………………43, 203
乗り入れ授業…………………………210

【ハ行】

ハーシュ（Eric D.Hirsh）……………… 17
バーンスティン（Basil Bermstein）……… 16

パイナー（William Pinar）…………… 17
バカロレア試験………………………219
バグリー（William C. Bagley）……… 82
発展性…………………………………111
発問……………………………………144
パフォーマンス課題…………… 100, 136
パフォーマンス評価……… 54, 100, 136, 167
汎用的なスキル………………………118
批判の教育学………………………… 14
批判的リテラシー…………………17, 129
評価……………………………………239
　学習のための──………………147
　学習──…………………………… 54
　形成的──………………… 11, 54, 147
　個人内──………………………11, 43
　自己──………………… 54, 147, 173
　指導と──の一体化……………… 54
　集団に準拠した──……………… 11
　診断的──……………………11, 148
　絶対──…………………………11, 43
　総括的──……………………11, 136
　相互──…………………………173
　相対──……………………11, 33, 43
　到達度──…………………… 96, 110
　認定──…………………………… 11
　──の公正性……………………202
　目標に準拠した──…… 11, 49, 214-215
広岡亮蔵………………………… 90, 107
フィエン（John Fien）………………163
フェニックス（Philip H. Phenix）……… 88
深い学び……………………………… 53
ブルーナー（Jerome S. Bruner）……… 89
ブルーム（Benjamin S. Bloom）………110

ブルデュー（Pierre Bourdieu）…………… 16
フレイレ（Paulo R. N. Freire）…………… 14
文化資本……………………………………… 16
文化的リテラシー…………………………… 17
分析と共感…………………………………… 112
分析と総合…………………………………… 86
ボウルズ（Samuel Bowles）……………… 15
ポートフォリオ………………………… 168, 218
　　　　──検討会…………………………… 169
　　　　──評価法…………………………… 168
本郷プラン…………………………………… 72
本質主義（essentialism）………………… 81
「本質的な問い」…………………………… 123, 137

【マ行】

前向きのアプローチ………………………… 115
マクタイ（Jay McTighe）……………… 122, 132
学びに向かう力・人間性…………………… 119
学びの共同体…………………………… 18, 98
見方・考え方…………………………… 54, 118
自ら学び、自ら考える……………………… 75
溝（キャズム）……………………………… 202
ミドルリーダー……………………………… 235
民間教育研究団体…………………………… 84
目標の組織的管理…………………………… 235
問題解決学習………………………… 64, 73, 77, 155

【ヤ行】

ゆとり教育…………………………… 44, 72, 156, 213
幼小連携………………………………… 204, 206
要素的・脱文脈的アプローチ……………… 118
四つの視点…………………………………… 185

【ラ行】

羅生門的接近（アプローチ）……… 13, 44, 246
螺旋形カリキュラム………………………… 90
リーダー……………………………………… 235
理解（understanding）…………………… 122
　　深い────………………………………… 54
『理解をもたらすカリキュラム設計』…… 122
履修主義……………………………………… 22
リテラシー……………………… 17, 114, 129
領域……………………………… 22, 23, 178
量の体系……………………………………… 85
ルーブリック…………………………… 140, 168
レリバンス（適切性）……………………… 44
連携カリキュラム…………………………… 207

【ワ行】

和光小学校（和光小）……………………… 74

【数字・アルファベット】

3 R's（reading, writing, arithmetic）…… 61, 66
ATC21S（Assessment and Teaching of 21st Century Skills Project: 21世紀型スキルの学びと評価プロジェクト）……… 115, 155
BIWAKO TIME………………………………… 164
DeSeCo（Definition and Selection of Competencies: Theoretical and Conceptual Foundations）…………………………… 50, 113
Education2030……………………………… 52
ESD（Education for Sustainable Development: 持続可能な開発のための教育）… 51, 157
OECD（Organisation for Economic Co-operation and Development: 経済協力開発機構）…………… 13, 50, 113, 154-155

PISA（Programme for International Student Assessment: 生徒の学習到達度調査）
　………………………… 50, 113, 156
　——ショック………………………… 113
　——リテラシー………………… 114, 129
PSSC（Physical Science Study Committee: 物理科学研究委員会）…………88, 91, 101
SMSG（School Mathematics Study Group: 学校数学研究グループ）………………… 91
UICSM（University of Illinois Committee on School Mathematics: イリノイ大学の学校数学委員会）……………………… 87

教職教養講座 第 4 巻
編者・執筆者一覧

[編　者]

西岡加名恵（にしおか　かなえ）……………………………………… 第 1 章
京都大学大学院教育学研究科教授。バーミンガム大学大学院教育学研究科にてPh. D.（Education）を取得。鳴門教育大学学校教育学部講師などを経て現職。主要著作は『教科と総合学習のカリキュラム設計――パフォーマンス評価をどう活かすか――』（単著、図書文化、2016年）、『「資質・能力」を育てるパフォーマンス評価――アクティブ・ラーニングをどう充実させるか――』（編著、明治図書、2016年）など。

[執筆者]

鄭　谷心（てい　こくしん）……………………………………………… 第 2 章
琉球大学教育学部講師

伊藤実歩子（いとう　みほこ）…………………………………………… 第 3 章
立教大学文学部准教授

大貫　守（おおぬき　まもる）…………………………………………… 第 4 章
京都大学大学院教育学研究科博士後期課程、日本学術振興会特別研究員

小山英恵（こやま　はなえ）……………………………………………… 第 5 章
東京学芸大学准教授

本所　恵（ほんじょ　めぐみ）…………………………………………… 第 6 章
金沢大学人間社会研究域学校教育系准教授

木村　裕（きむら　ゆたか）……………………………………………… 第 7 章
滋賀県立大学人間文化学部准教授

河原尚武（かわはら　なおたけ）………………………………………… 第 8 章
元近畿大学生物理工学部特任教授

細尾萌子（ほそお　もえこ）……………………………………………… 第 9 章
立命館大学文学部准教授

赤沢早人（あかざわ　はやと）…………………………………………… 第 10 章
奈良教育大学次世代教員養成センター教授

[索引作成協力者]

中西修一朗（なかにし　しゅういちろう）
京都大学大学院教育学研究科博士後期課程、日本学術振興会特別研究員

教職教養講座　第4巻
教育課程
　　平成30年9月25日　　第2刷発行

　監修者　高見　　茂
　　　　　田中耕治
　　　　　矢野智司
　　　　　稲垣恭子
　編　者　西岡加名恵 ©
　発行者　小貫輝雄
　発行所　協同出版株式会社
　　　　　〒 101-0054　東京都千代田区神田錦町 2-5
　　　　　　　　　　　電話 03-3295-1341
　　　　　　　　　　　振替 00190-4-94061
　乱丁・落丁はお取り替えします。定価はカバーに表示してあります。

ISBN978-4-319-00325-9

教職教養講座

高見 茂・田中 耕治・矢野 智司・稲垣 恭子 監修

全15巻　A5版

第1巻　教職教育論
　　　京都大学特任教授　高見 茂／京都大学名誉教授　田中 耕治／京都大学教授　矢野 智司　編著

第2巻　教育思想・教育史
　　　京都大学教授　鈴木 晶子／京都大学教授　駒込 武／東京大学教授・前京都大学准教授　山名 淳　編著

第3巻　臨床教育学
　　　京都大学教授　矢野 智司／京都大学教授　西平 直　編著

第4巻　教育課程
　　　京都大学教授　西岡 加名恵　編著

第5巻　教育方法と授業の計画
　　　京都大学名誉教授　田中 耕治　編著

第6巻　道徳教育
　　　京都大学名誉教授　田中 耕治　編著

第7巻　特別活動と生活指導
　　　京都大学教授　西岡 加名恵　編著

第8巻　教育心理学
　　　京都大学教授　楠見 孝　編著

第9巻　発達と学習
　　　京都大学名誉教授　子安 増生／京都大学教授　明和 政子　編著

第10巻　生徒指導・進路指導
　　　放送大学教授・前京都大学准教授　大山 泰宏　編著

第11巻　教育相談と学校臨床
　　　京都大学教授　桑原 知子　編著

第12巻　社会と教育
　　　京都大学教授　稲垣 恭子／京都大学教授　岩井 八郎／京都大学教授　佐藤 卓己　編著

第13巻　教育制度
　　　京都大学特任教授　高見 茂／京都大学教授　杉本 均／京都大学教授　南部 広孝　編著

第14巻　教育経営
　　　京都大学特任教授　高見 茂／京都大学准教授　服部 憲児　編著

第15巻　教育実習 教職実践演習 フィールドワーク
　　　京都大学准教授　石井 英真／新潟大学教授・京都大学特任教授　渡邊 洋子　編著

協同出版